地道に取り組むイノベーション

イノベーション

―――人類学者と制度経済学者がみた現場

制度経済学者	北川亘太
人類学者	比嘉夏子
UCI Lab.	渡辺隆史

ナカニシヤ出版

まえがき

　この本を手に取るのはどんな方々だろうか。もしかするとあなたは企業で新事業を任されたリーダーかもしれないし，経営コンサルタントやデザイン・ファームの人かもしれない。あるいは，これから働くことを考え始めた人文社会科学系の大学生や院生かもしれない。もちろん，マーケティングや人類学や経済学，組織論などの研究者も多くいるだろう。

　本書『地道に取り組むイノベーション──人類学者と制度経済学者がみた現場』は，多様な関心の読者によってさまざまな入り口から読まれることを想定している。そのことは，著者らの立場・専門の多様さと直接つながっている。本書は，マーケティングの実務家，人類学者，そして制度経済学者という，学術における通常の共同研究ではまず一緒になることのないであろう3名が協力し合いながら執筆した本である。したがって，読者が上記三つの分野にそれぞれ等しく関心をもっていることもまた，ほぼありえないことだろう。

　本書は間口を広くとりながら，しかし同時に，読者がどの分野への関心から入ったとしても読み進めるうちに日頃ふれることのない他の・未知の専門領域の視点にもおもしろみを感じてもらえるように工夫して編んだつもりである。とはいえ，何の予備知識もなく読み始めると，著者間の執筆スタイルの違いに困惑するかもしれない。そこで，最低限の導入として，本書がどのように書かれたのかについて3点ほど述べておく。

　一つめは，著者らの関心についてである。私たちは「今日のイノベーションの現場では何がなされているのか」という関心から出発して本書を書き始めており，これが本書のテーマになっている。

　二つめは，研究対象についてである。本書では，3名の著者がいずれも「UCI Lab.」という，商品・サービスの企画づくりにクライアント企業のエージェントとして伴走する小さな組織について深く掘り下げている。つまり，本書は世の中のイノベーションの成功事例を広く取材し，比較・整理したものではない。私たちはむしろ UCI Lab. のみに焦点を絞ることによって，イノベーションの内容や成果ではなくイノベーションに関わる実践とその背景を丹念に論じたいと考えている。

　三つめは，著者ごとに異なるアプローチを用いたことである。著者3名はそれぞ

れ異なる背景と専門をもっており，同じ UCI Lab. という研究対象を論じていても，各々の考察する視点や距離感がまるで違う。それぞれの立ち位置や執筆に至る経緯については序章で詳しく述べることにするが，3名の視点の多様性によって UCI Lab. の実践を立体的に（そしてできるかぎり中立的に），さらにはイノベーションに直接関係する実践の周囲で起きている組織内外での出来事を含めてこれまでにないかたちで描き出したいという野心をもっている。執筆の過程でお互いの立場・専門の違いを参照しあうことは各著者が自らの視点の個別性について深く内省する機会にもなり，最終的に著者ごと（第1部，第2部，第3部それぞれ）の結論は，UCI Lab. についての考察だけではなく，各著者自らの思想的立場を表明する場にもなっている。

　ここで，イノベーションを扱った従来の研究書やビジネス書と比べたときの本書の特色（異質な点）を述べておきたい。それは，従来の多くの書籍のように新しい概念，フレームワーク，方法などを示してイノベーションを実現させる確率を高めることを目指してはいない点である。本書で詳しくみていくように，UCI Lab. は，イノベーションすなわち新しいユーザー価値の社会的実装という到達目標に向けて，プロジェクトごとの状況に個別に向きあい，その度に判断と選択をおこなって，その過程で多くの人びとと協働している。このような営みをチャートや相関図のように細かく図示して視覚的に理解してもらおうとするのではなく，極端な抽象化をできるだけ避けながら実践の現場でなされていることを可能な限り詳細に記述し，それを基盤に考えを深めていくことが本書のやり方である。

　イノベーションという言葉の響きからは，斬新で緻密な事業計画，カラフルなオフィスや活発なブレイン・ストーミング，何かが降りてくるような気づきの瞬間といった華やかで知的な印象がつきまとう。しかし，実際の現場でなされていることは，その都度訪れる新たな局面に対して，立ち止まって静かに思索し，ねばり強く対話を続ける地道な営みではないだろうか。本書では，そういった決して洗練されてはいない側面にこそ光を当ててみたい。

　さらにいうと本書は，読者が本論を読み進めていくなかで，著者間のアプローチや執筆スタイルの違いについてもよい意味で驚いたりおもしろく感じてもらえることを期待している。それは，私たちが本書の研究会で味わった，興味深く得がたい感覚を追体験してもらいたい，ということである。そして，本書全体をとおして自らの専門分野を越境しながら物事の理解を深めることの醍醐味を感じ取っていただければ幸いである。

渡辺隆史・比嘉夏子・北川亘太

目　次

第**3**部　制度としての UCI Lab. ──────────── 北川亘太

序　章

北川亘太・渡辺隆史・比嘉夏子

1　本書の執筆経緯とねらい

　「イノベーション」という言葉はこの十数年でずいぶんと幅広い事象に対して用いられるようになった。私たちはそのこと自体について何らかの価値判断をくだす意図をもってはいないが，少なくともこの現象を表面的に一過性の流行として扱うべきではなく，社会や市場の構造的な変化を反映しているものとみなすべきであると考えている。この言葉が広がっていった経緯は後で述べるとして，今日，イノベーションはビジネス界で最も重要な関心事の一つになっており，学術的な研究の世界でも，研究対象としてのイノベーションへの関心が高まったり，革新的な成果を出すために共同研究が奨励されるといったかたちで影響を及ぼしているといえよう。

　本書は，まったく異なる背景・専門をもつにもかかわらず，偶然にもこのイノベーションという現象を接点にして出会った3名の著者が，共通の題材である「UCI Lab.」を足がかりにして，それぞれの立場から実践や考察を重ね，それらを統合していくという対話的な協働の成果である。

■1-1　各著者の背景と各部の内容

　本書の素材となっている UCI Lab. とは，商品・サービスの企画づくりにおいてクライアント企業のエージェントとして伴走する小さな組織である（図0-1）。本書のねらいは，この組織の実践を対象として，3名の著者（UCI Lab. 所長の渡辺隆史，人類学者の比嘉夏子，制度経済学者の北川亘太）がそれぞれの立場を活かしながらその対象を学際的に把握・考察することによって，「イノベーションの現場でなされていること」を立体的に浮かび上がらせることである。

　3名の著者は，身につけてきた専門性，つまり「観点」が異なるだけでなく，UCI Lab. との「距離感」も異なっている（図0-2）。渡辺は，UCI Lab. 所長，つまり研究

「UCI Lab.」

■ **組織形態** 株式会社 YRK and の社内カンパニー
■ **構成人数** 4 名
■ **設　　立** 2012 年
■ **業　　態** イノベーション・エージェント

■ **主な業務**
クライアントのイノベーションに関わるプロジェクトの
設計と実施
・定性調査（家庭訪問調査・IDI 調査など），定量調査
・コンセプト創造
・事業戦略策定
・コミュニケーション戦略作成と具体的展開
・（プロセスにおける）ワークショップ など
■ **主なクライアント**
メーカーなどの商品企画・研究開発・新事業開発部門

図 0 - 1　「UCI Lab.」概要（2020 年 8 月現在）

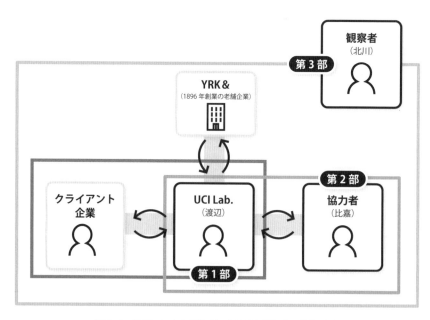

図 0 - 2　UCI Lab. との関わりにおける各執筆者の位置づけ

対象の「当事者」である。比嘉は，研究者であると同時に，実際にいくつかのプロジェクトを UCI Lab. と共に取り組んでいる「協力者」でもある。北川は，一つの組織としての UCI Lab. を俯瞰的にみながら今日的な経済活動を描き出そうとしている「観察者」である。こうした一見交わることのなさそうな 3 名がなぜ本書を執筆するに至ったのか。以下では，それぞれの経歴と執筆に至った経緯を述べておきたい。

　第 1 部を執筆する渡辺は，2012 年 9 月に株式会社 YRK and（当時社名 株式会社ヤラカス舘）[1] のなかで UCI Lab. というイノベーション・エージェントの組織を自ら立ち上げた。UCI とはかれらが独自に生み出した概念である「User Centered Innovation」の略である。この組織は，クライアントである事業会社に対して，「ユーザーを起点にして新しい価値を創造し，実装する」ことを目標にして，調査，コンセプト創造，事業戦略構築といった局面をエージェントとして支援することを専門にしている。この UCI Lab. は，本社（YRK&）が属している広告販促業界に一般的にみられる「発注側」と「受注側」という関係性とは異なるあり方を構築することも意図していた。こうした経緯から，現在は社内でも独立したカンパニーとして運営されており，そのような意味で社内起業の一事例として捉えることもできよう。渡辺は大学で国際関係学を専攻し，現実の問題を解決するための学際的なアプローチを学んだ後に，社会人学生として専門職大学院（MBA）を修了し，その 2 年後に UCI Lab. を立ち上げている。このような渡辺の個人的な経緯は，UCI Lab. の立ち上げや本書を執筆する際の視点にも大きく影響しているはずである。渡辺は本書の題材である UCI Lab. の当事者として，主に UCI Lab. のクライアント企業との対話的な実践について記述し考察していく。

　第 2 部を執筆する比嘉は，人類学の博士号を取得後，研究の展開や進路を模索していた時期に UCI Lab. の渡辺と出会う。一般的に人類学者は（特に文化人類学や社会

---

1)　株式会社 YRK and（以下 YRK& と表記）は，一般の業界区分としては広告業に属するが，1896 年の創業から 120 余年にわたり「伝える」ということに立脚したビジネスを展開してきた老舗企業である。時代に合わせ，印刷業，SP（セールス・プロモーション）業，マーケティング業と変革を続けてきた。現在は独自のコンサルティングサービスを目指し，事業内容を「ブランド・コンサルティング事業，マーケティング・コンサルティング事業，プロモーション・プランニング事業，IT サービス事業，メディアコミュニケーション事業」としている。本社は大阪にあり，社員数は約 200 名である。2018 年に社名が株式会社ヤラカス舘から現社名に変更された。

人類学と呼ばれる領域において），長期のフィールドワークをとおして現地の人びとと密に関わりあいながら，特定の社会や対象者の日常実践を，可能な限りその内側（対象者自身）の認識から理解し，そこから自らをも含む社会の営為や人間の実存のしかたを捉えていく。そのようにして得られた知見や認識を，これまで人類学者たちは「民族誌＝エスノグラフィ」[2]という形式によって記述してきた。しかし本書でも詳しく述べるように，近年この「エスノグラフィ」という語は，人類学的な調査手法やアプローチを指し示すものとして新たな意味をもち，人類学などの学問領域にとどまらず，多様な現場に普及し始めている。こうした動きも視野に入れつつ，比嘉は自身の経験や専門性が，多様な人びととの協働をとおして，より開かれた社会的実践へと接続されることを期待し，そのような機会を模索していたのである。第2部では，人類学者である比嘉とラボとの協働的実践が示される。両者は確かに「エスノグラフィ」への実践的関心という共通項をもっていたとはいえ，ビジネスの現場でユーザーを調査する文脈においてその手法に関心を抱いていた UCI Lab. と，オセアニアの島嶼をフィールドに人類学的研究を積み重ねてきた比嘉とでは，当然ながら用いる手法や参照する枠組みにさまざまな違いが存在した。そのような互いの差異への戸惑いは，いったいどのような試行錯誤を経て乗り越えられ，またそれがいかにして「イノベーション」の萌芽へとつながっていったのだろうか。第2部で描かれるのは，これもまたある意味で「当事者」による協働の記述と考察といえよう。

　第3部を執筆する北川は，経済学者のなかでも，「需要と供給」の関係といった経済学的な論点に焦点を絞りきるのではなく，そういった市場メカニズム（あるいはその機能不全）の背景・基盤になっている大きな仕組み（諸制度）を把握しようとする制度経済学者である。北川は「認知資本主義（cognitive capitalism）」という一国のあるいは国際的な経済の仕組みを把握するための概念を研究していた。それは，近代経済システムの基幹的なダイナミズムである「資本蓄積」において，1990 年代ごろから，有形財よりも，むしろ知識，意味，ネットワークなどの「無形資産」を蓄積することに主眼がおかれるようになったことを強調するための概念である。

---

2)「民族誌＝エスノグラフィ」とは，人類学者がある民族集団について長期フィールドワークに基づく調査を実施し，そこから経験的かつ包括的に人びとの社会生活を記述したものを指す。第2部でも述べるように，こうした「書かれたもの」としてのエスノグラフィは，近年になると「（人類学にルーツをもつ）定性的な調査手法の一つ」として読みかえられ，人類学以外の分野や業界において積極的に取り入れられるようになった。

この大きな仮説的概念の妥当性・有用性を，ミクロな事例（たとえば知識を更新・蓄積しながら今までにない知識を生産・販売している企業の事例）に基づいて検証しようとして，北川は，知人から紹介された UCI Lab. にコンタクトした。北川は 2016 年 9 月に UCI Lab. で 5 日間のフィールドワーク（職場観察と同行調査）をおこない，その後も渡辺や他のメンバーへのインタビューを断続的におこなって，それらを素材にした研究論文（ワーキングペーパー）を 2017 年 3 月に完成させた。以上のような関心と経緯から，北川は，UCI Lab. の組織的な仕組み（制度）の側面を，制度経済学における近年の資本主義の特徴・動きに関する大局的理解を踏まえながら分析していくことになった。具体的には，社内・社外の対話的な協働の観察やさまざまな関係者へのインタビューを通じて集めた一次情報を用いながら，UCI Lab.（社内起業）と会社（従来の組織）との関係性，UCI Lab. 内部のメンバー同士の関係性，そして外部協力者やクライアント企業との関係性の変化を通時的に描き出し，制度経済学の観点からその含意を引き出す。イノベーションの実践に関係する制度的要素を全体的に把握しようとする北川の視点と記述を通じて，読者は第 1 部と第 2 部でみてきた UCI Lab. の実践を支えている（実践の背景にある）仕組みを俯瞰して捉えることができるだろう。

2　フィールドとしてのイノベーションの現場

　本書の共通した題材である UCI Lab. の概要については，第 1 章で設立者の渡辺によって説明されることになる。ここでは，本論（第 1 部から第 3 部）に先立って，そもそも本書がイノベーションの現場を扱う理由，そして，近年イノベーションが注目されるようになった背景について，先行研究を押さえながら簡単に整理しておきたい。こうした背景を理解することで，UCI Lab. を素材にする本書の意図と関心の範囲がおのずと浮かび上がってくるであろう。

■2-1　本書でイノベーションを扱う意義

　本書における研究の「フィールド」は，イノベーションの現場である。なぜイノベーションの現場を注目に値するフィールドとみなすことができるのだろうか。制度経済学の観点から答えるとすれば，それは，イノベーションの現場が今日の経済的・社会的状況を象徴するフィールドの一つだからである。そのことを説明するために，近年の資本主義の趨勢という（かなり大きな）話から入りたい。

　1990 年ごろから，制度経済学のみならず，都市社会学や公共政策論，そして（一部の）経営学などにおいても，資本主義が新段階に入りつつあることを主張する言説がみられるようになった（ライシュ 1991; ドラッカー 1993; OECD 1996）。資本主義の新段階は，以下のようなかたちでそれまでの資本主義と対比的に提示された。

　それまでの資本主義における製品・サービスの開発から商品化までの典型的なプロセスは，大企業の「中央研究所」といった上流から製造部や営業部といった下流へと企画が流れていく「単線的な」工程として描かれていた（ローゼンブルーム＆スペンサー 1998）。上流の人びとの視点が「技術（technology）」を中心としたものであったことから，この工程全体としても商品・サービスの性能の向上が重視されがちであった。それらをより効率よく生産することによって利潤を獲得するために，工作機械などの有形財への投資や労働の単純化・標準化といった生産の近代化が推し進められていった。こうした旧来の仕組みは「フォーディズム」と呼ばれた。

　しかし，資本主義の新段階では，技術の改善とその社会的実装のための効率化という基準に沿う意味での「連続的な」発展よりも，すでに確立された生産と市場の仕組みから逸脱すること，そしてその逸脱をうまく利潤に結びつけることが志向されるようになった。過去との「非連続性」をつくり続けなければならないという社会的な志向性は，「イノベーションへの強迫」とも表現される（山本 2018）。

　絶え間なくイノベーションが求められる状況のもとでは，製品・サービスの性能がすでに人びとのニーズをある程度満たしてしまっており，しかも非連続的な技術発展は頻繁に起こすことがきわめて難しいからこそ，製品・サービスのユーザーにとって今までにない「価値」を次々に生み出すことが重視される。この非連続的な価値の創造は，ベルガンティ（2012）の用語で言い換えると，モノに今までにない意味を与えるという定義としての「デザイン」あるいは「意味のイノベーション」である。なお，ここでいうデザインは必ずしも性能・仕様のイノベーションと対置されるとは限らない。デザインは意味と性能・仕様との相互作用に注目しながらも進められる（八重樫・安藤 2019）。

　上述した新しい価値は，人びとの結びつき（ネットワークやコミュニティ），人びとの異質性，そして，集団として／個人としてもっている知識から生み出される。それゆえ，注目・評価される労働は，物理的な労働から，既存の知識を活用して新しい知識を生み出す「非物質的な」労働になり，関心を集める投資もまた，物質的な（有形の）投資から，つながりと知識の開発などの非物質的な（無形の）投資になっていった。

　利潤の源泉となる新たな知識を生み出すために個人・集団の創造性（そしてその開発）を重視する今日の資本主義は「知識基盤経済」（OECD 1996）や「クリエイティブ経済」（フロリダ 2008）と呼ばれることもあるが，制度経済学ではそれを「認知資本主義」と呼ぶ。というのも，価値は人間の認知能力の産物であり，今日の資本主義では新しい価値を生み出すために，ネットワークやコミュニティ，プロジェクトチームのなかで人びとの集団的な認知能力が徹底的に活用されているからである。

　このように，イノベーションは，一部の科学者・技術者が関与する技術革新というよりも，新たな価値の創造と社会へのその実装という意味あいをもち，全社会的に志向されるようになった。今日までの趨勢をこのように捉えるならば，イノベーションの現場はこの経済的・社会的な要請を（仕事の主目的として）実践している象徴的なフィールドであり，そして人びとの今日的な関わり合いについて考察するのに最適なフィールドとみなすことができよう。

■ 2-2　イノベーションを担う人びと・産業の台頭

　このような今日の状況を踏まえて，本書では，イノベーションを「商品・サービスなどの企画・開発によって，従来の商品・サービスの延長線上にはない新しい価値が創造され，生活者に受け入れられること」と定義しておく。本節では，イノベーションが社会的に要請されるようになっていくなかで，イノベーションの担い手（価値の創造者）となる職業や産業がどのように拡がっていったのかを整理しておきたい。

　イノベーションの対象・基準として社会的に認識されるものが「技術」からユーザーにとっての「価値」へと広がると，それに関わる職業もまた，科学者やエンジニア，企業家に限定されることなく多様化する。しかも，1990 年代にロバート・B・ライシュやリチャード・フロリダが主張／予見したように，就業者のなかでそうした職業に区分される者の割合はますます高まっている。ライシュ（1991）は，そのような職業を「シンボリック・アナリスト」と総称した。それは，「データ，言語，音声，そして映像表現」といった「シンボル」を操作することによって問題を発見したり（問題発見者），解決したり（問題解決者），そうした者たちを正しく組み合わせたりする（戦略的媒介者）さまざまな職業の総称である（ライシュ 1991: 244-245）。その例として設計技術者，ソフトウェア技術者，コンサルタント，マーケティング戦略家，システム・アナリストなどがある（ライシュ 1991: 245）。

〔かれらは〕シンボル操作によって問題点を発見し，解決し，あるいは媒介する。彼らは，現実をいったん抽象イメージに単純化し，それを組み替え，巧みに表現，実験を繰り返し，他分野の専門家と意見交換をしたりして，最後には再びそれを現実に変換する。イメージ操作は分析的方法を駆使し，実験を行うことによっていっそう磨きがかかる。その道具は，数学的アルゴリズムであったり，……帰納・演繹の論理であったり，思考パズルを解く一連のテクニックである場合もある。（ライシュ 1991: 245,〔 〕内は引用者による挿入。以下同じ）

　同時期，フロリダ（2008: 85）は，そういった「「意義のある新しい形態を作り出す」仕事に従事している」人びとを「クリエイティブ・クラス」と総称した。この二つの概念とそれに含まれる職業の区分は若干異なるものの，既存の知識によって新たな知識を生み出す職業の「台頭（rise）」を主張／予見する点でかれらは共通していた（ライシュ 1991; フロリダ 2008）。

　より具体的にみると，イノベーションという言葉には一般的に想起される技術革新のための研究開発のような活動だけでなく，ユーザーにとっての価値を起点に事業・製品・サービスをつくる活動も関連づけられるようになっていった。まず，認知心理学や人間工学に源流をもつユーザー・エクスペリエンス（User Experience: UX）や人間中心デザイン（Human Centered Design: HCD）がその代表例として挙げられる[3]。IT やエンジニアリングの領域でも，イノベーションがキーワードとして頻出するようになった。さらに，近年では「貧困層向け（BOP）ビジネス」[4]におけるイノベーションが注目されたり，「ソーシャル・イノベーション」という概念が生まれたりした。

　こうした実に多様な活動がイノベーションに関連づけられていくなか，イノベーションに関するプロジェクトにコンサルタントやエージェントとして携わる「デザイン／イノベーションコンサルティング」業（岩嵜 2016: 236）もまた，この「知識によって知識を生み出す」職業の一つとして（Moulier-Boutang 2011）普及した。これには「知識によって知識を生み出す」職業が新たな「クラス」（区分／階級）とし

3）これらの動きは，急速な発展ゆえに複雑で性能過剰になりがちな技術を，生活の場とつなげようとする動きとして捉えることもできる。

4）所得別人口構成のピラミッドの最下層（Bottom of Pyramid ないし Base of Pyramid: BOP）に向けたビジネスを，社会的課題を解決し，かつ持続的で収益性のあるかたちでおこなうこと。この言葉は日本ではプラハラード（2005）によって広まった。

て台頭するという潮流も寄与した。

3　イノベーション業界の形成を理解する補助線としての「デザイン」

　産業としての「イノベーション・コンサルティング」は，さまざまな特徴・出自をもつ主体をゆるやかに包み込むカテゴリーとして社会的に認識されていった。さらにこのカテゴリーは，実際のイノベーションの現場に介入する主体だけでなく，方法論の講習・社内研修を請け負う主体，アイデアソンやハッカソンといったイベントを開催する主体などとともに，イノベーションを扱う業界（以下では「イノベーション業界」と呼ぶ）という，より大きな，そして曖昧で捉えにくいカテゴリーを形成している。紙幅の都合上，こうしたさまざまな動向すべてを網羅することはできないが，本書の執筆者たちは，現時点から振り返ればそれらの動向を「デザイン」というキーワードを用いることによって整理・概観できるのではないかと考えている。

■3-1　「デザイン思考」の生成と制度化
「デザイン思考」の概念

　イノベーションと「デザイン」を他に先駆けて関連づけ，今でも最も広く知られているのが，アメリカのシリコンバレーで 1978 年に立ち上げられたプロダクト・デザイン事務所を出自の一つとする，デザイン・ファーム IDEO である。IDEO は自分たちの手法ないしプロセスを「デザイン思考（design thinking）」という言葉で表現した（ブラウン 2008）。

　デザイン思考とは，最も広く定義すれば「デザイナーのごとく思考すること」である[5]。デザイン思考を当初から牽引してきた IDEO のティム・ブラウンによると，デザイナーは，直観，パターン識別力，感情的価値をもつアイデアを想像する力といった能力を駆使しながら，「基本的な人間のニーズ」と，「技術的に実現できるかどうか」および「持続可能なビジネスモデルの一部になるかどうか」という二つの制約とのバランスをとる。重要なのは，旧来のように開発された技術をいかに企画へと変換するかという順序で発想したり，「既存のビジネスモデルの枠組みに適合

5）デザイン思考や隣接分野には数多くのキーワードや用語がみられる。八重樫・安藤（2019）はそれぞれについてわかりやすく説明している。

するか」といった発想を思考の出発点にするのではなく，「基本的な人間のニーズ」から出発する，すなわち「人間中心」の思考をすることであるという（ブラウン 2014: 14–15, 30–32）。

　プロセスの区切り方は論者によって異なるものの（宮澤 2014: 77），デザイン思考はおおむね以下の三つの作業を経由するといえる（ケリー & リットマン 2002: 184）。第一に，観察である。これは現実の状況（現場）のなかで実際の人びとの行動を観察することであり，それは「現在の製品とサービスで扱われていない隠れたニーズがどこにあるかを察知する」ためにおこなわれる。第二に，集団でのアイデアの発想である。そのための有効な方法として，とりわけブレイン・ストーミングが推奨されている。幅広い視点から出されたアイデアは，チームによる投票によって評価されることもある。第三に，プロトタイピングである。これは，短時間でプロトタイプをつくり，さらにそれを繰り返し使用することで評価・改良していくという，具体的なモノを媒介にした問題解決の方法である（ケリー & リットマン 2002: 14, 116）。

　デザイン思考という概念は，後述するように IDEO という特定の会社に専有されない社会的な手法を表すものとして，世界的に広まっていき，デザインという着眼点を民間／公共や営利／非営利を問わずイノベーションに関わる活動全般に広める媒体となった。そして，デザインの重要性が社会的に認識されていくのに伴ってイノベーション・コンサルティングという職業が普及し，産業化していった。以下では，デザイン思考をさまざまな主体・職業の関わり合いのなかで生まれて制度化されていったという一つの運動として描き出し，そのうえで，イノベーション・コンサルティング組織の一つである UCI Lab. のこの運動における位置づけをみていきたい。

運動としてのデザイン思考

　デザイン思考という概念の手法・プロセスとしてのゆるやかな定義は前節で述べたとおりであるが，別の視点からはデザイン思考を「運動」として捉えることもできる。それは，1960 年代末から 90 年代にかけて主にアメリカ西海岸においてさまざまな企業・研究所・人の新奇な実践が相互に作用しながら徐々に形成されていった社会的な動きであった（宮澤 2014）。

　デザインの歴史を紐解くと，1940 年代から 70 年代前半にかけて「モダン・デザイン」が力をもっていた。この思想・実践は，建築の分野では建物全体・都市全体

を「美学的に明快」かつ合理的に設計することであり（サッカラ 1991: 43），産業デザインの分野では生産性を追求する大量生産という制約のなかで，製品の「外側に生活に馴染むきれいなシェルを被せる」ような仕事であったという（奥出 2012: 73）。その制約から自由になることを求めて，1970 年ごろからみられ始め，1980 年代に入って力をもったとされているのが「ポストモダン・デザイン」である。これは，デザインを製品のスタイリングから，そもそも何をつくるべきかを考えることへと再定義し[6]，デザインの本質を「一つの考え方」として言語化・体系化するという運動であった。ここでのデザインは，デザイナーという限定された主体によるスタイリングといったそれまでの狭義のデザインを意味する大文字の “Design” と対比させて，デザイナーに限らない幅広い主体による，さまざまな場面・問題に応用できる可能性をもったメタな水準での思考／活動を意味する小文字の “design” と表現されることがある[7]。

文化的な潮流や産業構造の変化との親和性

　デザイン自体のこうした変質は，以下のような別の学術的・技術的・実務的な新しい動きとも連関ないし合流していた。たとえば，パロアルトに設立されたゼロックスの研究所において「状況論」が発展したこと（上野 2006），その方法論として「エスノグラフィ」や「エスノメソドロジー」が重視されたこと，認知心理学者ノーマンによる人間中心デザイン（HCD）の提唱（ノーマン 2015），ソフトウェアの「アジャイル」開発が挙げられる（マーホールズほか 2008）。

　この一連の動きは，西海岸の文化的潮流と親和性があった。さらにいえば，その

---

6) ゆえに，それまでの狭義のデザインの前段階，すなわち問題やニーズを察知して具体的な形に落としこむまでの「プレデザイン」の考え方と手法が重要になる。

7) 小文字の “design” と表現されるような動きは，「ビジュアル・シンキング」を提唱したエンジニアのロバート・マッキム（McKim 1972），建築と都市計画の分野においてデザインの思考プロセスを言語化しようとした建築家ピーター・ロウ，そして，IDEO やスタンフォード大学などが担っていった（中島 2018）。ところで，宮澤（2014）やナターシャ・ジェン（中島 2018）によれば “design thinking” が初めて用語として登場したのは 1987 年の *Design Thinking*（ロウ 1990）においてであったという。その一方で，八重樫ほか（2019: 217, 229）は，ロウの書籍を認識しつつも，デザイナーのような思考法に “design thinking” という言葉を当てはめたのはデザイン研究者リチャード・ブキャナンの「デザインの理論・思考法を提示した論文」（Buchanan 1992）が「初めて」であったとする。

文化が一連の動きを育む土壌になっていた[8]。デザイン思考を研究・実践している櫛勝彦によれば，「西海岸というヒッピー文化が精神的背景にあったからこそ，制度や慣習というフィルターのかかった考え方をいったん外し，フィルターを通さないクリアな目で物事をよく見て，人からの伝聞ではなく直接見に行くといった個人の活動や能力を最大限に活用しながら，考え方を共有し発想していく方が良いのではないか，というところに行きついた」のだろうという（UCI Lab. 2014）。

　加えて，上記の一連の動きのなかで生じた新しい手法・プロセスは，アメリカの産業構造の変化から生じたビジネス上の必要性にも適合していた。アメリカは1980年代から90年代にかけて日本の「ハード」製造業との競争のなかで劣勢に立たされ，産業の重心を（IBMに象徴される）巨大なハードから（Microsoft Windowsに象徴される）ソフトやサービスへと移していった。ソフト産業やサービス産業のこうした変化に見合う企画の方法やプロセスが必要とされていた状況にこれらの手法・プロセスは適合し，UXやサービス・デザインの分野で広まった動きは，その後スタートアップやBOPマーケティングといったいくつかの分野でも同時並行的に活用され始めた。

デザイン思考の制度化と越境

　このように雑然としつつも分野をまたいで関係していた諸手法は，IDEO[9]の幹部や「人類学者」の雑誌記事・書籍を通じて2000年代初めごろから体系的に整理され（ケリー＆リットマン 2002, 2006; スーリ＆IDEO 2009），2000年代半ばから「デザイン思考」という一つの名称のもとに包括されていった（ブラウン 2008; ブラウン 2014, 原著2009年）[10]。さらに，スタンフォード大学など教育機関のプログラムを通じて制度化が進んだ[11]。

　「デザイン思考」という名称が複数の分野で発生した手法・プロセスをゆるやか

---

8) ケリー＆リットマン（2002: 24–30）をみると，IDEOの考え方と仕事の進め方がこの地域の文化から強く影響を受けていることがわかる。

9) デイヴィッド・ケリー（のちのIDEO創設者）が1978年に開設したプロダクト・デザイン事務所が軌道にのった理由もやはり，かれらのやり方が文化的な潮流と親和的であり，かつ，当時の産業的な課題にうまく対応できたからであった（ケリー＆リットマン 2002: 29）。

10) デザイン思考という言葉自体は従前から使われていたが（奥出 2012: 61–64），IDEOにおいてかれらの方法を表す用語としてそれが使われだしたのは，奥出（2013: 26）に基づくと，遅くとも2004年からである。

に包みこんだ後，それが企業活動のなかで適用される分野も広がっていった。デザイン思考がこうした拡張的な志向をもっていることは「自分がデザイナーだと自覚したこともない人びとにデザイナーの道具〔考え方・やり方〕を手渡し，その道具をより幅広い問題に適用するのが，デザイン思考の目的なのだ」という IDEO の二代目 CEO ブラウンの発言に表れている（ブラウン 2014: 14-15）。実際，*Harvard Business Review*（英語版）のウェブサイトにおいて "design thinking" の語を検索すると，2010 年代前半から記事数が加速度的に増えていくとともに，記事のカテゴリーが多様になっていったこともわかる。

　"design thinking" という言葉が記事のなかにみられるようになった当初（2007 年から 2008 年），その記事は，デザイン，創造性，イノベーション，起業といったカテゴリーに含まれていた。しかし，2014 年以降の記事数の加速度的な増加とともに，記事のカテゴリーも多様化していった。たとえば，リーダーシップ，組織開発，変革マネジメント，戦略と実行，打ち合わせ，顧客サービス，テクノロジーと運用，グローバル・ビジネス，社会的起業などが挙げられる。なかでも記事数の増加が著しかったのは，リーダーシップと組織開発のカテゴリーであった。これらのカテゴリーにおける記事数の増加には，IDEO においてリーダーシップを高めるプログラムが実施されていたり，d-school において通称「d リーダーシップ」という科目が開講されていることなども大いに影響しているだろう。このように記事のカテゴリーの広がりを追っていくと，「デザイナーのごとく思考する」という発想が，産業デザインとしての役割である金型づくりからの解放を経て，企業活動のいたるところに広がり，ついには経営戦略という基幹的な分野にまで達したことがわかる[12]。

　以上のように，地域的な動きとして発生したデザインをめぐる雑多な手法・プロセスは，文化的・産業的な潮流に乗りながら普及し，隣接した分野の概念・手法・プロセスを包みこむように言語化・体系化・制度化されていった[13]。それにとど

---

11) デザイン思考の制度化に関連する象徴的な出来事は，2004 年に同大学でいわゆる d-school が設立されたことである。ただし，同大学工学部では，それ以前から，のちにデザイン思考と呼ばれるようになる手法・プロセスが教えられていた可能性が高い。というのも，同大学工学部教授，および，d-school アカデミック・ディレクターであり「創設者の一人」であるバーナード・ロスが，「世間でにわかに評判になったこのコンセプトは，わたしが半世紀もの間，名前もつけずに実践してきたことだ」と述べており，実際，彼が，1969 年に「社会におけるデザイナー」という講座を開設していたからである（ロス 2016: 4, 12）。彼によれば，その「講義には，「デザイン思考」……を取り入れることにした」という（ロス 2016: 2）。

まらず，デザイン思考は，従来はデザインに関わりがなかった領域にまで拡張し，もはや業種を問わずビジネス・パーソンが身につけるべき教養の一つになったようである。その反面，デザイナーの考え方・やり方を誰にでも理解しやすく使いやすいものにしたことの弊害が指摘されるようにもなった[14]。

■ 3-2　日本におけるデザイン思考の導入

2000 年代までの「デザイン」の捉えられ方

　では，日本ではどのようにデザイン思考が受容されていったのだろうか。デザイン思考が日本で強く注目され始めたのは，日経 BP 社各誌での雑誌の記事数の推移をみた図 0-3 からわかるとおり，リーマン・ショックが起こった 2008 年ごろからであった。それは「失われた 20 年」という言葉で社会的な行き詰まりの感覚が表されたように，中央研究所から始まるような技術中心の単線的で一方通行の製品開発やこれまでの製品の漸進的改善が利潤の源泉になりにくくなったことがいよいよ実感されてきた頃であった。デザイン思考が急速に受け入れられていったのは，突如として経営の重要課題になったイノベーションに戸惑っている諸企業にとって，それが創造的手法を具体的に提示してくれるようにみえたからかもしれない。

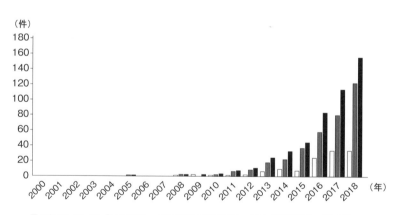

□ 日経テレコン 21「日経各紙」　■ 日経 BP 記事検索サービス「雑誌記事」　■ 合計

図 0 - 3　「デザイン思考」の語を含む記事数

調査方法：日経各紙については日経テレコン 21 の「記事検索」で検索対象を「日経各紙」とし，「デザイン思考」のキーワードで検索した。日経 BP 雑誌記事については日経 BP 記事検索サービスで検索対象を「雑誌記事」とし，「デザイン思考」のキーワードで検索した。なお，いずれについても，記事の書き手が明らかに本章3-1 で説明したようなデザイン思考の概念を想定せずにデザイン思考の語を用いていた記事についてはカウントから除外した。検索日はいずれも 2019 年 9 月 12 日。

　実のところ，のちにデザイン思考と呼ばれることになる手法は，1990年代の段階ですでに一度日本に入ってきている[15]。たとえば，奥出直人は，1992年にIDEOのティム・ブラウンを大阪でのワークショップ「デザイン・クエスト」に招聘した。そのときすでにブラウンはNEC，東京ガス，セイコーなどと仕事をしていたという（奥出 2013: 16）。1996年，IDEO日本（東京）支社が深澤直人によって設立された（スーリ & IDEO 2009: 188）。彼のほか，山中俊治などのデザイナーによる意味・インタラクション・体験（ユーザー・エクスペリエンス：UX）をデザインするという語りも一部では注目されていた（深澤 2005; 山中 2011）。

　しかし当時の日本全体では，「デザイン」への着目は，IDEOが提唱していた「デザイナーのごとく思考する」というメタな水準での問題解決の方法やチームが創造性を発揮する方法としての注目ではなく，製品のスタイリングの重要性として解釈されて（奥出 2012），著名なデザイナーを起用することとして受け止められてしまったように感じられる[16]。

12）デザイン思考の記事数が急激に増加し，カテゴリーが多様化した2010年代半ば，他業界からのデザインの「発見」ないしデザインへの「参入」が起こった。たとえば，2014年にボストン・コンサルティング・グループ（BCG）が，大企業がスタートアップのように新規事業を創造できるよう支援する「BCGデジタル・ベンチャーズ」を設立したこと，クレジット・カード事業に出自をもつ金融サービス業大手キャピタル・ワンが，同じく2014年にUX分野のコンサルティング・ファームとして草分け的な存在であったアダプティブ・パスを買収したことが象徴的な出来事として挙げられる。

13）すでに「アート思考」や「スペキュラティブ・デザイン」など，「次のデザイン思考」あるいは「デザイン思考の次」を模索・提示しようとする動きもみられる。

14）これまでみてきたようなデザイン思考からの越境および他業種からデザインへの越境が起こっている一方で（あるいは，だからこそ），批判的な意見も見受けられるようになってきた。たとえば，大手デザイン事務所ペンタグラムのナターシャ・ジェンは，一般に普及しているデザイン思考の極度に単純化・形式化されたプロセスから生まれるデザインは標準的なものにしかなりえないと指摘した。彼女によれば，わずか数日でデザイナーのような問題解決の仕方を学べることを売り物にしているワークショップやセミナーが流行っているが，それは訓練したくないが達人になりたいといっているようなものであり，「この容易さこそ，……ひじょうに危険な考えだと思わざるを得ない」と述べている（中島 2018）。

15）先駆的な大学は，この手法をおそらく1990年代のうちから教育し始めている。たとえば，慶應義塾大学湘南藤沢キャンパスでは，1990年のキャンパス設立時に奥出直人が助教授で着任したことをふまえると，1990年代から（体系的にではないかもしれないが）IDEOの発想をとりいれたデザイン教育がなされていたと推測できる（奥出・後藤 2002）。

　一方で，深澤らによる UX デザインの流れとは別に，2000 年代初めから「エスノグラフィ」という言葉で括られるような手法が注目され始めた（伊藤 2017）[17]。富士通，大阪ガス，博報堂といった企業が，2000 年代初めから半ばという早い段階でエスノグラフィを用いたり，社内やクライアント企業に研修し始めたりした [18]。

　このように，2000 年代中頃には日本企業のあちこちで，これまでの発想法・プロセスを何らかの手法を用いて変えなければならないという切迫感がみられるようになってきた。とはいえ，この時点で主に注目されていたのは，スタイリングという意味でのデザインであったり，モノをつくる前に着想を得るための観察の部分だけであったように思われる。メタな思考方法としての，そして，観察から試作までの総合的なプロセスとしての「デザイン思考」という用語は，まだそれら限定的な関心を包括する概念として定着していなかった [19]。

2010 年代以降の日本における普及と制度化

　前項でみたとおり，2000 年代にデザイン思考のような根本的にこれまでとは異なる手法・プロセスを総合的に採用するのは，おそらく既存の制度（集団に共有された規範・手法・プロセス）との軋轢が生じるために難しかったであろう。さらに，そ

16）その一つの表れが，いわゆる「デザインケータイ」ではないか。たとえば 2002 年から 2008 年にかけての「au Design project」では，深澤による INFOBAR など「国内外のデザイナーとのコラボレーションによる」携帯電話がつくられ，デザインというキーワードやデザイナーという職能が広く注目された（au Design project 15th Anniversary 2002-2017〈https://time-space.kddi.com/adp15th/（最終確認日：2019 年 11 月 1 日）〉）。

17）2000 年代末ごろから，BOP ビジネス（プラハラード 2005）における現地化のための手法を知りたいという関心からも，味の素，マンダム，パナソニックといった日本企業による現地調査が注目され始めた（日経ビジネス 2009; 日本経済新聞 2013）。なお，BOP ビジネスにおいてデザイン（思考）がもつ可能性という観点から，BOP ビジネスとデザインが関連づけられて論じられるようにもなった（スミス 2009）。

18）富士通は，パロアルトにあるゼロックスの研究所（PARC）との共同プロジェクト（2003–2007 年）のなかでエスノグラフィを用いた（伊藤 2017）。大阪ガスでは，コーネル大学大学院で学んだ社員が 2001 年からビジネスの現場で行動観察をおこない始めた（松波 2011）。博報堂は，2000 年代前半より「ビジネス・エスノグラフィ」という名称で生活者起点から企業をコンサルティングし始めた（博報堂 2010）。mct は，2002 年にアメリカの著名な教授からエスノグラフィの手法を習得し，それを日本で教育・研修した。なお，その後 mct は，2004 年に IDEO 出身者のデザイン・ファームからデザイン思考を習得し，同社とパートナー契約を結んだ（mct "ABOUT"〈https://www.mctinc.jp/about/（最終確認日：2019 年 11 月 1 日）〉）。

もそも既存の制度に則る者からすれば，そのような手法を総合的に採用する必要性を強く感じなかったかもしれない。

　しかし2010年代に入ると，海外規格のスマートフォンによって日本の携帯端末のシェアを大きく奪われたことが衝撃をもって受け止められたり，ビッグ・データやAI，3Dプリンタといったキーワードが（実装の有無は別として）広がったりしたこともあり，技術の単なる積み上げでもなく，従来のやり方の延長線上にもない「破壊的な（disruptive）」イノベーションを起こす必要性が強く認識されるように

19) 当時の日本企業においてデザイン思考という総体的な手法／プロセスに十分な関心が向けられなかった理由は，日本の「ものづくり」の力への期待と信仰が根強かったからではないか（中村2005）。図0-4の記事数とその安定した推移からわかるように，商品・サービスが実際に用いられる現場で課題とニーズを見つけ出すことができれば，それに対応した適切なものをつくることができる。適切なものとよいデザインを組み合わせれば，よりよいものができる。このような，ものづくりがグローバル市場における日本企業の強みであることを前提とした考え方が，商品開発（そもそも何をつくるか）の工程や意思決定において，従来の組織や仕組みを見直さずに済む範囲で実施できる，一部の手法だけを導入するという対応につながったのかもしれない。実際，1996年に東京支社を設立したIDEOは，一時期，再び2011年に東京支社を設けるまで撤退していた。

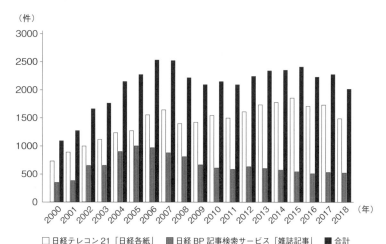

図0-4　「ものづくり」の語を含む記事数

調査方法：日経各紙については日経テレコン21の「記事検索」で検索対象を「日経各紙」とし，「ものづくり」のキーワードで検索した。日経BP雑誌記事については日経BP記事検索サービスで検索対象を「雑誌記事」とし，「ものづくり」のキーワードで検索した。検索日はいずれも2019年9月12日。

なっていった（日経情報ストラテジー 2015; 日経ビッグデータ 2017）。実際に 2010 年代半ばから，大企業ではそのようなイノベーションを志向する幹部の号令で始まった組織変革の試みやプロジェクト [20] がみられるようになった（日経ビジネス 2014）[21]。このような動きのもとになっているのが，破壊的なイノベーションには不得手であると思われがちな大企業が，豊富な有形・無形の資産という利点を活かしてイノベーションの主役になれるよう自らを変革するという発想と気運であった。

　大企業において破壊的なイノベーションへの意欲が高まるにつれて，デザイン思考がそのためのプロジェクトの手法として用いられるようになっていった。とはいえ，日本においてデザイン思考は，その企業の基幹的事業におけるプロジェクトの手法としてよりも，むしろ，社内の意識改革や研修の道具として用いられる場合が多いのかもしれない。デザイン思考と隣接・関連する分野でも，ワークショップ，ハッカソン，アイデアソンなどが，実際のプロジェクトでの手法や事業創造の手法として普及するだけでなく（大内 2015; 須藤・原 2016），研修や集団でマインド・セットを転換するための方法としても活用されている [22]。こうして，日本でもデザイン思考とその隣接分野が「研修」業をも含めた「イノベーション業界」を形成しつつあるようにもみえる。

　ほぼ同時期に，大手広告代理店が相次いでデザイン思考を象徴するデザイン・ファームを抱え込んだ。2016 年，博報堂が IDEO を事実上買収し（博報堂 2016），電通も世界的に有名なデザイン・ファームの一つである frog と業務提携を結んだ（電通 2016）。これらの出来事は，日本の大手広告代理店が大企業などから安定して

---

20) その代表例としてパナソニックの動きを整理したい。かれらは 2016 年から 2017 年にかけて破壊的イノベーションのためのプロジェクトを次々に立ち上げた。まず，アプライアンス社専務の号令のもと，スタートアップのような雰囲気で新規事業を創造するためのプロジェクト「ゲームチェンジャー・カタパルト」を 2016 年に立ち上げた（日経ビジネス 2017）。さらに，クリエイティブ・カンパニーであるロフトワークなどと共に「若い世代を中心としたプロジェクトチームに対して，各分野のトップランナーによるメンタリングの機会を提供」し，支援する場所「100 BANCH」を 2017 年に開設した（パナソニックほか 2017）。そして，デザイン思考をはじめとしたシリコンバレーの仕事の進め方を組織文化として定着させるため，シリコンバレーに若手の技術者やデザイナーら約 30 人からなる新組織「パナソニック β」を 2017 年に設置している（山川 2018）。

21) ただし，トップの号令で始まった動きと並行して，草の根的な活動もみられるようになった。2016 年，大企業の若手有志は，イノベーションの実践と挑戦的な文化づくりのための企業横断的なコミュニティ「One Japan」を立ち上げた。

22) 実際，IDEO 東京でも，研修プログラムの提供が事業の柱の一つになっている。

デザイン思考を用いたコンサルティング業務と研修業務を受注することができるようになったことを意味しているのかもしれないが，少なくとも，日本ではこの時点でデザイン思考が（十分に理解され実践されているかは別として）当然知っておくべき言葉・手法になったことを表している。

　教育機関もまた，大企業や大手広告代理店とゆるやかに関わりながら，デザイン思考の普及を加速させてきた。たとえば，2008 年に慶應義塾大学大学院メディアデザイン研究科，2009 年に東京大学 i-school，2013 年に京都大学のデザイン・スクールが開設され，デザイン思考を体系化し，その教育訓練を制度化したり，それを習得した人材を企業に供給する役割を担ってきた。

　日本でのデザイン思考の普及という動きが，国（「クール・ジャパン」）や企業におけるブランドづくりの必要性の認識といった他の流れも吸収しながら到達したのが，2018 年に経産省・特許庁が出した「「デザイン経営」宣言」であった。大山（2018）が指摘するようにその定義は明確ではないが，以下の二つの条件を満たす経営がデザイン経営であるという。一つは「経営チームにデザイン責任者がいること」であり，もう一つは「事業戦略構築の最上流からデザインが関与すること」である（経済産業省・特許庁 2018: 7）。

　ここに至り，デザインを企業活動の根幹とする経営にデザイン思考が到達した（とりわけ大企業の上層部に常識として浸透した）という点で，日本のデザイン思考もアメリカとほぼ同じところに帰着しつつある。ただし，これまでみたとおり，日米でデザイン思考が歩んできた道のりは異なっていた。アメリカではデザイン思考が少なくとも地域的な規範と産業的状況に適合していたために普及し，そこではIDEO などのデザイン・ファームが一貫して関わっていた。それに対して，日本ではまず，ものづくりの力への信仰が根強かったことから，何をつくるかを発見するために，つまりものづくりを補完ないし強化するためにデザイン思考の一部の方法のみが受容された。その後ものづくりの力が必ずしも利益に結びついていないことを痛感させられた大企業が，破壊的なイノベーションを起こすために社員の考え方と組織文化を刷新するきっかけとして，あるいはその具体的な方法として，デザイン思考を総合的に活用しようと試みている。

4　イノベーションとデザインにおける UCI Lab.

　次章からみていく UCI Lab. の実践は，デザイン思考に対する日本での関心の高ま

りと軌を一にしていた。先の図 0-3 と関連づけると，第 1 部の著者である渡辺がその源流となる取り組みを始めたのは，ちょうどデザイン思考に関する記事が出始めた 2008 年ごろであり，その後に彼が UCI Lab. を設立したのは，ちょうど記事数が急激に増加し始めた 2012 年であった。したがって，日本でのデザイン（あるいはデザイン思考）の普及という観点からみると，本書の分析対象である UCI Lab. の設立は，特殊事例ではなく，きわめて典型的な事例であるといえる。本章で取り上げてきた有名な事業会社・広告会社・教育機関に比べると影響力は小さいが，UCI Lab. もまたこの流れをつくった主体の一つとして位置づけられるだろう。とはいえ，かれらには設立までの独自の経緯があり，また，かれらはデザイン思考という言葉や定義からは少し距離を置きながら日々の実践を続けてきた。加えて，そうしたデザイン思考との距離感も，これまでみてきたような世の中における「デザイン」という言葉の捉え方の変化と，かれら自身のスキルや携わる仕事などの発展に応じて少しずつ変わっていった。こうした経緯の詳細については，第 1 部にて渡辺自身が説明する。

5 各部の視点の特徴

　以上のような経緯から，本書では，今日多くの企業が実施している／やりたいと考えているイノベーション創出のプロジェクトに関わり，知識によって知識を生み出しているという意味で近年の資本主義経済の象徴的存在ともいえるイノベーション・コンサルティング組織について，その一例である UCI Lab. を題材に，イノベーションの現場で何がなされているのかを著者 3 名それぞれの立場から考察していく。ここでは，序章の結び，そして本論への導入として，各部の視点の特徴と暫定的な問いを整理しておきたい。

■5-1　第 1 部「イノベーションに隠された現場の格闘」（渡辺）について

　渡辺は，執筆陣のなかで唯一の実務家であり，当該の UCI Lab. を立ち上げた「当事者」でもあり，第 1 部では自分たちの手元でおこなわれている日々の実践をできる限りそのままの語りとして記述している。とはいえ，単なるインフォーマントという立場に留まらずに，自分たちのこれまでの実践を詳細に記述して内省的な検討をおこなっている。

　第 1 部における「イノベーションの現場」とは，UCI Lab. とかれらのクライアン

トとの間でおこなわれるプロジェクトを通じた対話的な協働のことを指している。最初に組織の概要について説明した後，この7年間におこなわれたプロジェクトのなかから四つのケースを選び，さらにそのなかの一局面をエピソードとして緻密に記述する。そのように個別の状況におけるかれらの小さな行為の過程や判断の理由を内省することから，自分たちの姿勢や価値観を言語化しようとしている。

　第1部はビジネスの現場の手触り・言い回しをできるだけ残しながら記述したため，ふだん学術書や研究論文を読みなれている方は文体や話の進め方などの点で戸惑いを覚えるかもしれない。また，ここでの渡辺の記述や考察は，UCI Lab. の日々の実践における信条を表明するものであり，業界内におけるかれらの立ち位置を明らかにしているが，学術的観点でいえば経営学などの研究の手続きに則ってはいない。それは，共著における位置づけとして当事者の語りという資料的価値に重きをおいた判断による。

　そのような意味で，研究者の読者におかれては第1部を一次資料として読んでいただいても構わない。一方で，渡辺に近い立場の，近接する業界でビジネスをしている読者には，本書は UCI Lab. の独自のメソッドや自らの差別的優位性をはっきりと打ち出していない不思議な本にみえるだろう。実際，渡辺には（そしてもちろん他の二人の著者にも），UCI Lab. のメソッドや優位性を売り込む意図はない。ビジネス・パーソンの読者には，ビジネス書に書かれているような流麗なフレームワークと悩める現場の間にある乖離が実践においてどのように埋められているのか，言い換えればそうした役割をエージェントがいかに担っているのかという視点で読み進めていただければ幸いである。

■ 5-2　第2部「UCI Lab. と人類学者による対話と協働」（比嘉）について

　冒頭でも紹介したように，第2部執筆者である比嘉は，オセアニアの島嶼地域にて長期のフィールドワークをおこなってきた人類学者である。そのような意味では，執筆者陣のなかでも最もビジネスの実践や「イノベーションの現場」から遠い立場にあったといえるだろう。しかし対象となる人びとの日常生活に寄り添い，その人びと自身の認識や行為を明らかにしていくという調査の目的において，またその際にどのような視点や手法を用い，得られた知見をいかに分析し言語化するのかという探究の姿勢において，実は人類学者の仕事と UCI Lab. のようなイノベーション・エージェントの仕事には共通点があり，そこには協働の可能性があった。

　第1部と同様に，第2部においてもまた，UCI Lab. と比嘉が実施したプロジェク

トの事例が「イノベーションの現場」として詳述されている。企業が研究者（しか
も「ビジネス」からは縁遠いように感じられる人類学者のような研究者）と協働すると一
口にいっても，その具体的な内容やプロセスを想像できる読者はあまりいないだろ
う。しかも，そのような協働には当然「正解」などなく，そこには無数のパターン
が存在しうるはずである。ここでは UCI Lab. と比嘉の試みを振り返りながら，現場
での生々しいやりとりから試行錯誤の手触りまでを，可能な限り共有していく。こ
うした学際的・産学連携的協働への関心をもつ実務家側の読者にとっては，プロ
ジェクトの進行と工程ごとに，人類学者の視点や思考の流れを追うことができるは
ずだ。また人類学者など研究者側からは，通常の学術研究とはまた異なったフレー
ムワークやビジネスの文脈のなかで多様な人びとと協働することの面白さや難しさ
を具体的に読み解くことができるだろう。

　人類学の研究がまさに個別具体的な事例をベースとし，それらを緻密に分析する
ことから人間の理解へと至ろうとするように，この小さな一組織を事例とし，日々
の営みと個々の意思決定を具体的に追うことでこそ，現代の日本の「イノベーショ
ンの現場」のある部分が浮かび上がってくるのではないか。あるいはこのようなプ
ロジェクト／実践をその結果だけではなく，そのプロセスについても詳細に知るこ
とで，プロセスの精度やそこに向き合う現場の態度が結果に与える影響についても
考えることができるのではないだろうか。

■ 5-3　第 3 部「制度としての UCI Lab.」（北川）について

　制度経済学者の北川は，3 名のなかで唯一，UCI Lab. のプロジェクトの実践に直
接関わっておらず，かれらの実践を観察する立場をとってきた。現場の実践に携
わっていると，手元のことはよくみえるが，その実践を支えている仕組み，さらに
その仕組みと相互に影響を及ぼし合っている周囲の人・集団を含めたシステムにつ
いてはみえにくかったり，そもそも意識していないこともある。そこで，第 3 部で
は視点を引き上げて，集団（具体的には UCI Lab. ないし会社（YRK&））に共有される
仕組みという意味での「制度」の変化に注目する。具体的には，UCI Lab. と会社と
の（制度間の）関わり方の変化，および，UCI Lab. のチーム内での（制度内の）関わ
り方の変化を，一歩引いた「観察者」の立場から記述する。したがって，北川から
みた「イノベーションの現場」とは，UCI Lab. という集団と内外のさまざまな人び
と・集団との相互作用が生じているところすべてである。

　制度経済学は，今日の資本主義の趨勢を，先に述べたように「フォーディズム」

から「認知資本主義」へと変容していくプロセスとして捉えている。こうした趨勢のなかでも，制度経済学がとりわけ注目するのは経済的な実践を評価する社会的な規範の変化である。制度経済学は，社会における支配的な規範が，「産業的効率性」の規範から，ネットワークとプロジェクト自体を重要視しそれを主導する能力（それに参入できる能力）を評価する規範（「ネットワーク／プロジェクト」の規範）へと，お互いに摩擦を引き起こしつつ，しかし何らかの仕組みで調整されながら，移行していったとみている。しかし制度経済学は，ネットワーク／プロジェクトの規範自体を，そして旧来の規範との摩擦の解消の仕方を，ミクロな「実践」レベルで理解するための事例を十分にもちあわせていないため，この新たな規範を体現するような企業やネットワークに積極的にアプローチしつつある（立見ほか 2019）。北川がUCI Lab. にコンタクトしたことも，こうした研究者たちの動きの一つとして位置づけられる。

　制度経済学の視点から注目すべきは，UCI Lab. は純粋なベンチャーとしてまっさらなところから始まったのではなく，創業から 100 年以上の歴史をもつ企業の社内ベンチャーとして設立されたという事実である。この小集団の新しい規範は，老舗企業の旧来の規範と摩擦を起こさなかったのだろうか。そして，こういった制度経済学的な考察は，他の研究分野やビジネスの現場にとってどのような意義をもつのだろうか。ビジネスの側の読者も，人類学に携わる読者も，制度経済学者の北川が一つのビジネスのフィールドをより大きなシステムのなかで機能しているものとして俯瞰的に捉え直したり，そのフィールドの実践を今日の資本主義の趨勢というさらに大きな視座から意味づけていく様子に注目していただきたい。

■5-4　地道な考察を通じて描きたいこと

　以降の本論では，UCI Lab. という一つの小さな組織の，いわば「地味」とさえ形容しうるような日々の細々とした多様な実践と，それを成立させている数々の要素や背景や仕組みを緻密に描いていく。そうした記述のなかで，「対話」を通じて「協働」がゆっくりと立ち上がっていく様子，そして，その対話の過程で関係者が「柔軟に」変容を続けていく様子がきわめて具体的に示されるであろう。こうした営みは，産業的効率性という物差しでは非効率・非合理な営みとも捉えられるが，「ユーザーにとっての価値」に寄り添うという UCI Lab. の目的にとってはきわめて「合理的な」試行錯誤である。この地道な実践のうえにこそ，イノベーションという，既存の仕組みを超えた結果に到達するための仕事は成り立っている。しかも，そのよ

うな実践は，時間をかけて対話的に構築されていく制度によって支えられている。

　あるモノやサービスが立ち上がるその手前，つまり「カタチになる」以前の段階は，表に現れることが少なく可視化もされにくい。本論では，「イノベーションの現場」を，そのなかでも特に「知的生産を可能にする実践と制度」を，成功事例の共通点を抽出したり美しいマニュアルにまとめ上げてしまうのではなく，著者三人の視点と考察を重ね合わせることによって丹念かつ立体的に描き切りたい。そのうえで，本書の表題「地道に取り組むイノベーション」の意味，すなわち，魔法のように感じられ，華々しい仕事にもみえる「イノベーション」にあえて「地道に取り組む」と修辞したことから浮かび上がってくる意味については，終章であらためて考えてみたい。

【参考文献】

伊藤泰信（2017）.「エスノグラフィを実践することの可能性──文化人類学の視角と方法論を実務に活かす」『組織科学』*51*(1), 30–45.

岩嵜博論（2016）.『機会発見──生活者起点で市場をつくる』英治出版

上野直樹（2006）.「ネットワークとしての状況論」上野直樹・ソーヤーりえこ［編］『文化と状況的学習──実践，言語，人工物へのアクセスのデザイン』凡人社，pp.3–40.

大内孝子［編］（2015）.『ハッカソンの作り方』ビー・エヌ・エヌ新社

大山繁樹（2018）.「経産省が「デザイン経営」宣言！　企業の競争力強化の切り札に？」日経クロストレンド，2018 年 8 月 22 日〈https://xtrend.nikkei.com/atcl/contents/18/00041/00003/（最終確認日：2020 年 3 月 2 日）〉

奥出直人（2012）.『デザイン思考と経営戦略』NTT 出版

奥出直人（2013）.『デザイン思考の道具箱──イノベーションを生む会社のつくり方』早川書房

奥出直人・後藤　武［編］（2002）.『デザイン言語──感覚と論理を結ぶ思考法』慶應義塾大学出版会

経済産業省・特許庁（2018）.「「デザイン経営」宣言」産業競争力とデザインを考える研究会，2018 年 5 月 23 日〈https://www.meti.go.jp/press/2018/05/20180523002/20180523002-1.pdf（最終確認日：2020 年 3 月 2 日）〉

ケリー, T., & リットマン, J. ／鈴木主税・秀岡尚子［訳］（2002）.『発想する会社！──世界最高のデザイン・ファームIDEO に学ぶイノベーションの技法』早川書房

ケリー, T., & リットマン, J. ／鈴木主税［訳］（2006）.『イノベーションの達人！──発想する会社をつくる 10 の人材』早川書房

サッカラ, J. (1991).「序論」サッカラ, J.［編］／奥出直人・藤原えりみ・桝山　寛［訳］『モダニズム以降のデザイン──ものの実体を超えて』鹿島出版会，pp.32–78.

スーリ, J. F., & IDEO ／森　博嗣［訳］（2009）.『考えなしの行動？』太田出版

須藤　順・原　亮（2016）．『アイデアソン！──アイデアを実現する最強の方法』徳間書店

スミス, C.／槌屋詩野［監訳］／北村陽子［訳］（2009）．『世界を変えるデザイン──ものづくりには夢がある』英治出版

立見淳哉・山本泰三・須田文明・北川亘太（2019）．「価値づけと遂行性──制度経済学のプラグマティックな展開」（特集の巻頭言）『季刊経済研究』*39*(1・2), 1–3.

電通（2016）．「電通，世界的デザインファーム「フロッグデザイン社」と業務提携──デザインによる事業成長・イノベーション支援サービスを拡充」電通コーポレート・コミュニケーション室 広報部, 2016 年 11 月 18 日〈http://www.dentsu.co.jp/news/release/pdf-cms/2016134-1118.pdf（最終確認日：2020 年 3 月 2 日）〉

ドラッカー, P. F.／上田惇生・佐々木実智男・田代正美［訳］（1993）．『ポスト資本主義社会──21 世紀の組織と人間はどう変わるか』ダイヤモンド社

中島恭子（2018）．「「デザインシンキングなんて糞食らえ」。ペンタグラムのナターシャ・ジェンが投げかける疑問」*AXIS*, 2018 年 10 月 22 日〈https://www.axismag.jp/posts/2018/10/99156.html（最終確認日：2020 年 3 月 2 日）〉

中村邦夫（2005）．「「ものづくり日本」の一翼を担って──「メイド・イン・ジャパン」を鍛える」『DIAMOND ハーバード・ビジネス・レビュー』*30*(9), 22–37.

日経情報ストラテジー（2015）．「ITpro EXPO 2015　ステアリング・コミッティ──前例なき変革の時代に勝つ　CIO とベンダー首脳が問題提起」2015 年 11 月号, 52–61.

日経ビジネス（2009）．「第 1 章　「ない」ところに商機──「貧困」市場の素顔」（特集 BRICs ではもう遅い　新・新興 40 億人市場はこう攻める）. 2009 年 12 月 21 日号, 22–25.

日経ビジネス（2014）．「PART4　永久成長への渇望」（特集　トヨタ──迫る崖っぷち）, 2014 年 6 月 30 日号, 46–49.

日経ビジネス（2017）．「新成長産業KADEN──シリコンバレーも熱視線」2017 年 10 月 9 日号, 24–41.

日経ビッグデータ（2017）．「デジタル革命に勝つ「AI 経営」──オムロン, トヨタ, パナソニック, ホンダが実践する新たな経営戦略」2017 年 6 月号, 3–9.

日本経済新聞（2013）．「貧困層向け市場日本勢も開拓, パナソニックやソニー, BOP ビジネス, 5 兆ドル規模」2013 年 6 月 6 日, 朝刊, 11.

ノーマン, D. A.／岡本　明・安村通晃・伊賀聡一郎・野島久雄［訳］（2015）．『誰のためのデザイン？　増補・改訂版──認知科学者のデザイン原論』新曜社

博報堂（2010）．「エスノグラフィを活用した企業イノベーションコンサルティング専門チーム　博報堂「ETHNOVISION（エスノビジョン）」発足, 活動開始」博報堂広報室, 2010 年 8 月 30 日〈https://www.hakuhodo.co.jp/uploads/2011/09/20100830.pdf（最終確認日：2020 年 3 月 2 日）〉

博報堂（2016）．「グローバルに展開するデザイン／イノベーション会社IDEO 社, 博報堂DY グループの戦略事業組織「kyu」の一員に」博報堂DY ホールディングス, 2016 年 2 月 10 日〈https://www.hakuhodo.co.jp/uploads/2016/02/201602101.pdf（最終確認日：2020 年 3 月 2 日）〉

パナソニック, ロフトワーク, カフェ・カンパニー (2017).「パナソニックとロフトワーク, カフェ・カンパニー, "次の 100 年" を築く実験区「100BANCH」を渋谷に開設」2017 年 7 月 7 日〈https://news.panasonic.com/jp/press/data/2017/07/jn170707-1/jn170707-1.pdf（最終確認日：2020 年 3 月 2 日）〉

深澤直人 (2005).『デザインの輪郭』TOTO 出版

ブラウン, T. ／千葉敏生［訳］(2008).「人間中心のイノベーションへ　IDEO——デザイン・シンキング」『DIAMOND ハーバード・ビジネス・レビュー』*33*(12), 56–68.

ブラウン, T. ／千葉敏生［訳］(2014).『デザイン思考が世界を変える——イノベーションを導く新しい考え方』早川書房（2019 年に早川書房から「アップデート版」が出版された）

プラハラード, C. K. ／スカイライトコンサルティング［訳］(2005).『ネクスト・マーケット——「貧困層」を「顧客」に変える次世代ビジネス戦略』英治出版

フロリダ, R. ／井口典夫［訳］(2008).『クリエイティブ資本論——新たな経済階級の台頭』ダイヤモンド社（改訂版　フロリダ, R. ／井口典夫［訳］(2014).『新クリエイティブ資本論——才能が経済と都市の主役となる』ダイヤモンド社）

ベルガンティ, R. ／佐藤典司・岩谷昌樹・八重樫文［監訳］(2012).『デザイン・ドリブン・イノベーション』同友館

マーホールズ, P., シャウアー, B., ヴァーバ, D., & ウィルケンズ, T. ／高橋信夫［訳］(2008).『SUBJECT TO CHANGE——予測不可能な世界で最高の製品とサービスを作る』オライリー・ジャパン

松波晴人 (2011).『ビジネスマンのための「行動観察」入門』講談社

宮澤正憲 (2014).「IDEO, スタンフォード大学d-school でにわかに注目される——デザイン思考でマーケティングは変わるか」『DIAMOND ハーバード・ビジネス・レビュー』*39*(8), 72–85.

八重樫文・安藤拓生 (2019).『デザインマネジメント論——ビジネスにおけるデザインの意義と役割』新曜社

八重樫文・小山太郎・後藤　智・安藤拓生・牧野　耀 (2019).「イタリアにおけるデザインマネジメント研究の理論」八重樫文・後藤　智・安藤拓生［編］『デザインマネジメント研究の潮流 2010–2019』青山社, pp.204–231.

山川龍雄 (2018).「ニュースを突く——パナ・ホンダがデザイン思考を学ぶ理由」『日経ビジネス』2018 年 4 月 6 日号, 8.

山中俊治 (2011).『デザインの骨格』日経BP 社

山本泰三 (2018).「アクター・ネットワークの認識論／存在論——予備的検討」『創造都市研究』(17・18), 35–51.

UCI Lab. (2014).「デザイン思考の "作法"」（京都工芸繊維大学大学院 櫛勝彦へのインタビュー）〈http://www.ucilab.yrk.co.jp/interview01/01-1.html（最終確認日：2020 年 3 月 2 日）〉

ライシュ, R. B. ／中谷　巌［訳］(1991).『ザ・ワーク・オブ・ネーションズ——21 世紀資本主義のイメージ』ダイヤモンド社

ロウ, P. G. ／奥山健二［訳］(1990).『デザインの思考過程』鹿島出版会

ローゼンブルーム, R. S., & スペンサー, W. J. ／西村吉雄［訳］(1998).『中央研究所の時代の終焉──研究開発の未来』日経BP 社

ロス, B. ／庭田よう子［訳］(2016).『スタンフォード大学dスクール──人生をデザインする目標達成の習慣』講談社

Buchanan, R. (1992). Wicked problems in design thinking. *Design Issues*, *8*(2), 5–21.

McKim, R. H. (1972). *Experiences in visual thinking*. Monterey, CA: Brooks/Cole.

Moulier-Boutang, Y. ／E. Emery (Trans.) (2011). *Cognitive capitalism*. Cambridge: Polity.

OECD (1996). *Employment and growth in the knowledge-based economy*. Paris: OECD.

イノベーションに隠された
現場の格闘

渡辺隆史

はじめに

　UCI Lab. は，メーカーなどの事業会社がイノベーションを起こそうとした際に外部からさまざまな援助をしているエージェントである。ここで UCI Lab. が定義するイノベーションとは，商品やコンテンツなどの開発において，従来の企画開発の延長線上にはない新しい価値が創造されてユーザーに受け入れられることを指している。しかし，そもそもイノベーションはどのような場所で誰（と誰）がどのようにおこなっているものなのだろうか。また，それは意図的に起こせるようなものなのだろうか。

　そこで，第 1 部では UCI Lab. の所長である渡辺自らが，内部からみた「イノベーションの現場」を可能な限り詳細に記述することを試みる。第 1 章では，世間ではあまり馴染みのない小さな組織である UCI Lab. の概要を説明する。私たちはビジネス界において「エージェント」という立ち位置にいて，クライアント企業が「ユーザーにおける価値を起点にしたイノベーションを具現化する（User Centered Innovation）」ためのプロジェクトを実践している。これはどのようなビジネスで，何が私たちの特徴なのかを説明する。

　続く第 2 章から第 5 章にかけては，私たちのプロジェクトのもとでおこなわれている日々の細かな行為について，実際のプロジェクトを事例に，そのなかでさらに特定のシーンに絞り込んだ詳細な記述を通じて考察していく。「UCI Lab. 型プロジェクト」のプロセスには大まかな見取り図はあるが，それぞれのプロジェクトは個別にオーダーメイドで設計されて，その都度必要な知見や最適な協力者をブリコラージュして実施する。このような「反−方法論」的な取り組み方やプロセスと，それによってできあがるものには，どのような意義があるのだろうか。そして，第 1 部の最後となる第 6 章では，それまでみてきたような UCI Lab. の実践を支える内部の取り組みや価値観などについて説明する。

　イノベーションの実践とは，ビジネス書でよくあるベストプラクティスのように，成功事例の表層的な理解に基づく紹介になってしまうと，「最新の理論や洗練されたフレームワークに沿って，効率的にクリエイティビティを発揮し，鮮やかにクライアントを導く行為」にみえるかもしれない。しかし実際には，大きな道しるべや信条に従いながらも，現場で即興的な判断を繰り返したり，創造性を発揮するために地道で周到な準備を重ねたりする研究のような営みだと考えられる。

　このような通常はあまり表層には出てこない（また，内側にいる私たち自身にとって
あまりに日常的で取るに足らない）現場の営みをできるだけ詳細に記していくことで，
私たち UCI Lab. が，いわゆる「知識労働者」や「クリエイティブ・クラス」という
呼称からイメージするような，脳内で抽象的な概念を操作しているだけの「キラキ
ラした」存在ではなくて，現場で積極的に他者と対話し身体性を伴って思考してい
るような「地味な」存在であるということを示していきたい [1]。

【参考文献】

トシュテンセン, O. ／中村冬美・スコウ, L.［訳］／牧尾晴喜［監訳］(2017).『あるノル
　　ウェーの大工の日記』エクスナレッジ

---

1)『あるノルウェーの大工の日記』（トシュテンセン 2017）という本がある。ノルウェーの
　オスロで大工をしている作者が，ある屋根裏のリフォームの仕事を受注し完了するまで
　の日々の詳細な記録を通じて，大工という一般的には「ブルーカラー」と分類される職
　業のなかに宿っている，さまざまな知的な営みや高い職業倫理観を淡々とした筆致で記
　述している。本書の第１部は，いわばその応答として，いわゆる知識労働者というイ
　メージからはみえづらい日々の地道さを描こうとするものである。

01
UCI Lab. について

　「へぇー，そんなことを仕事にしている会社があるんですか」「そういう業務領域を外部に依頼することもあるんですね」。私が初対面の方に自身の仕事について説明すると，大抵の場合このような反応が返ってくる。そう，実はマーケティングやイノベーションといった業務は，メーカー内部の人だけではなく多くの外部の組織との分業や協働で成り立っている。

　本章では，イノベーションに関するビジネスをおこなっている「UCI Lab.」（以降便宜的にラボと呼ぶことがある）の組織と業務内容について概要を説明する。資料の多くは，私がこれまでクライアントなどとの初回面談の際にひと通り説明をおこなってきたものを活用している。そのため，第1章だけでは，私たちの業務について表層的な部分しか伝わらないだろう。本章の役割は第2章以降への導入として，ラボのビジネス上の立ち位置とプロジェクトの進み方について理解の枠組みを提供することである。詳細については第2章以降で述べていく。なお，「経営学・マーケティング」「イノベーション」といった分野や「エージェント（代理業）」というビジネス業態になじみがない方には，理解しにくい記述や用語があるかもしれない。これらについてもできる限り一般的な表現や補足説明をするように努めた。

1　UCI Lab. という組織

　本書の題材であり主役である UCI Lab. とは，どのような組織で，どのようなビジネスをおこなっているのか。まずは組織の概要を共有しておこう。

■ 1-1　イノベーション・エージェントとしての UCI Lab.
　私たち UCI Lab. が何者なのかという認識はクライアントそれぞれとの関わり方によって多少異なる。あるクライアントは「コンサルティングをお願いしている」というし，「ちょっとややこしい案件を相談できるリサーチ会社」と位置づけている

方もいるし、「UX の会社」とみなされる場合もある。どの捉え方もその関係において正解だが、もし私たちが自ら名乗る必要があるときには「イノベーション・エージェント（です）」ということにしている。我々はエージェントなので、クライアント（顧客）はメーカーやサービス業といった事業会社であり、かれらの代理業務というビジネスをおこなっている。UCI Lab. は、これらのクライアントがイノベーションを起こしたいときに外部の専門家としてプロジェクトに参加して、調査やコンセプトの創造をかれらとともに手を動かしながらおこない、その結果、ある洞察や方向性を導き出していく。これらのプロジェクトはクライアントのなかではさらに大きな経営テーマにおけるプロセスの一部として機能していることが多い。プロジェクトはクライアントの中核の事業や商品を対象にした具体的なもので、イノベーションへの挑戦自体を目的にした特命のチームや研修のようなプロジェクトとは異なる。そして、ラボがその工程のすべてに関わることや商品の開発や設計を実際におこなうことはない。私たちの役割はあくまで調査やコンセプト創造の協働を通じて「ユーザーを起点にした価値」を生み出していくことだ。

　UCI Lab. のクライアントは、家電や食品や美容といった私たちに親しみのある消費財から、食品素材や住宅設備やインフラといった普段の生活ではみえづらい業界まで大小多岐にわたる。部署も商品企画部門や基礎研究部門、新事業創造のセクションなどさまざまだ。このように特定の業界や部門に特化せず、イノベーションという目的の側で特化しているのも UCI Lab. の特徴の一つだろう。多様なクライアントのなかで共通しているのは、既存の商品や事業を「これまでの延長線上で改善していく」だけなら UCI Lab. の出番はないということだ。つまり、これまでとは違うモノやサービスを違うやり方で生み出す必要が事業会社のなかで生じたとき、私たちの出番となる。そのような状況は、たとえば成熟したカテゴリーを再活性化させたいときや、新たにモノがスマート化しインターネットにつながることで新しい価値創造が求められるような局面で発生する。

　もちろん、私たちはクライアントの事業領域そのものについての専門家ではない。しかし、さまざまな業界の相談が持ち込まれはするが、それらを実際に利用する「ユーザー」という視点でみれば、一見異なるカテゴリーであっても実はよく似た人たちがユーザーであることが多い。このようにその商品／サービスを実際に使う人や状況を起点にしてさまざまなカテゴリーでイノベーションを実践していくのが UCI Lab. が唱えている「UCI = User Centered Innovation」という考え方である。私たちは UCI のことを「生活者 [1] 起点でおこなう、意味的価値創造型のイノベーショ

ンです」と説明してきた。つまり UCI Lab. では，イノベーション＝新しい価値の創
造を，企業や技術側の都合ではなく，ユーザーが認識する（意味においての）価値を
起点にして実現することを目指している。このような視点は，企業や開発の内側に
いると往々にして忘れられがちだ。とはいえ，ユーザーに聞きにいけば具体的な使
い勝手の改善点を指摘してくれるとか，開発の仕様書を手渡してくれるわけでもな
い。そこにはユーザーと企業，両者の対話が求められる。ラボはそのような対話的
プロセスの専門家として，ユーザーへの調査をおこなったりそれに基づく商品コン
セプトやビジネスモデルを構想したりといった具体的な業務を設計し実行していく。
これが本節の冒頭で述べたイノベーション・エージェントの具体的な役割と存在意
義である。

■ 1-2　社内カンパニーとしての UCI Lab.

　UCI Lab. はどのような組織形態なのか。UCI Lab. は，株式会社 YRK and（以下，
YRK & や本社と呼ぶ）のなかにあるメンバー 4 名の社内カンパニーである。YRK &
は明治 29 年に創業された大阪に本社を置く社員数約 200 名の老舗企業である。
その歴史のなかでは多様な事業を展開してきたが，いわゆる広告販促や印刷と呼ば
れる業界に属する。そのなかで，UCI Lab. は 2012 年に東京支社のプランニング
（企画）部門の 1 チームとして誕生し，徐々にその専門性と独立性を高めて，2017
年に社内カンパニー化している。

　YRK & のなかにあるものの，UCI Lab. と本社では，クライアント企業や取引する
窓口が異なる。そのため，多くの仕事で本社の営業部門経由ではなくクライアント
と直接やりとりをおこなう。つまり，元々メンバーが所属していたプランニング部
門のように職能で区切られた機能別組織ではないので，自分たちの営業活動から制
作活動にわたる多くの職能をわずか 4 名で担っている。具体的には，「まとめる人」
の役割でプロジェクトの設計や全体統括をおこない組織自体も運営する渡辺と，
「共感する人」として主に調査プロセスを担う大石瑶子と，「絵で話す人」としてデ

1）日本のマーケティング・広告販促業界では，消費者（consumer）の「消費」という語感
　を嫌い，商品の購入を前提とせずより幅広い人びとを捉えたいという意図で「生活者」
　という表現を好む慣習がある。ただし，生活者には適切な英訳語がなくやはり
　consumer に統合されることが多いようだ。こうした経緯から本書では，UCI Lab. が日
　頃のビジネスで用いている資料を引用する場合には「生活者」の表記をそのまま残し，
　それ以外では「ユーザー」という表記を用いる。

ザイナー的な領域を担う田中陽子の 3 名がおり，これにアシスタントとしてオペレーション業務を担当する松浦はるかを加えた 4 名である（2020 年 8 月現在）。メンバーは複数の役割を担いながらも，それぞれが目指す専門性を定めてさらなる能力開発に励んでいる。

　UCI Lab. では，クライアントとの仕事の多くは「プロジェクト」という単位（かたまり）で設計運営される。年に 30 弱のプロジェクトを取り扱い，常時 5–10 個のプロジェクトが同時進行している。もちろん個々に規模の差はあるが，大抵のプロジェクトは 5–6 か月の単位で実施されることが多い。内容としては，何らかの調査を主体にしたもの，何かの創造や制作がメインになるもの，戦略構築や組織開発を主とするものの三つのパターンがあり，近年の案件量については，順におよそ 3：2：1 の割合となる。プロジェクトごとの参加者は，その規模や内容に応じて都度編成することになる。その多くは渡辺に加えてもう 1 名のメンバーと外部の協力会社に参画してもらうこととなるが，規模が大きなプロジェクトでは UCI Lab. のメンバーが全員参加しそれぞれの役割を担う。

2 「UCI 型プロジェクト」について

　何らかのイノベーションのために，ユーザーへの共感の獲得を目指すことから始まり，仮説を創造して精度を向上させていくことで，具体的なコンセプト案に至るまでの一連の流れを，私たちは「UCI 型プロジェクト」と呼んでいる。私たちはそのプロセスを「ほどく」「共感する」「つくる」「届ける」の四つに便宜的に分けて説明している。これはラボの Web サイトを制作する際に考案したもので，初めてのクライアントに全体の工程を大まかにイメージしてもらうために 2014 年ごろから用いている。ちなみに，デザイン思考でスタンフォード大学の d-school が定義した「Empathize（共感）・Define（問題定義）・Ideate（創造）・Prototype（プロトタイプ）・Test（テスト）」の五つのステップ（スタンフォード大学 ハッソ・プラットナー・デザイン研究所 2012）は，UCI Lab. の 4 プロセスのなかでは「共感する」と「つくる」のプロセスに内包され，前後を「ほどく」と「届ける」が挟んでいる。これは，プロジェクトを試行錯誤しながら実践するなかで生まれてきた私たち独自の考え方といえる。

　加えて，UCI 型プロジェクトの特徴として「生活者起点」「仮説創造型」「協働」の三つを掲げている。この三つのキーワードは，プロジェクトを始める前に私たち

とクライアントとの関係性のあり方について理解と了承をしてもらい，顧客の「期待」[2] を調整するための宣言という機能をもつ。もし相手が「既にあるコンセプトA–E案のどれが一番成功の可能性があるか知りたい」といった仮説検証型の調査や，「プロジェクトを発注して定例会議を実施し3か月後に報告会」といった分業型の進め方を期待している場合には，最初の面談の段階で「ここに依頼して得られる結果は，私たちの期待とは違う」と気づいてもらえるのではないか。

　UCI型プロジェクトでは，「定性調査」「ワークショップ」「UXストーリー」といった手段や概念を多く用いる。UCI Lab.では定性調査のなかでも，IDI（In-Depth Interview デプスインタビュー）調査や家庭訪問（Home Visit）調査といった調査方法を用いることが多い。その多くは被験者[3] 10名以下の規模で一人あたり2–3時間の調査である。これらを一次分析から二次分析（統合分析とも呼ぶ）のプロセスを経て何らかのモデル化をおこなう。こうした分析の工程やその後の「つくる」プロセスをクライアントと協働するためにワークショップの手法を用いる。通常一つのプロジェクトのなかで2–3回程度のワークショップをおこなう。なお，私たちがおこなうそれは，既存のプログラムを繰り返し使う類のものではなく，毎回の目的に沿って都度プログラムデザインして実施している。こうした過程で浮かび上がってくる新しい解決手法のアイデアを，技術や企業の都合ではなく生活者からのみえ方

図1-1　「UCI型プロジェクト」の四つのプロセス

---

2) コトラーによると，プロフェッショナル・サービス・マーケティングにおいて，提供者は良質なサービスによって顧客を満足させるだけではなく，期待を超えることを目指さなければならない。そのためには「顧客期待のコントロール戦略」が重要であるとしている（コトラーほか2002）。

3) マーケティングリサーチにおける定性調査の多くは，事前に設定した基本属性や所有者像などの条件設定に基づき，かつその後のデータの利用条件に同意いただける「被験者」をさまざまな手法によってリクルーティング（収集し確保）して実施される。

で表現するために存在するのが，私たちが「UX ストーリー（ユーザー視点で描く体験の一連の流れをイラスト入りのストーリーにしたもの）」と呼ぶものである。UX とは User Experience（顧客体験）の略で，近年は Web サービスのデザインなどに多く用いられる概念・用語であるが，私たちはより幅広いカテゴリーでこれを捉え，ユーザーや現場の状況を見失わないためのアンカー（錨）となる概念として用いている。

　ちなみに，UCI Lab. でプロジェクトが始まる際には，そのほとんどがクライアントからの相談のもちかけから始まる。つまり，UCI Lab. からはいわゆる営業活動をおこなっていない。これには，イノベーションを実践するという行為は第三者が提案して仕掛けるという類のものではないこと，そもそも UCI Lab. のキャパシティがそれほど大きくはないことが理由に挙げられる。ラボではプロジェクトを各クライアントの競争環境や組織文化といった内外の特性に応じて柔軟に設計し運営していく。そのためには，クライアントの状況や価値観といった文脈の理解が欠かせないし，その理解が対話の蓄積を通じて深まっているほどプロジェクトの質的成果にもつながりやすい。ラボの経営という視点からは，こうした互いの適切な理解でつながったクライアントとの関係継続が重要で，そのためには毎回のプロジェクトで期待以上か，少なくとも期待通りの成果を出し続けることが鍵となる。

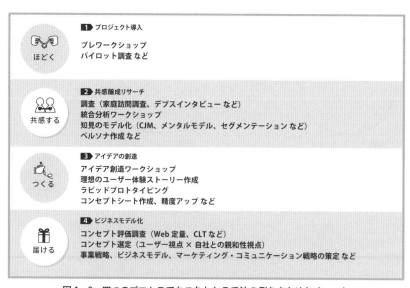

図1-2　四つのプロセスでおこなわれる手法の例をまとめたチャート

3 「UCI型プロジェクト」四つのプロセスについて

　本節では，UCI型プロジェクトの「ほどく」「共感する」「つくる」「届ける」のプロセスそれぞれについて，私たちの定義と考え方を説明しておきたい。

■ 3-1　ほどく

　「ほどく」というプロセスは，プロジェクトの導入に際して，参加メンバーがそれまでにもっている常識を自覚していったん括弧に入れるために存在する[4]。より専門的な用語では「アンラーニング（unlearning）[5]」ともいう。ある一つのメーカーやカテゴリーに長く関わっていると，その業界についての詳しい知識や専門用語，社内用語など，一般のユーザーは知らない裏側の知識が大量の「当たりまえ」として身についてしまう。プロジェクトを始める前に，クライアント側のプロジェクトメンバーがもつこの「色眼鏡」をほどいておかないと，いくら調査で人びとにインタビューしたり使用シーンを観察したりしても，目の前で起きていることや声をあ

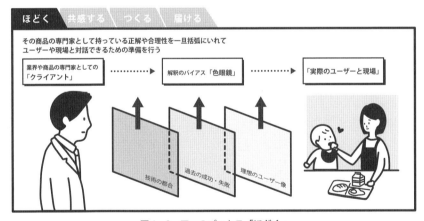

図1-3　四つのプロセス「ほどく」

---

4) 宇田川（2019）は，対話でナラティブの溝に橋をかけるためのプロセスとしてハイフェッツらの「観察―解釈―介入」を基盤とし，日本の組織文化の現状を踏まえて「観察」の前に「準備」を加えている。この「準備」はUCI Lab. の「ほどく」とほぼ同じ課題認識と目的である。
5) 渡辺は「ほどく」プロセスについて，シャイン（2004）の組織文化における変容モデルの第一段階「解凍」から着想を得ている。

りのままに受け取れないという事態が起きかねない。そこで，UCI Lab. ではプロジェクトの序盤で「プレワークショップ」という場を設けている。ここでは，まずプロジェクトメンバーがもつ前提を外在化（言葉などで書き出して内面の意識の外に出す）したうえで，事前におこなっていたパイロット調査などで集めたユーザーの認識や現場の状況を共有する。こうして両者のギャップを明らかにすることで，プロジェクトが本格始動する前にそれまでの考え方をリセットするためのプロセスである。

■ 3-2　共感する

「共感する」プロセスは，実際にユーザーが対象の商品／サービスを使う現場に出て，彼／彼女たちとの対話からユーザーのまなざし（その場のみえ方と受け止め方）を自身に取り込んでいく過程であり，私たちが最も重視しているプロセスだ。私たちが「共感醸成リサーチ」と呼んできたそれは，多くの場合 IDI 調査や家庭訪問調査といった定性調査の手法を用いる。これらの手法自体は一般的なマーケティングリサーチの世界でも広くおこなわれている手法だが，実践における詳細がマーケティングリサーチのそれとは多少異なるので，他のプロセスより少し丁寧に言及しておきたい。

　UCI Lab. では，人びとが生活のなかでみて感じているありのままの世界を知るために，設計の段階で調査における「問い」を，そのプロジェクトで知りたいことの直接的範囲よりも少し広い射程に設定する。たとえば「コーヒーそのもの」ではなく「何か飲みものを飲むこと，その前後の時間や環境」が対象となり，たとえば「自動車について」ではなく「移動すること全般について」が対象になるだろう。

　そして，実際に調査しているときの対話や観察の局面では，専門家の視点（技術や企業の都合）からの正しい／正しくないではなく，あくまでその人が理解していることや使っている言葉，景色（ナラティブやメンタルモデル）を大切にする。ただし，専門知識上の正解との違いや現場でプロジェクト参加メンバーが抱いた違和感は，その後の分析の工程でユーザーを取り巻くシステムとして把握する際に気づきの一つとして重要な役割を担う。そういった意味で，私たちが生活者を起点にわかろうとする対象は二つある。一つはユーザー当人からの主観的なもののみえ方や景色であり，もう一つは彼／彼女自身と目的，さらに取り巻く人やモノといった環境で形成されているシステムである。

　また「共感する」のパートは，厳密には前半の調べる（聴く・みる・居る）工程と

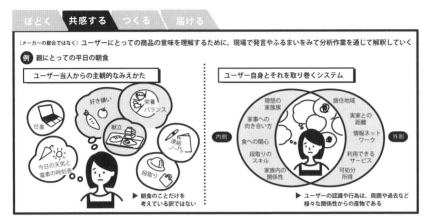

図1-4 四つのプロセス「共感する」

後半の分析（解釈する）工程に分けられる。分析工程は，UCI Lab. メンバーの脳内だけではなく，前半工程にも参加したクライアント側のメンバーも交えた5–15名程度によるワークショップも挟みながら進行していく。これは，ワークを通じた作業や対話のプロセスをメンバーが共にくぐり抜けることで，自分たちのなかにユーザーとしてのまなざしが獲得されていくこと（共感醸成），ユーザーと現場にとっての解決するべき領域がプロジェクトメンバー間で生成され共有されていくことを意図している。必要なのは，メンバーが脳内に技術や企業のもつ情報・知識などを通じてものごとを理解した気になっている状態を一旦抜け出し，リサーチを経て，ユーザーのことが「わかった」と感じる部分と「まだわからない」部分が並存しているようなもやもやした，ある意味で謙虚な状態をつくりだすことである。

　また，このような分析工程において，CJM（Consumer/Customer Journey Mapping）やメンタルモデルなどいくつかの手法や枠組みが存在するが，それは決して（考えなしに）効率よく項目を埋めていくためではなく，あくまでより深く考えるために用いられているのであり，プロジェクトの状況に合わせてかなり大幅なアレンジをして用いられている。

■3-3　つくる

　ここまでにプロジェクトメンバーが獲得した感覚を活かして問題解決の具体的アイデアを創造し具体化していくのが「つくる」プロセスである。「共感醸成リサーチ」で得た生のデータ（調査報告書に載っていることだけではなくプロセスのなかで共有

図1-5　四つのプロセス「つくる」

してきた時間と空間すべて）をとおして，当初のテーマ（自社の既存商品や開発技術に基づく領域や問題意識の設定）をみると，これまでとは違ってみえてくるはずだ。そのような変化をヒントやある種の制約として用いて，アイデアを拡げて徐々に具体化していくプロセスを進めていく。アイデアからコンセプトに発展させる際には，具体的な商品の技術や外形の仕様を検討する前に，未来のユーザーが体験することをシナリオとして描き起こす。このUXストーリーを描き検討していくプロセスを通じて，どうすればユーザーにとってより魅力的な体験になるのか（あるいはそもそも魅力的かどうか）を具体化していく。それを踏まえて，そのユーザー価値を実現するために裏側でどのような技術が必要なのかという順序で考え議論する。UCI Lab. が目指す「良い商品」「良いUX」とは，メーカーや技術にとっての都合や想いだけで「デザイン」されたものではなく，ユーザーの自然な状況や動機との対話から立ち上げられたコンセプトとストーリーがデザインされ検証されたものである[6]。

■3-4　届ける

　こうしてできあがったいくつかのコンセプトは，ユーザーの問題を解決するだけでなく，現実的なビジネスとして成立しうるのか。「届ける」プロセスでは，これを

6）「つくる」プロセスについて，UCI Lab. は京都工芸繊維大学デザイン・建築学系櫛勝彦教授の研究室と2019年度に共同研究をおこなっている。その研究成果は，Webのメディアプラットフォーム「note」内に「「つくる」をわかるプロジェクト」として詳細に記述されている〈https://note.com/ucilab/m/mdfe5c22ffe38（最終確認日2020年6月23日）〉。

検討していわゆる戦略を構築していく。私たちは,「つくる」までに生まれたコンセプトが実際の商品やサービスとなって,ユーザーの生活する現場に届けられるまでが重要だと考えている。だから,ユーザーの体験とその商品／サービスだけでなく,その現場を取り巻くコミュニケーションやデリバリーといったビジネス環境全体を俯瞰し,ビジネスモデルを組み立てる。それらを踏まえてなお,コンセプトは本当に生活者にとって価値があるものなのかを検討する。単にアイデアの原石としての面白さだけに依拠するのではなく,具体的なビジネスモデルやロードマップまで構築し,さらにそれがクライアント内で前進していくように社内事情も勘案したプレゼンテーションをつくってはじめて UCI 型プロジェクトが完了する。この「届ける」プロセスはコンサルティング会社が担う戦略構築にきわめて近い,あるいは同じものであるが,プロジェクトメンバーがそれまでの旅路を共有している点が大きく異なる。

　本節で説明してきたような一連の流れが UCI 型プロジェクトの概観である。もちろん,プロジェクトが取り扱うのはモノではなく概念であり,その設計は都度に異なるはずだし,プロセスの最中でも調査し考えていくなかで柔軟に変化していくべきであろう。それゆえに,UCI Lab. では上記の四つのプロセスを指針にするものの,具体的な実行プランについてはあえてパッケージ化をせずにその都度の状況に合わせて毎回オーダーメイドで設計していく。つまり,上述の四つの「ほどく」「共感する」「つくる」「届ける」の役割は,あくまで具体的な設計に着手する前にクライアントとおおよそのイメージを共有することにある。イノベーションのための営

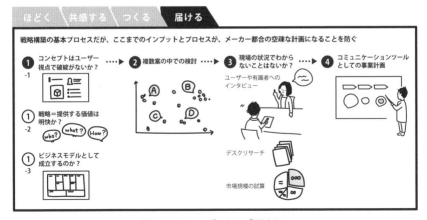

図1-6　四つのプロセス「届ける」

みが書籍や研修プログラムになると，確実に成功するメソッドや体系的に身につく
スキルセットであるかのように説明されることが多い。しかし私たちはイノベー
ションのプロジェクトとは，そのように理論化やツール化ができないもっと個別的
で順不同なプロセスだと捉えている[7]。このことについては，第2章以降で詳しく
検討していく。

4 UCI Lab. の特徴

　UCI Lab. は2012年のチーム設立以来，前節で見てきたUCI型プロジェクトの基
本形を実際のプロジェクトを通じて徐々に整えていった。しかしいうまでもなく，
類似のイノベーション・エージェントは日本市場に限っても大小さまざまに存在し
ている。そんななかで，私たちは何を特徴としているのか。私たちはそれを「対話」
と「リフレーミング」の重視及び実践だと考えている。

■ 4-1　対　話

　私たちの独自性の一つは「対話」に重きをおいてきたことだ。対話という言葉は
一般に広く用いられるが，ここでの「対話」とは劇作家の平田オリザが中島義道の
著書を引用しながら論じている対話の概念に近い。中島はそれを「個人と個人が正
面から向き合い真実を求めて執念深く互いの差異を確認しながら展開していく」も
のと定義している（中島 1997: 105）。また，平田（2012）は対話を議論と会話の間
に置いて，「わかりあえない」なかでの対話の重要性を説いている。

　私たちはこの対話という，お互いの違いを尊重しながら議論をすることで，全員
が納得できる方向性を見出したり新しい答えを生み出したりするプロセスを設立当
初から大切にしてその作法を磨いてきた。それは，プロジェクトにおけるクライア
ントとUCI Lab. とのやりとりにおいて，またラボのメンバーや外部パートナーと実
務を進めるやりとりにおいて具体的な形で実践されている。

　さらにこの対話の概念をより拡張して捉えるならば，私たちが調査をするときの
被験者とのやりとりも「こちらが知りたいことだけを効率よく聴き出す」ことを目

---

7) 発足当初の2012年から2015年10月頃まで，UCI Lab. は自己紹介の際に「デザイン思
　考」をわかりやすい説明として用いつつ，自分たちの実践がよりプロジェクトの個別性
　に寄り添ったものであることを主張するために，臨床心理学を参照して「臨床デザイン
　思考」と説明していた。

より意識的な発話

Debate
・AとBという論理が戦う
・もしAが勝てばBは従わなければならない

Dialogue
・**AとBという異なる論理がすりあわさり、新しい概念Cを生み出す**
・**両者とも変わる前提で話す**

Conversation
・すでに知り合った者同士の楽しいお喋り
・〔会話外の〕他者にとって有益な情報はほぼ含まれない

図1-7 「対話」の定義（平田（2012）に基づき筆者作成）

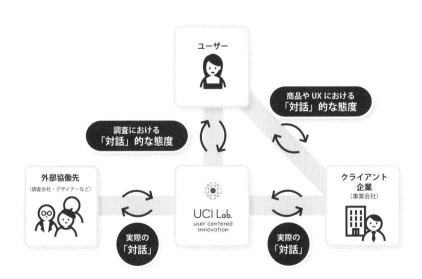

図1-8 UCI Lab. が実践するさまざまな「対話」

指さないという意味で対話的であろうとしているし，最終的なアウトプットの一つであるUXストーリーづくりに関しても，UXを「ユーザーにとって理想的な商品との相互行為（インタラクション）」として紡ぎ出すような対話的態度として反映されている[8]。

■ 4-2　リフレーミング

　私たちはプロジェクトの最中で「リフレーミング」が起きること，しかもそれが何度も起きることを重視している。リフレーミングとは私たちが元々もっている常識が崩れて新たなモノのみえ方が再構築されることをいう。ラボではプロジェクトの始まりから終わりまでにさまざまなリフレーミングが起きることを意図してプロジェクトを設計し，品質評価の基準にしている。

　ではそもそも「Re」のないフレーミングとは何なのか。フレーミングとは，ものごとをある枠組みで切り出す行為のことで，たとえばあなたが素敵な風景をカメラで撮影するときに両手の親指と人差し指で四角形をつくって画角を決める動作のことをいう。それは周りのすべての景色のなかから特定の範囲を決める行為であり，同時にその他の部分を切り捨てている行為ともいえる。これは日常の生活を円滑に，また効率的に過ごすための合理的な処理（ショートカット）として機能する。別の言い方をするなら，フレーミングとは何かを「わかっている」状態でもあるのだ。

　しかし私たちがもつフレーム（当たりまえ）は，同時に思い込みや誰かへの配慮の欠如といったリスクも併せもっている。そのフレームはあまりにも日常に溶け込んでいるので当人にも意識されない「みえない前提」（Unconscious Bias）となってしまう。そのとき，仮にその思い込みと合致しない事実が目の前に現れても，見なかったことにする（「それは異常値だよ！」），または認めようとしない（「向こうが間違えているんだ！」）という硬化した態度をとるというケースがしばしばみられる。このような態度は処理の負荷軽減としては合理的だがイノベーションにおいては望ましく

---

8) ここで「対話」と表現されているものは，経営学者であり経営者でもあったバーナード（1968）のシステム論的な組織の捉え方に近いように思う。彼は，組織を部分の合計ではなく協働する一つのシステムと捉えたうえで，共通目的を定めて，個人の欲求充足（自己実現など）と組織の目的達成（利益や理念など）をコミュニケーションによって統合させ続けることを説く。このように，どちらか一方による管理統制ではなく，各要素を受け入れて同時的に発展させようとする認識こそが重要であり，そのための手段が対話だともいえる。

ない。つまり，新しい発想のヒントになるかもしれない他者の視点に気づけないだけでなく，従来とは違う解決方法の切り口を見逃してしまう可能性がある。そこで，このような無意識下の前提を自覚して一度「括弧のなかに入れて」，新しいものの見方を獲得しようとするのが「リフレーミング」だ。つまりリフレーミングとは，私たちの認識の刷新，わかりなおし，学びなおしともいえる。UCI 型プロジェクトでは，「企業や技術側の都合をリセットして，実際に使用するユーザーのまなざしを獲得する」ようなリフレーミングが，プロジェクトを通じて参加メンバーに起こるように設計されている。そのような過程を経て，ユーザーにとって価値のある体験を新しく創造できたなら，それはまさに社会に実装されうるイノベーションになるはずだ。

　なお，リフレーミングという用語は，一般的に，プロジェクトの入り口で「問い自体を再定義する」というように「モノの見方を変えてみる」といった文脈で用いる場合もあるが，ここで UCI Lab. で用いているリフレーミングの定義はこのような発想法的なレトリックとは少し異なることを明示しておきたい。モノの見方だけならば個人の気のもちようで気軽に切り替えることができる。確かにそれもリフレーミングの一つであるが，私たちが追い求めるリフレーミングはもう少し深く広い意味合いをもつ。それは，プロセスを通じて自身がもつ先入観自体を自覚し揺さぶられるところから始まり，（アイデアのためならどんな見方でもよいわけではなく）ユーザーのまなざしを獲得し現場の文脈を理解するまでの，真摯でしばしば困難な変容の達成のことを指している。

　要するに対話もリフレーミングも，UCI Lab. が他のイノベーションエージェントと差別化し独自性を明示するための理論や方法論というものではなく，プロジェクトの実践の最中でユーザー起点を貫き続けるために常に参照されている UCI Lab. の規範や哲学だといえよう。

■ 4-3 「イノベーション・エージェント」という新しい役割の意義

　イノベーションという言葉はとても響きが良いので，事業会社が目標として唱えたりコンサルティング業務として掲げたりすることは容易いし，周辺に抽象的なカタカナを並べてスローガンにすれば高揚感さえ伴う。成果物として（狭義の）デザインの力を駆使して迫力あるプロトタイプや素敵な動画でプレゼンテーションすれば，その場にいる経営陣を感動させることもできるだろう。

　しかし，私たちが目指しているもの，社会にとって意味があると信じているものは，ユーザーとクライアントとの丁寧な対話を通じて形になった，ユーザーを起点

にした顧客体験の創造とその商品の実現にある。そのためには，決して確実に答えが出ることが保証されていないなかでプロジェクトを始め，最短距離かどうかもわからないルートで進めて，リフレーミングという，ときに内面的な変容の痛みを伴うプロセスがむしろ不可欠とさえいえるのではないか。

　私たちが掲げる UCI（User Centered Innovation）は，スローガンにするのは容易いが，実践し，さらにそれを続けるのはとても難しい。企業では「ユーザー中心」を掲げていても，それを自社の強みや売り出したい機能をユーザーの視点で言い換えるといった内容に変説してしまっていることもままある。もちろん，それは UCI ではない。真のユーザー起点を追求し続けることには多くの苦労を伴う一方で，実現した暁には「ユーザーと商品とのコミュニケーションの回路がひらく」という何ものにも代えがたい成果と，新しい価値の誕生の瞬間に立ち会えるという格別の喜びをえることができる。このような一回性を重視する「反－方法論」的な態度を保ったまま，プロジェクトを効率的に量産するような目標設定は，それ自体が矛盾を抱えているだろう。だからこそ，私たちは経営として規模を追うことはせず，メンバー各々が個別の状況で柔軟に応えられるための技法を日々学び磨き続けている。

5　実際のプロジェクトの現場での「格闘」

　ここまで本書の対象である UCI Lab. について概要を整理した。本章で述べてきたことは，理論ではなくあくまで簡単で大まかなイメージにすぎず，したがってこのとおり実践すればイノベーションが実現するといった期待には応えられない。そもそも，私たちは洗練されたメソッドやハウツー化することを（本書の執筆を通じてさえ）目指していない。個別の状況に対してその都度向き合い，多様な応答をすること自体とその能力向上のための鍛錬に重きをおく。デザイン思考が「デザイナーのように考える」ことを指すのであれば，UCI Lab. は「研究者のようにテーマに向き合いビジネスにする」ことを目指しているともいえる。

9）ここでの「闘い」という表現は，サービスを提供する側と利用する側の即興的な「闘争（struggle）」として描いた山内（2015）の「闘争としてのサービス」という概念に触発されている。ただし，UCI Lab. における闘いとは，対話する相手との闘いというよりは，プロジェクトのテーマなどの概念に向けた内省的な闘いを主とした「もがく」ような感覚に近い。そこで，本書ではこのような「個別の状況に向けて真摯に応答するための闘い」を，「闘争」とは区別して「格闘」と表現したい。

　とはいえ，UCI Lab. はビジネス業界に身を置く営利組織である。ラボ（研究所）を名乗るとはいえ，常に大学の研究活動のような暗中模索を続けていてはビジネスのプロジェクトとして成り立たないし，そもそも見通しのない試行錯誤はプロ失格だろう。つまり，個別におこなう応答のなかにも揺るがない原則やある種の技法や判断基準や信条といったものはあるはずだ。そういった実際の現場での細やかな思考や行為は，まるで工場のベルトコンベアに乗って商品が組み立てられていくような，規格化されたプロセスを淡々と進めていけば必ず答えにたどり着けるという「生産」行為では決してなく，むしろ，都度都度の局面でこれまでの知識や経験を生かしつつも常に新しい思考や判断を迫られる「闘い」[9]のような表現に近い。

　いよいよ第2章以降では，それぞれの局面にある「格闘」を，実際のプロジェクトを事例にして記述していく。現場で何が起きていて，それぞれの局面で渡辺やUCI Lab. が何を思考しどう行動したのかを追っていくことで，実務的な視点から「地道に取り組むイノベーション（とは何か）」という本書タイトルで提示した問いについて考えていきたい。

【参考文献】

宇田川元一（2019）．『他者と働く――「わかりあえなさ」から始める組織論』NewsPicks
　　パブリッシング
コトラー，P., ヘイズ，T. J., & ブルーム，P. N. ／白井義男［監修］／平林　祥［訳］（2002）．『コ
　　トラーのプロフェッショナル・サービス・マーケティング』ピアソン・エデュケー
　　ション
シャイン，E. H. ／金井壽宏［監訳］／尾川丈一・片山佳代子［訳］（2004）．『企業文化――
　　生き残りの指針』白桃書房
スタンフォード大学ハッソ・プラットナー・デザイン研究所／柏野尊徳［監訳］（2012）．
　　「デザイン思考家が知っておくべき39のメソッド」Eirene Management School〈https://
　　designthinking.eireneuniversity.org/39（最終確認日：2020年7月16日）〉
中島義道（1997）．『「対話」のない社会――思いやりと優しさが圧殺するもの』PHP研究所
バーナード，C. I. ／山本安次郎・田杉　競・飯野春樹［訳］（1968）．『新訳 経営者の役割』
　　ダイヤモンド社
平田オリザ（2012）．『わかりあえないことから――コミュニケーション能力とは何か』講
　　談社
山内　裕（2015）．『「闘争」としてのサービス――顧客インタラクションの研究』中央経済
　　社

02
プロジェクトの入り口の格闘
「総合的」とはどういうことか

　第1章の最後で述べたとおり，UCI Lab. はクライアントとプロジェクトを始める際に既存のパッケージのようなものをもたない。毎回クライアントとの対話を重ねながら，渡辺によって総合的な観点から設計され，合意したうえでプロジェクトを開始する。では，この「総合的」という抽象的な言葉でまとめられていることは具体的にはどのような行為なのだろうか。本章では，このプロジェクトの入り口における設計のやりとりの様子から，どのように設計しているのか，その行為にどういう意味があるのかといった点を検討していきたい。

　なお，以下で取り上げる事例は実際におこなわれたプロジェクトであるが，守秘義務の都合上そのまま公開することはできないので，業界や具体的なテーマについては適宜匿名や架空のものに差し替えた。この過程で本書が述べようとする主旨が変質していないことは，共著者の2名に確認してもらうことで担保されている。

1 背景：プロジェクトA「あるデバイスの中国市場向け企画」の概要

　この事例のクライアントは，あるデバイスを開発製造し国内外の企業に納品している機械メーカーである[1]。2015年9月，UCI Lab. に担当者から問い合わせの電話があった。すでに私たちと何度かプロジェクトをしている同メーカーの別部門の

---

1) 本章から第5章までのプロジェクト事例の記述については，その記述方法と分析プロセスにおいて発達心理学者の鯨岡峻が確立した「エピソード記述」に多くを拠っている。具体的には『エピソード記述入門』（鯨岡 2005）で説明されている様式を用いて取り組んだ。とはいえ，本書は発達心理学の本ではなく，必ずしも瞬間的なシーンをエピソードとして切り出しているわけではない。また鯨岡が「理論的な背景の「地」の部分」という領域については深く考察しきれてはいない。そのため，本書での試みを正統な「エピソード記述」と名乗るのははばかられるが，私がこれまでの UCI Lab. で起きていることを自ら振り返り，論旨を考えていく構造としてほぼそのまま参考にしていることをここに記しておきたい。

方から紹介されたという。具体的な依頼事項はメーカー向けの「商談資料」の作成という話だった。というのも，これまでこの部門における商談の主題は技術や価格についてだったため，提案に際しての企画という視点があまり必要とされることがなく，部署内に提案型商談のノウハウが不足していたらしい。一方でかれらが新たに取り扱っていくデバイスは「におい」と「衛生」に関するもので，今後グローバル市場での成長が期待される領域だった。その機能は目にみえないので価値を伝えることが難しく，また国内市場では既に知名度が高いものの一歩グローバル市場に出ると競合相手が多く存在しており，自社の優位性を伝えるにはより踏み込んだ提案が必要と認識されていた。

　企業間取引（B2B）における商談資料の作成は，一見「イノベーション」とは無関係にもみえるかもしれない。しかし，カスタマー（メーカーにとっての顧客）がこのデバイスを搭載することでかれらの商品に新しいユーザー価値が生まれるような提案を創造するという意味で，この商談の中身を作成することは，私たちにとってはやはりイノベーションの一部と解釈される。

　かれらはすでに社内の機能を使って日本と中国市場におけるにおいと衛生についての SNS 上のコメントを収集し解析した調査データをもっていて，かれら自身で調査結果をもとにしたデバイス提案の切り口を考えるという。その切り口をカスタマーに伝わるような商談資料に落とし込んで欲しいというのが当初の UCI Lab. への依頼である。つまり，このときのクライアントから UCI Lab. への依頼と役割期待は「商談書を企画作成する専門家」であった。ちなみに，UCI Lab. では過去にこのような B2B の商談資料を企画作成するという仕事を請け負ったことはない。それでもかれらが UCI Lab. に依頼してきた理由は，最初の打ち合わせの際に UCI Lab. が紹介した「ユーザー起点のマーケティング」という姿勢への共鳴だったという。

　その後約 1 か月に渡って，商談資料作成のために活用できる資料リストや現状の商談現場についてのヒアリング，仕上がりイメージのすり合わせといったやりとりをおこないプロジェクトが開始された。UCI Lab. 側では，渡辺ともう 1 名のラボメンバーによる 2 名体制を準備した。しかし，この段階で開示された事前の SNS からの調査結果と技術関連資料を受け取り商談資料作成を進めるなかで，特に中国市場向けの企画作成における問題が明らかになっていく。ここまでに述べたクライアントからの当初の依頼内容を整理すると表 2-1 のとおりである。

　以上のような背景を踏まえて，次節では，私がどのような中国市場向け企画作成の困難に直面し，どのように「総合的」な応答を試みたのかについて，詳細なエピ

表2-1　プロジェクトA当初のクライアントからの依頼事項

	当初の依頼
最終成果物	商談書（20-30パターン想定） 動画（再編集レベル）
支給資料	SNS口コミ分析調査 社内企画の商談での提案切り口案（後日支給予定）
業務工程	SNS調査の再分析 商談書の企画作成

ソードとして切り出してみたい。なお，本章から第5章のエピソード部分では，客観的な行為の過程だけなく，それぞれの局面における私の思考や感情についてもできるだけ包み隠さず記述していく。そのようなエピソードから一体何を見出せるのかについては，次々節で考察したい。

2　エピソード：情報が足りない時にどう判断するか

「さて，どうしたものか……」私（渡辺）は思わず呟いた。クライアントから受け取った資料である中国のSNS上でのにおいと衛生についての発言を分析した調査報告書には，悩みの原因と対策方法についての発言を集計したランキングがならんでいた。しかし日本のSNSでの同様のランキングはともかく，中国市場の悩み事ランキングだけをみてもその背景が皆目想像がつかない。たとえば，上位にあがっているにおいが具体的にどういうものなのか，私には単語だけではうまく想像ができない。クライアントの技術者も原因物質が特定できないという。このままではその悩みに対して，問題解決の企画や効果検証のしようがない。また，調査のレポートでは空気中の汚れの対策として「果実を置く」という項目が上位にあがっているが，私たちにはまったく因果関係が理解できず一体どういうことなのかと途方に暮れてしまった。テキストマイニングの分析結果や集計される前のSNS上の「生の」コメント（ただし日本語訳）まで遡っても，やはりかれらにとっての当たり前はわざわざ短いテキストには出てこない。何より，これらSNSでの発言をランキングにしても発言の出現頻度がわかるだけで，それがデバイスで解決したいほどの悩みなのかどうかという重要さとはまた別なのではないか。このままでは，ユーザー中心でデバイスの価値が伝わる提案ロジックが組み立てられない。「もしかしたら」と現地へ頻度高く出張しているクライアントの営業社員に聞いてみても，現地の生活の詳細

はわからないらしい。

　一方その頃，本プロジェクトが進行するなかで依頼内容が一部変更されて，当初はクライアントから支給予定だった商談で提案する切り口についても UCI Lab. で企画し直すことになり，日本市場版についてはすでに提出されて好評を得ていた。しかし，中国市場版についてはこの段階で情報があまりに少なく企画が困難で，内容の是非を判断できる材料がない状態だった。そこで私は，個人的な MBA 在籍時代のネットワークを使い，上海出身の元留学生で，現在は京都で日中間のビジネスを立ち上げている S さんにデスクリサーチ [2] を依頼した。彼から疑問点のいくつかを現地の人びとの目線で解説してもらったことで，少しだけ状況がみえてきた。しかし，クライアントが現地のカスタマーに提案する資料としては明らかに現地文脈の理解が不十分だと私は感じていた。

　このような状況で読者の皆さんならどうするだろうか。このとき，私は悩んだ末にある「奇策」をひねり出す。実はここに至る少し前に，クライアントから当初の依頼に加えて「商談資料の（プレゼンテーションのインパクトという意味での）クオリティアップ」のために技術をプレゼンテーションする動画を作成してほしいという相談が来ていた。私はこの動画の内容を一工夫して，私たちラボとクライアントの担当者が，「動画撮影を兼ねた「簡易」調査として直接現地に赴く」ことを提案したのだった。もちろん，SNS 調査内容を確認した直後から現地調査の必要性は説明し提案していたが，クライアント担当者からは，本件については社内で一度（SNS）調査が実施されている以上は新たな調査を再度おこなうことは上層部の許可が通りにくいだろう，加えて元々商談資料の作成を依頼している UCI Lab. が調査を請け負うことに手続き上の面倒が発生するだろうという応答があった。そこで私たちの提案は，依頼されていた商談用の動画の内容を一部変更して，技術の性能を説明するのではなく「私たちが現地で調査して何が求められているかを調べたうえでの提案です」とアピールする二重構造の動画として提案した（図2-1）。この企画構成によって，現地渡航という行為は動画の素材撮影のためになるので，社内手続きの困難を回避しつつ現地の文脈を理解する機会が得られることになる。一方で以下のような懸念の声もあるだろう。すなわち，そのような折衷案をとれば本来の海外市場調査をしたときのような費用は計上できないし，動画制作の工数も圧縮されるので（見た目の）クオリティは下がると想定されるかもしれない。しかし，私としては「提

2）独自のアンケートなどによらず Web や雑誌といった二次情報を中心にした調査手法。

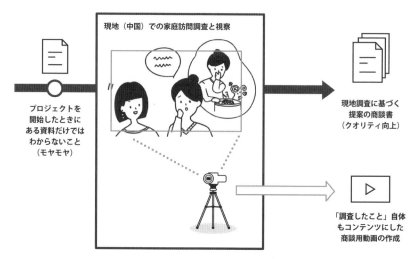

図2-1　中国現地調査の位置づけ

案型商談の実現」のためにはそこまでのやりくりをしても一度現地の実態を私たちの方法で把握しておく必要があり，それをクライアントと共有しておく必要があると感じていた。

　先におこなっていたデスクリサーチを通じて，クライアントには現地の文脈を理解することの必要性を実感してもらえていたので，この調査計画は無事社内の承認がおりて，2016年2月に実施された。調査内容は，上海住民4世帯への家庭訪問調査である。訪問先の被験者手配は先述のSさんにコーディネートを依頼した。本来は現地の調査会社を通じて手配するのが一般的なマーケティングリサーチの手続きであるが，そのような方法をとると今回の想定予算を超えた多大なコストがかかるだけでなく，動画への使用承諾などクリアするべき困難が多くなる。そこで今回はSさんの個人的なネットワークを活用することで費用も抑えたのだが，結果的に通常の海外市場調査の被験者手配ではアクセスできないような方たちへの訪問が実現した。このときの調査を通じて，たとえば先のSNS調査で挙がっていた悩みの一つは，建築時などに用いられる接着剤が揮発するときのにおいを指していることがわかった。また，渡航前にはわからなかった「果実を置く」という行為は，親などから言い伝えられた風習のようなもので，実際にタンスの中などに柑橘類の皮を置いている様子が確認できた。また，柑橘類に脱臭効果があるという認識が変形して殺菌のような衛生面にも効果があると期待されていることもわかった（その後，

表 2-2　最終のプロジェクト概要

目　　的	あるデバイスについての B2B 商談カタログ作成（商談内容の見直し）
期　　間	2015 年 9 月〜 2016 年 5 月
実施事項	提案書作成，商談用動画作成，中国現地調査，中国市場向け戦略策定
調査詳細	「中国現地調査」
調査目的	①商談・展示会使用の動画作成 ・現地の状況を撮ることで，より説得性のある商談につなげる。 ・動画用の素材撮影 ②中国の生活・市場の理解 ・現地の空間における現状の悩みと対応策を確認し，潜在的なニーズも含めて把握 ・デバイスの今後の中国市場向け戦略方向性を探る
調査方法	家庭訪問調査（4 世帯），フィールドワーク，動画用素材撮影
調査地域	上海
調査期間	4 日間
参 加 者	クライアント企業　2 名 UCI Lab.　渡辺，M（当時ラボメンバー） 外部協力スタッフ ・S さん（コーディネートおよび通訳） ・O さん（撮影）

　帰路に空港の売店でレモン素材配合のマスクが販売されていたのを発見した）。その他にも，現地の生活にまつわる日本とは異なる習慣や当たり前の事象について，購入の際に参考にする情報源など，インタビュー内容とコーディネートしてもらった S さんの解説，現地での視察から多くを知ることができた。

　この現地調査を素材にした動画は 4 月に完成し，商談自体で提案されるデバイスの価値を生活者起点にすること，つまり「商談資料の（内容の）クオリティアップ」にも大きく貢献した。その後の継続的な取り組みやその他の施策により，このデバイスは当時中国市場でほぼ認知がなかった状態から，現在は順調に搭載商品を増やし，大きな売上成長を実現しているという。また，クライアントにおける UCI Lab. の立ち位置も，この現地調査などをきっかけに生活者や企業への調査や新デバイス開発などの戦略全般へと変化・拡大して，今でも継続的な関係を築いている。第 8 章で取り上げる UCI Lab. と比嘉との協働事例の一つも，このときのプロジェクトが展開していった先で 2 年半後に実施されたものだった。そして，実は UCI Lab. はこのときまで海外での家庭訪問調査の実績はまだなかった。現在では，海外での調査は UCI Lab. の通常メニューの一つになっている。そのような意味でも，このときの「簡易」という修飾語をつけた調査は，UCI Lab. の経験としても大きな意味をも

たらし，ある種のターニングポイントにもなったのである。

３　考察：プロジェクトの入り口で「総合的」であることの意義

　このようなエピソードに基づき，本節では，私たちが実際におこなった行為や選択の理由を改めて掘り下げていくことから，本章の問いである「総合的」の意味と意義について考察してみたい。この事例では，プロジェクトの入り口や設計という行為に焦点を絞り，実際におこなうことが当初のクライアントの依頼内容から徐々に変化していく様子が描かれている。また同時に，クライアントが UCI Lab. へ期待する役割も変化していく。ここで私がおこなった「動画の素材撮影を兼ねた中国での「簡易」調査」という設計変更は，ビジネスや厳密な調査の視点からはあまり合理的な判断ではないかもしれない。まず，マーケティング調査としてそのような規模と手続きの調査が適切なのかという点に異論もあるだろう。また，ビジネスという観点からは，動画撮影と調査を兼ねるという判断はある種の安売りにもみえて非効率かもしれない。しかしそれでもなお，私がこの調査を提案して実行したのは，たとえどんな方法を使ってでも現地での習慣や価値観を私たちの手法を用いて調査

表 2 - 3　当初の依頼と最終的に実施された内容の比較

	当初の依頼	最終的におこなったこと
最終成果物	商談書（20-30 パターン想定） 動画（再編集レベル）	商談書（12 パターン） 動画（新規 2 パターン） 中国市場向けマーケティング戦略
支給資料	SNS 口コミ分析調査 社内企画の商談での提案切り口案	SNS 口コミ分析調査 社内企画の商談切り口案 これまでの商談資料 これまでの動画
業務工程	SNS 調査の再分析 商談書の企画作成	SNS 調査の再分析 現状の商談の流れの聴きとり 商談書の構成企画 中国市場のデスクリサーチ 調査設計 中国家庭訪問調査 動画用素材撮影 調査分析 動画構成作成 動画制作 商談書の作成

し，その経験をクライアントと共有する必要を確信していたからである。中国に限らず，日本にいながら入ってくる現地の情報は面白おかしく編集されたニュースや現地の駐在社員からの情報など「日本人からの視点」であることが多い。そのような理解を前提に現地市場向けの提案をどれだけつくっても，何かしらずれていたり，どこか不遜な目線になっていたりする可能性が高いのではないか。こうして日本にいるときの当たり前の目線を「ほどく」（解凍する）ことに，ユーザー起点を謳う UCI Lab. の意義の一つがある。もちろん，海外での家庭訪問調査が初めてで中国語に堪能なわけでもない私たちが現地に赴いても，うまく知りたかったことがわかるとは限らないという懸念はあった。しかし，私たちだけで現地に赴くのではなく上海出身の S さんの目線を交えることで一定の成果は確実に得られること，そして少なくとも商談用の動画が完成することはわかっていた。このようなある種の保険もかけながら，新しい手法に挑戦していくのが，柔軟さも信条にする UCI Lab. の一つのパターンである。

　本章でこのようなあまりスマートではないエピソードをわざわざ選んで取り上げたのは，私たちが「この（提供）データでは依頼されたものを作成するのに不十分だ。ユーザー起点の商談書はつくれない！」と思ったときに，なんとしても現地に赴くことを考え，策を練って提案しやりとりを重ねて実現していく……という泥臭いプロセスに，私たちが考える「総合的なオーダーメイドのプロジェクト設計」の本質が現れていると感じたからだ。つまり，この事例のような思考とやりとりが実現できる状態をつくりだすことに，プロジェクトの進め方をあらかじめパッケージ化しないことの意義がある。このエピソードでは，プロジェクトが進行するにつれて（特に初期），当初の設計にはなかった工程を，しかもラボの従来メニューにはなかった手法さえも次々に加えていった（もちろん，その都度の対話で見積もり額も変化している）。それはある視点では，たとえば業務進行の視点からは非合理的かもしれない。しかし私見を述べれば，本来何かを理解しようとするためには，このような柔軟な態度こそが必要なのではないだろうか。

　このような進め方の背景には，このプロジェクトが「どう役に立つのか？」という視点と「公正であろうとする」という二つの視点を統合して共存させたいという私たちの想いがある。「どう役に立つのか？」という観点がなければ，ただ依頼されたプロジェクトの任務を遂行し調査をして成果物をつくるだけにすぎない。とはいえ，企業側の当初の意図を汲んだ都合のよい解釈におちいってしまうのはユーザー起点ではないし，それは中長期的にもクライアントの役には立たない。私はここで

いう「公正さ」とは，調査手続きについてではなく，まなざし，他者との向き合い方についてのことだ。実際に，この上海での調査を通じて日本市場での当たり前との違いがみえてそれをクライアントと共有できたとき，かれらの問題意識や生活者への向き合い方が，単なる販路としてから，対等な対話相手としての他者に変わってきたように感じた。そのことに私自身は大きな喜びと存在意義を感じる。UCI Lab. の価値は，私たちがクライアントより中国市場を知っているというような情報の非対称性から生まれるのではなく，一緒にわかっていくというプロセスに宿る。それを通じてクライアントも私たちも自分たちの気づかない当たり前をリフレーミングできること，そこからさらに生み出していく制作物まで一貫してやりきるということが，私たちが「総合的」という言葉で表現したい態度や価値観である。

　加えて，クライアントから相談があった際に，「私たちが何屋さんか」という定義が曖昧であること，別の言い方をするとラボへの期待のなかに「余白」があることも重要だと思っている。この事例でも当初の依頼は「商談資料の作成」だったが，最終的におこなったのは調査や企画など広範にわたる。とはいえそれらは決して無秩序に拡がったわけではなく，どれもがクライアントの上位の目的である「商談スタイルを，それまでの技術や仕様を中心としたものからユーザー起点の提案型に変化させること」につながっていた。

　最後に，そもそもこのような UCI Lab. の態度が可能になる内部要因として，ラボが YRK& から営業スタイルや外部協力会社の選定などについて自由な裁量権を与えられていることも付記しておきたい。クライアントからの依頼がある以上，本社から新しい挑戦を支援されることはあっても阻まれることはない。

　このような柔軟さはまったくの未経験や未学習の状態で初めてのことに挑戦するということを意味しない。レストランでシェフがレシピサイトを見ながら調理することはありえないだろう。同じように私たちもプロとして，初めてのことであっても，それまでに類似の実績があったり，手法についての専門家と協働したり，事前に理論的な学習が済んでいる必要があることはいうまでもない。そのような状態を維持するためには，いつあるかもしれない依頼に対してたくさんの備えをしておく必要がある。このような一見非効率な準備や訓練の積み重ねが，私たちがプロジェクトの入り口で柔軟な対応をすることを可能にしている。

4 ┃ まとめ：総合性を担保するために何が求められるか

　本章では，プロジェクトの入り口部分において「総合的」な視野をもって設計を
おこなうことの重要さについて，実際のプロジェクトの 1 シーンを中心に説明を試
みた。このように個別の相談に応じてオーダーメイドで設計するためには，具体的
に何が必要なのか。私が重視していることとして以下の 4 点を挙げておきたい。
まず，そのプロジェクトに必要なことを戦略的かつユーザー起点で考える視点をも
つこと，そして設計段階で選択できる手段の引き出しを事前に多く揃えておくこと，
さらにプロジェクト途中での進路変更をいとわない柔軟なあり方と，それをクライ
アントと話し合いながら進められる対話能力を磨くことである。このような能力と
環境がどれだけあらかじめ整えられているかは，実践の現場での柔軟さと最終的な
帰結点に大きな影響を与えるだろう。

　では，柔軟な姿勢により目的と状況にあわせた最適なプロジェクトが設計されれ
ば，調査のプロセスはすんなりと進むのだろうか。決してそうではないということ
を次章ではまた別のプロジェクト事例から確認していきたい。

【参考文献】
鯨岡　峻（2005）.『エピソード記述入門──実践と質的研究のために』東京大学出版会

03
「わかる」ための格闘
「統合分析」で起きていること

　第2章でみてきたようなかたちで，現状を「ほどく」やりとりを経て（その時点で考えうる）最適なプロジェクト設計がおこなわれた後に，UCI Lab. が「共感する」と呼んでいるプロセスへ，つまりユーザーとその周辺の状況を「わかる」ための調査の工程へと進む。調査の概要や項目については，プロジェクト全体の設計時点で同時に設計済みであることが多い。また，実調査をするときの円滑な進行については実務経験の蓄積がものをいう領域だ。そこで本章では実調査の後の分析プロセスに焦点を絞って取り上げていく。

　分析プロセスについてあらかじめ強調しておきたいのは，単に調査でみたことや聴いたことを要約するとか，事前に知りたかったことを検証するだけでは，「わかる」ための分析としては不十分だということだ。それでは条件反射的で表層的な考察にすぎないし，次の「つくる」プロセスでも凡庸なアイデアしか出てこない。それを回避するには，集計や情報整理といった一次分析の先の工程として，より踏み込んだ（ある意味で主観的な）解釈を踏まえた「統合分析（Synthesis）[1]」が重要になってくる。この工程をフレームワークとして抽象化したり，成功事例として分析結果を紹介するだけでは大切なポイントが抜け落ちてしまうと感じる。調査では，ユーザーや状況の個別性を大切に取り扱うが，そうである以上は分析のプロセスもまた画一的な作業になることはありえない。では，具体的にどのようなことがおこなわれているのか。本章では第2章とはまた別のプロジェクトの事例を通じて，「統合分析によって「わかる」に至るプロセス」とは一体どのようなものなのかを検討していきたい。

---

1) "synthesis" は通常「合成」や「綜合」と訳されるが，マーケティングリサーチの業界内では実調査後のデータと向き合う工程全般を指して（analysis も synthesis も）「分析」と呼ぶことが多い。そこで，UCI Lab. では synthesis を「統合分析」と呼んでおり，ここではその表現を用いる。

1　背景：プロジェクト B「都心の働くママ向けの新商品開発」の概要

　このプロジェクト B のクライアントはある大阪本社の食品メーカーで，YRK& 本社（大阪）との取引年数は長く，専属の営業チームが存在する。2017 年 5 月，YRK& ではこのクライアントの経営企画部門と新しい中期経営計画のサポートをおこなっていた。その途中で，従来クライアントが苦手としていたあるターゲット層の取り込みが経営上急務であるという事実が浮かび上がり，かれらに向けた新商品（ビジネス）の開発が中期計画実現に必要なテーマとなった。そのターゲット層とは 30–40 代の都心部の子育て中の共働き世帯だった。このような「働くママ」については，そもそもクライアント内に情報の蓄積が少なく，大阪に居ながら東京都心の状況を想像することは，このクライアント内の「働くママ」であっても難しかったようだ。そこで，クライアントから「「エスノグラフィ調査」を実施したい」との要望があったそうで，YRK& の営業チームから UCI Lab. に相談があり，クライアントとの何度かの打ち合わせを経て調査を実施することになった。UCI Lab. としては初めてプロジェクトをおこなうクライアントだった。

　設計されたプロジェクトの工程は表 3-1 のとおりである。ラボではこの設計と並行してプロジェクト推進体制の準備をおこなう。この時期のラボは他のプロジェ

表 3-1　プロジェクト概要

目　　的	新中期計画に伴う新商品開発プロジェクトのための顧客理解
期　　間	2017 年 7 月～ 10 月
実施事項	調査とそれに伴うワークショップ
プロジェクト 参加者	クライアント　5 名 YRK&　担当営業 2 名，担当プランナー 1 名 UCI Lab.　渡辺，M（当時のラボメンバー） 外部協力会社・スタッフ ・リサーチャー　Y さん（調査時のインタビュー，一次分析） ・調査会社（対象者のリクルーティングや実査の運営） ・イラストレーター　H さん（プレワークショップ参加，報告書イラスト作成）
調査詳細	「家庭訪問調査」
調査目的	新ターゲット層「30 代子育て層（働くママ）」の深い理解と，顧客自身も気づいていない潜在的なニーズの抽出
調査方法	家庭訪問調査（6 世帯）
調査地域	東京 23 区内を中心に 1 都 3 県（タワーマンション優先）
調査実施時期	8 月初旬

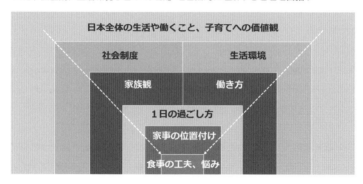

「＊＊」商品開発プロジェクト　エスノグラフィ～分析の狙い

顕在化したニーズ／不満だけでなく
文化や価値観、生活環境などの「文脈」を包括的に理解することを目指す

家庭訪問による…　（参与）観察、インタビュー、体感
統合分析による…　見えない前提や取り巻く文脈までの理解

図3-1　プロジェクトB調査のねらい（当時の調査報告書から一部改変）

クトも多く重なっていたので，通常よりも積極的に外部の協力会社や専門家に参加をお願いすることになった。

　プロジェクトではまず，よく耳にするけれど実は曖昧な「都心のタワマン（タワーマンション）に住むワーママ（働くママ）」への先入観を「ほどく」ためのプレワークショップをおこなった。その後で実施した家庭訪問調査では，都心に住む働くママが，メディアで取り上げられる優雅な印象とは異なり，実際には常に時間に追われて余裕がなく，家の中にも物が溢れているという実態が明らかになった。6家庭のうち1軒だけが「絵に描いたような」きれいに片付いた素敵なお家だったが，よくよく聴きこみをするとそれも近所にいる母親の両親の支援と勤務先の柔軟な働き方によって支えられていることがわかった。このような「思っていたのとは違う」というリアリティショックを共通体験としてもちつつ，プロジェクトメンバーは本章のテーマである分析の工程に入っていった。

2　エピソード：客観的な事実から解釈しストーリーを描いていく

　2017年8月のお盆休み明けに大阪にて家庭訪問調査の結果共有と分析ワークの

ためのワークショップが実施された。実は渡辺にとって，このワークショップはど
うなるか結論が見通せない状態での開催だった。通常のワークショップの場合は，
事前に一次分析を読み込み思考するなかで「なんとなくの結論のアタリ」を保険と
して用意しておくことが多い。もちろん，実際にワークショップをしたときには想
定外の新しい発見や方向性が出てくるものだけれど，「一度事前に考えておく」こと
が，スムーズなワークショッププログラムの設計や，その場でのファシリテーショ
ンの余裕や，議論が行き詰まったときの突破口になりえるのだ。しかし，今回は他
のプロジェクトに忙殺されていたり UCI Lab. メンバー減少のタイミングが重なっ
たりといった内部事情で，事前に深く考えておく時間が確保できなかった。とりあ
えずの準備として，分析のために発言録から主要な発言を抜き出した小さなカード
（87枚）を作成し，ワークするときの大まかな分類の枠だけを用意して大阪に持ち
込みワークショップに臨んだ。

　そして，実際のワークショップがどうだったのかといえば，やはり分析工程として
はすっきりまとまったとは言い難かった。当初想定していた大きな分類はできたも
のの，そのなかでそれぞれのカード間がどういう価値観や行動習慣のつながりに
なっているのかという「構造化ワーク」を，こういったプロセスの経験があまりない
プロジェクト参加メンバーが即興的におこなうことはやはり難しかったようだ。ク
ライアントの参加メンバーにとってもまだいくつかの疑問が「宙づり」になったよう
な消化不良の状態でワークショップは終了し，また約2週間後に分析結果を報告す

図3-2　UCI Lab. によるワークショップの様子
（写真は別プロジェクトでの YRK& 社内ワークショップのもの）（2018年2月：筆者撮影）

ることになった。このような見通しのつかない状態は，捉え方によってはラボにとって想定外の緊急事態かもしれない。

　ところが，私はあまり困ってはいなかった。というのも，ワークショップでの構造化ワークは明らかに行き詰まり未完成だったが，私にとってはこのワークを通じてクライアントが感じたことや気づきを付箋で書き留めたり，ディスカッションしたりしたプロセスこそが「素材」として重要だったからだ。当日のクライアントからは，「（都心の働くママとしてイメージしていた）「バリキャリ」とは違った」「あまり都会感がない」「時間が足りないと言っているのに，なぜ出産後も長時間の通勤をして元の会社に勤め続けているのか」といったコメントが出てきていた。私は，これらの発言の前提に潜んでいるプロジェクト参加メンバーのユーザーへのまなざし[2]に少し違和感を抱いていた。

　実はカードからの構造化自体はグループワークでおこなわなくても，渡辺個人で集中しておこなった方がより早く，また論理的に整理されたものを制作できる。しかしそれよりも重要なのは，ワークの過程で複数人によるさまざまな解釈が生まれ，互いの意見が交わされることだ。いずれにしろ，今回のプロジェクトでは事後的に私だけでおこなう「一人構造化ワーク」のプロセスが必要不可欠だった。なぜなら，先述のように今回の家庭訪問調査はその実施プロセスの多くを外部の協力者に委託しており，渡辺の内部にはまだ本当の意味での情報理解がまったく足りていなかった。得られた情報を適切に理解するためには，発言録や個人別のサマリーを何度か読むだけでは不十分だ。資料を読みこんだうえで，情報全体に対して「自分の手と目を使って向き合うプロセス」を経てやっと本当の意味での情報理解に到達する。ここでの唯一の問題は，私がこの時期にいかにまとまった時間を確保するかということであった。私は大阪でのワークショップの帰路に，新幹線でこの後の工程を分解してスケジュール化したメモを書き留めている。ここで整理しみえてきたことは，カードからの構造化の再実施，クライアントが調査結果の背景をより深く理解するための追加情報収集といった作業工程とともに，クライアントとその上司や関与者たちが納得できる「共有ストーリー」をつくることの重要性であり，それは分析ワークショップ中の参加者の発言からみえてきたことでもあった。

　（おそらくその場の参加メンバーにとっては）消化不良だった分析ワークショップか

2）発言が個人のものであっても，ワークショップという場で出てきた感想や意見は「場」からの声として受け止められるべきであると考える。

ら約 1 週間後，ようやく半日ほど時間を確保して社内の部屋を予約し，カードから
の構造化ワークを渡辺が一人でおこなった。構造化ワークとは，本来は頭のなかの
思考プロセスを外在化するものであり，模造紙を囲み複数人で協働することで視点
の多様性を導入したりプロセスを共有したり記録を残すといった効果がある。渡辺
は，この思考プロセスの外在化や記録という側面に注目して，以前から企画や分析
をおこなうときに一人で構造化ワークをおこなうことがあった。2012 年ごろまで
は「多数の関与者を集めて（報告ではなく）ワークショップをおこなう」ことの必然
性をクライアントに理解してもらうことが難しかった。また，ビジネスにおける
ワークショップは時間や回数の制約も大きいので，今回に限らずその場で本当に
「わかる」感覚までたどり着くことは相当困難であり，事後のワークが必要になるこ
とが多い。こうした背景から，一人で，かつ主観をできるだけ排除して構造化ワー
クをおこなうことについて，渡辺はすでに多くの経験を積んでいた。

　調査直後に一人で構造化ワークを実施すれば視点は限定されてしまう。しかし，
多様な参加者による分析ワークショップを実施した私にとって，このときのカード
は単に発言や行為を切り出している断片ではない。そういった調査時の文脈を切り
離したものではなく，それらの文脈を圧縮したまま残していてしかもワークショッ
プ中の発言も関連づけられた「サムネイル」[3] に近い感覚でカードを捉えていたの

図 3 - 3　「一人構造化ワーク」の清書後の完成版（2017 年 9 月：筆者撮影）

だ。もちろん，カードそれ自体に文脈が圧縮されているのではなく，それまでの調査の同席やビデオ，発言録やサマリーを読み込んだ記憶として私の脳内に文脈が紐付いているということだ。こうして，手元でカードを動かしながら，頭の片隅では調査対象の家を訪問しているときに感じたことやワークショップのときのクライアントの気づきを思い浮かべて作業をしていく。その結果，模造紙5枚分に及ぶ，まるで屏風絵のような構造化マップができあがった。この段階で，私の大まかなまとめ方が当事者にとっても違和感がないかを，自身も「都心の働くママ」である UCI Lab. のアシスタントの松浦に説明しながら確認する。ちなみに，私は手先が不器用なので大きな構造と関係性をシャープペンシルでざっと下書きするまでに留めて，

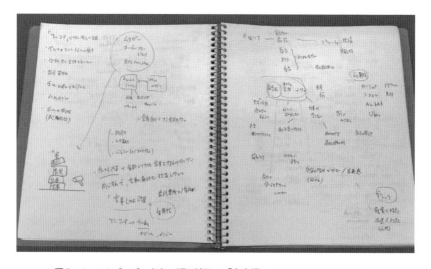

図3-4　このプロジェクトの頃の渡辺の「自由帳」（2020 年 5 月：筆者撮影）

罫線のない自由帳には空間にのびのび自在にかけるので，まだ取っ掛かりが見えない段階で思いつくままに要素を書き連ねていったり，後にチャート化する部分を描いてみることに適している。一度書いたものを細かく書き直して精度を向上させるというよりは，別のページに何度も似たようなものを書き写しながら，全体像をつかもうとして手を動かして考えていく。

一方で，テキストファイルの「ベタ打ち」では文字と思考が順序立てて流れていく。このテキストデータはスライド作成時に流用可能なので，設計や報告の流れを組み立てたり，書くべき項目の抜け漏れを点検したりすることに適している。

---

3) 広告デザインや印刷業界では，最終制作の前に小さく大雑把につくられた見本（ラフ画）のことを「サムネイル（thumbnail）」と呼ぶ。現在はパソコンで動画などのデータを開かなくてもわかるようにした縮小版のことも指す。ここでは渡辺の「語り」として，伝えたい感覚を表現するためにあえて置換せずに用いる。

松浦に清書を依頼して完成させている。

　さて，この構造化ワークでできあがったマップ自体は，六つの家庭への訪問調査結果を全体として一つにまとめただけで，まだ一次分析が終わった段階にすぎない。このワークの過程で渡辺の内部で醸成されてきた全体像を，構造化とは別の形でまとめる工程へと進む。この全体像のことをラボ内では「全体ストーリーの骨子」と呼んでいる。これは調査報告書の構成とほぼ同義であるが，定型化されたワークシートに書き込むようなものではなく，もっと個別のストーリー性が重視される。このような骨子を考えるプロセスには，私の個人的なやり方がある。まず「自由帳」に曖昧な言葉や一部抜けがある状態で構わないので，考えたことを書き留めていく。書き込むのはどこでも良いが，経験的には朝の通勤電車だと，前日に考えていたことが整理されて「するり」と出てくる感覚がある。オフィスについた後に，パソコンにテキストのみを「ベタ打ち」で書き写していく。このときに最初の曖昧な部分を少し書き足しながら，さらに整理を重ねる。また，そのテキストを出力したのち手書きで補足してチャートのフレームを追加していく。このような作業の往復のなかで，最初にどこか違和感を抱いていた部分の言語化や，分析結果の核になるような言葉や像が生成されていく。最終的に納品されるような報告書をスライドとしてつくっていく作業はこのプロセスの後に，別途時間を区切って実施する。

　今回のプロジェクトで（私の脳内と自由帳に）浮かび上がってきたのは，都心の働くママの家のなかの役割と当時関心が高まっていた「働き方改革」のためのアプローチとの類似性だった。当時の働き方改革についての議論では，残業時間を減らすための管理強化や制度導入の是非について，各個人の頑張りに頼った精神論も多く，ネットやマスコミではその本質が誤解されたままであると感じる議論も多かった。これは私見だが，本来の働き方改革のねらいはこれまでの業務の常識を疑い，生産性を下げるような「しなくてもよいこと」を見出して省いたり，やり方を見直したりしていくことだ。調査とワークショップを通じて，働くママの食事や家事のやりくりについても同様の齟齬が起きているように私は感じた。たとえば仕事を時短シフトにしたことで生まれた時間ですることは食事の用意なのだろうか。もしくはもっと夫と家事を分担すれば切迫感は解決するのだろうか。

　先の分析ワークショップでは，「このまま働き方改革が始まって残業時間が減ると，収入が下がって余暇が増えるので（便利さが価値である自分たちの食品の）ビジネスチャンスがなくなるのでは」という発言があり，それがずっと私のなかで違和感として残っていた。働き方改革の話と重ねると，実はこの発言の背後に「今までして

きた調理はこれからも誰かが家でするべきだ」という思い（込み）が潜んでいることに気づく。この前提はクライアントの方だけではなく，実は当の働くママにも共有されているようだった。つまり「本来したい（と信じている）ことが忙しくできていない」と思い，ある種の罪悪感を抱いているというジェンダー的な課題が構造化ワークを通じてみえてきたのである。一方で，働き続けることは収入だけでなく社会とつながる意味でも重要なことであり，彼女たちにとって今後を考えても手放すことはできない。こうして元々「働くママ」がしなければならないことが減らないなかで新たに母親としてするべきことが追加されている状態になり，仕事でいうところの「積み残し（できなかったこと）」がどんどん増えていくように感じられていることがわかってきた。これではまるで家庭内が「ブラック企業」のようではないか。調査で話を聴いてわかったのは，彼女たちが本当に望んでいるものは，キラキラしたキャリア発達でも丁寧な調理でもなく，子どもと向き合う時間だということである。そうだとすれば，調理においても働き方改革と同様に「しなくてよいこと」を決めることやその変化をサポートすることこそが，この食品メーカーが都心の働くママへ提案するべき新しいソリューションではないだろうか。そしてそれは，プロジェクト当初にクライアントが想定していた可処分所得の高いキラキラしたママが自分へのご褒美を買ったり，ホームパーティの写真映えのために財布の紐を緩めるといった姿や商品コンセプトとはまったくことなった方向だった。

　このような分析の核心を自由帳で思考するなかで着想して，多くの人に納得してもらうためのストーリーにして書き出していく。それは，たとえるなら推理小説のプロットをつくっているような感覚に近い。実は，報告に必要な気づきや事実のパーツはワークショップの時点ですでにほぼ出揃っていた。しかし，ワークショップ直後にはそれらが一つの線でつながっておらず，全体としての意味が見出せていない状態だった。その後で一人構造化ワークで手を動かしたり，自由帳を使って内省したり，ラボ内に投げかけてみることを通じて，私はすでにそこにあるはずの何かを徐々にカタチにしていった。おおよその全体ストーリーの骨子がみえた段階で，このプロジェクトには参加していないチームの大石にも流れや結論を説明してみた。これは，上記のような論の展開にも渡辺がもつ男性というジェンダーとしてのみえない前提がまだ残っていないか確認をするためだった。こうしたプロセスを経て，家庭での調理の仕方の改革を新商品のゴールとして設定した調査報告書が完成した。このゴール設定（スローガン）は新しい中期経営計画に取り込まれてその後の新商品開発の指針となっている。

3 考察：「統合分析」における創造性と方法論の限界

このプロジェクトBの事例では，「わかる」プロセスのなかでも重要な分析プロセスについて，特に品質の成否を握る「統合分析」が，実際にはどのように進んでいくのかを書き進めてきた。もちろんその詳細はプロジェクトごとに質感が異なるし，このプロジェクトでは渡辺が事前に分析時間を十分に取れなかったことがクライアントの不要なモヤモヤ感を招いてしまっていたが，分析プロセスの内側で起きている大きな流れはどのプロジェクトでもよく似ている。この統合分析プロセスを詳述していくことで私が伝えたかったのは，分析プロセスというのは，調査結果を整理するだけでは分析にはならないし，手順通りにおこなえば自動的に結論が出るわけではない，血の通ったとても創造的なプロセスだということである。

本章でみてきたように，（私たちの）分析プロセスは自動的ではないが，さりとて行き当たりばったりというわけではない。そこには，ある種の技法や基準が存在している。ここでの技法とは，エピソードに出てきた自由帳への手書きとテキストとの往復といったツールのことや，まず一次分析やワークショップを通じて「素材」を揃えてから全体ストーリーの骨子を捏ねていくような大雑把な流れの見通しのことを指す。そしてここでの基準とは，ユーザーの目線が私たちにも間主観的[4]に（あるがままを生き生きと身体で）「わかった」と感じるようなユーザーの現場に寄り添う視点と，一方でクライアントの戦略としての「これからするべきこと」というビジネスの現場の視点が，一つのストーリーのなかで破綻なくつながって両立できているかという到達の是非をいう。もし自分のつくったストーリーがうまくつながっていない，あるいは面白くないと感じられるとき，それは調査からの考察がまだ不十分ということだと私は判断する。分析における創造性とは，これら二つが両立するための重要なつながりを見出す着想のことではないか。

UCI Lab.にとっても，プロジェクトや調査を始める段階ではどのようなストーリーにたどり着くのかはわかっていない。それでも，調査を通じた生活者からのイ

4）鯨岡（2005）によると，たとえば「幸せのオーラ」というものは客観主義や実証主義で静的に分析することからは捉えづらいが，その場の「生き生き感」や「息づかい」を捉えたエピソードを読むことで，類した場面を経験した人ならばその独特の雰囲気が「おおよそ分かる」（ただし「それでいいのかな？」という暗黙の問いと常に背中合わせ）という。鯨岡はこの「おおよそ分かる」感覚がお互いのあいだで生まれたり身体的に感じ取られたりすることを「間主観的アプローチ」と呼んでいる。

ンプットとクライアントとの対話の営みを，上記のような技法をもって通過すれば何らかの意味がある結論を導き出せるという予感は存在する。それはこれまでのUCI Lab. の 8 年以上の経験からくるものであり，渡辺個人としては UCI Lab. 設立以前におこなっていたコミュニケーションやプロモーションについての約 10 年に及ぶプランナーとしての企画経験によるところも大きい。広告やセールスプロモーションの代理店（エージェンシー）では，あるキャンペーンを受注するためのコンペ（ティション）の際にアイデア勝負や価格競争に陥るのを避けるために，そもそものマーケティング戦略の段階まで遡って提案することが多い。そのため，概して代理店のプランナーは戦略（のような）ストーリーをスライドでこしらえる技術に長けている。このように，プランナーとして一定の経験があれば何かしらのストーリーをつくれるようにはなる。しかし，自分たちでおこなった生活者調査というインプットとその後のクライアントの戦略の両者を，公正にかつ破綻なく整合させるとなれば，事はそう簡単ではない。両者をつなぐ回路は，あらかじめプロジェクト設計の段階で予測できていて，あるプロセスを経れば完成するようなものではなく，より深い次元での創造性を必要とする。往々にして，当初の予想や願望とは異なる不都合な事実が明らかになり，私たちはその都度，どう判断するのかの見直しを迫られる [5]。プロジェクトに誠実に取り組むということは，その人に作業や対話を通じた内省の時間を要求する。手癖や予定調和によるショートカットを自ら避け，このようなプロセスをおこない続けるのは，私たちの調査が表層的な分析で終わってしまうこと，条件反射的な考察や着想に留まってしまうことを避けるためである。それは私につくろうと思えば強引に，安易なストーリーをつくれてしまう器用さがあるからこそ，意識して自戒すべきことだと思っている。

　世の中にはクライアントが「本当は良い商品なのに（売れない）……」と嘆く商品がたくさん存在している。誤解を恐れずにいえば，それらは開発の過程で企業と

---

5) 平田は，「対話においては，自分の価値観が変わっていくことを潔しとし，さらにはその変化に喜びさえも見出せなければならない。相手の意見に合わせるのでもない。自分の意見を押し通すのでもない。新しい価値創造の形が，いま必要とされているのだ」（平田 2015: 170）と述べている。また，宇田川は，「ナラティブ・アプローチが目指すところは，相手を自分のナラティブに都合よく変えることではありません。自分が自分のナラティブの中においてしかものを見ていなかったことに気づき，自らを改めることを通じて，相手と私との間に，今までにはなかった関係性の構築を目指すことにあります」（宇田川 2019: 167–168）と述べている。

ユーザーとの「対話」が不十分だった結果ではないだろうか。折角それなりのコストを投じて生まれる新しい商品やサービスが，生活者にとって「これが欲しかった！」と求められるものになるためには，こちらの都合だけで分析をおこなうことは許されない。どこまで分析すれば十分なのかを常に自分たちに問い続ける姿勢は，プロジェクトの効率面ばかりを重視していると案外簡単に失われてしまう。私たちは分析プロセスにユーザー起点と創造性を執拗に求めている。その理由は，もはや「職業的な倫理観」のような表現でしか説明できない部分でもある。

4　まとめ：主観性を通過するというプロセスの説明し難さ

　本章では，UCI Lab. がプロジェクト中の調査のプロセスにおいて，特に私たちが「統合分析」と呼んでいるものが一体どのようにおこなわれているのかを事例を通じて確認してきた。「ハウツー本」で書かれているような単純な話ではないということを説明するために尽力してはいるものの，「こうすれば必ずできる」と断言できない以上はどうしても言語化の難しい部分が残ってしまう。それは，あくまで個別の状況に対して，それまでの知識や経験を総動員して応答していく営みである。そして，本章の事例を読んでいただければわかるように，部分的にワークショップなどを用いつつも，統合の最も核心的な部分は個人の内省によって浮かび上がってきている。このような個人の内部で起きていることについては，自由帳のようなツールやプロセスなど「私のやり方」について説明することはできるが，それ以上のメカニズムを言語化することはできなかった。

　このように UCI Lab. にとっての統合分析とは，調査結果から文脈を取り除き（漂白するような意味で）客観化して終わりというプロセスではなく，全体のなかに入っていって意味を発見して取り出してから，その客観性（あるがままを捉えているか）を問い直すという往復的で，明瞭に説明し難いプロセスであるといえる。

【参考文献】
宇田川元一（2019）.『他者と働く――「わかりあえなさ」から始める組織論』NewsPicks
　　パブリッシング
鯨岡　峻（2005）.『エピソード記述入門――実践と質的研究のために』東京大学出版会
平田オリザ（2015）.『対話のレッスン――日本人のためのコミュニケーション術』講談社

04
アイデア創造の格闘

「身体性」を伴う具体化の意味

　いよいよプロジェクトは生活者への共感を通過して，本来の目的である商品やサービスや事業のアイデアを創造していく「つくる」段階に移行していく。前章でみてきたようにユーザーを「わかる」ためのプロセスにも創造性が重要だったが，アイデア創造の段階となればなおさらであると予想される。「クリエイティビティ溢れるソリューションを創造する」現場といえば楽しく活発なシーンが目に浮かぶかもしれないが，残念ながら UCI Lab. においてはこれも非常に地味なことを繰り返していくプロセスである。本章では，また別のプロジェクトを通じて，アイデア創造に伴う格闘の過程を検討していきたい。

<h2>1　背景：プロジェクト C「ある空間における新ソリューション開発」の概要</h2>

　このプロジェクトのクライアントはある大手 IT 企業で，UCI Lab. は以前からこの会社といくつかのプロジェクトをおこなってきた。ただし，それまではある特定部分についてのコンサルティングやアイデアブレーンといった役割を期待された案件で，調査工程を含めた UCI 型プロジェクトはまだ実績がなかった。そんななかで，2018 年 9 月に担当者と近況共有や情報交換をしていたときに新たな相談を受ける。それは，当時開発中の IoT[1] の新商品について，ユーザーに提供する代表的な「ユースケース[2]（≒使用シーン）」をつくりたいというプロジェクトだった。クライアントは，それまでにも社内でブレーンストーミングをおこない，たくさんのアイデアをビデオクリップにしてきたという。しかし，まだ商品になるような魅力的なものは出てきておらず，それは調査などのインプットを伴っていないからではないかと考えていた。このような経緯から，魅力的なユースケースを創造するためにはやは

---

1) IoT: Internet of Things（モノのインターネット）とは，モノがインターネット経由で通信できるようになり，離れた場所でも操作や状態を知ることができるようになること。

り何らかの調査が必要だという認識に至り，調査からユースケース創造までの一連の流れを依頼したいとのことであった。このようなプロジェクトの背景と現状の課題認識は，後に第2部の第8章で比嘉から紹介される「特定空間における行動調査」と非常に近かったので，私たちはそれと基本構造を共有する「ある空間のビデオでの撮影と家庭訪問調査」を組み合わせた手法を提示した。その後，10月にクライアント内で正式な承認がおりてプロジェクトが開始された。

　プロジェクト前半では，まず「プレワークショップ」を通じた撮影シーンの検討や調査対象者条件の設定などをおこない，調査の準備を進めていく。このプロジェクトでは調査からアイデア創造までの工程を一貫しておこなうため，UCI Lab. からは主に調査実務を担当する大石とデザイナーの田中の両者が参加したフルメンバー体制を組んだ。また，空間撮影を伴う特殊な調査をおこなうため，協力会社として調査会社のJ社にも参画いただいている。J社は定型化された調査が本来の主力業務だが，UCI Lab. ではいつも何か新しい挑戦を伴う調査のときに協力してもらう。これには，J社の担当者の柔軟さとモチベーション，技術面の造詣の深さによるところが大きい。いずれにしても，調査での撮影方法の企画や検証から実施に至る細かな部分を安心して任せられる協力者がいることは UCI Lab. の柔軟さを支えている重要な要素の一つといえる。

表4-1　プロジェクト概要

目　　　的	新商品の有用かつ具体的なユースケースの明確化（創出）
期　　　間	2018年9月〜2019年3月
実施事項	ある空間の観察調査（3世帯）とユースケースの創出，それに伴うワークショップ
プロジェクト参加者	クライアント　主要メンバー5名 UCI Lab.　渡辺，大石，田中 外部協力会社 ・調査会社（対象者手配と事前撮影実施，家庭訪問調査の運営）

2）「ユースケース」とは，ソフトウェア開発で用いられるシナリオの一種である。シナリオとは，ソフトウェアやそのインタフェースの開発において，開発文書のような定式化した形でなく，ユーザーの行動を記述した「台本（シナリオ）」として具体的なイメージにすることで，設計者と開発者の間のコミュニケーションを円滑にしたり，まだみえていない作業項目を具体化するために用いる（黒須 2013）。本文の事例で用いられているものはおよそ UCI Lab. が定義する UX ストーリーと同義であるが，クライアントからの依頼のされ方としてそのまま表記している。

　その後プロジェクトはクライアント側の参加メンバーの拡大を伴いながら検討を進め，12月に空間撮影をおこない，UCI Lab. にて延べ45時間分の動画データを視聴し行為のログを切り出した。続いて翌年1月上旬にクライアントとの動画の共有試写会と家庭訪問調査を実施し，一次分析や分析ワークショップを開催した後，2月14日にアイデア創造ワークショップを開催した。

2 エピソード：アイデアの断片が商品のコンセプトに変身する瞬間

　「とはいえ，どのアイデアもまだあまり面白くない……」。アイデア創造ワークショップ後に，私はそのような感想を抱いていた。ワークショップでは，分析工程を丹念に実施することでプロジェクトメンバーのなかにたくさんのシーンが「ダウンロード」された。さらに，ユースケースを考えるシーンを三つに絞ったうえで，自社がもつ技術による制約の度合いに応じて3段階に分けたものを掛け合わせて3×3の計9マスを設定して，時間を区切ってアイデア出しのブレーンストーミングをおこなった。個々にみていくと面白そうなアイデアの種もあったが，これらがユーザーにどのように喜ばれるのかまではいまだにしっくりとは来ていない状態だった。とはいうものの，そもそもワークショップのブレストで出てくるアイデアはあくまでアイデアであって，最終的なコンセプト（アイデアにそれが必要な文脈と実現可能性の検証が伴ったもの）をつくっていくための素材にすぎない。UCI Lab. では，いつもアイデア創造ワークショップの後でコンセプトをつくりあげていく工程を「精度アップ」と呼んでいて，主に UCI Lab. 内のメンバーで議論や企画や試作を繰り返すことで初期アイデアをコンセプトに近づけていく。この試行錯誤の過程では，アイデアに具体的なユーザーの使用手順をあてはめたり，人と機械の間のやりとり（インタラクション）を具体的に解き明かしていくことなどを通じて詳細に検討していく。それと並行して，いわば逆のベクトルである「結局これはユーザーの生活をどのように変えるものなのか」という「価値」についての問いに対しても答えを探っていく。その過程で当初のアイデアは大きな変形を経ることが多い。

　今回のプロジェクトに話を戻すと，どのようにして精度アップをおこなうのがよいのだろうか。エピソード冒頭のとおり，アイデアが出揃った段階で私は材料不足の不安を感じていた。実はそれとは別に，このワークショップの終わり際にクライアントから，このプロジェクトの対象商品のプロトタイプがクライアント企業の所有する施設に設置されたという話があった。その時点で，私たちはまだその新商品

が実際の空間に埋め込まれた状態をみていなかった。そこで，（当初のプロジェクト設計には入っていない工程だが）クライアントに招待していただき，ワークショップの 1 週間後に施設を訪れて見学させてもらうことにした。結果的に，これが精度アップにおける重要な突破口になった。

　施設を訪れたラボの 3 名は，今回のプロジェクト前に制作していたユースケースの実演を体験させてもらう。実際の空間に埋め込まれた機械を見て触りながらディスカッションすることで，それまでの調査やアイデア創造で出てきていた断片が一気につながり「みえる」感覚を得た。それまでは，ある種「何でもできる」ところで発想していたのだが，実際のユーザーインタフェースをみながら具体的な空間の中で身体を動かして，実装したときの技術面での制約も含めて考えることで，調査で見たユーザーがこの場を動く様子が目に浮かび，とても生き生きとしたユースケースが渡辺の頭のなかに浮かんできた。この感覚はおそらく UCI Lab. の 3 名全員に共有されていたと思う。

　その後，大石が施設の見学と体験を踏まえた気づきをコンセプトの前提としてまとめ，田中がユースケースとして UX ストーリーと GUI（Graphic User Interface 機械などの操作画面）のプロトタイプを仕上げていき，その全体のつながりを渡辺が確認する，といったラボ内での数往復の検討を経て最終版のコンセプトが完成した。そ

図 4-1　施設での体験の様子（田中によるその場でのメモ）

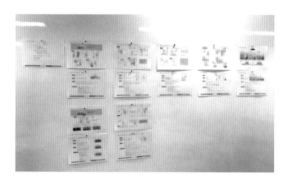

図 4-2　複数案の「UX ストーリー」（筆者撮影）

のコンセプトは，UX の専門家であるクライアントにも「どうやって考えたんですか!?」と驚かれるほどの賞賛を受けた。その後も新商品の開発はクライアント内で紆余曲折を経ながら進んでいる。そして，このプロジェクトを通じて，調査から始まりアイデアの具体化までに至る一連のプロセスの重要性を認識していただいたことで，UCI Lab. との関係も進展し継続している。

3　考察：どこまでがアイデア創造プロセスか

　このエピソードから私が伝えたかったのは，たとえ調査と分析を経たうえで生み出されるアイデアだったとしても，アイデアの時点ではまだ何の価値ももっていないということ，その後の地道な精度アップのプロセスこそが重要だということである。アイデア創造のワークショップは一見華やかで，実際に参加メンバーは高揚感を得やすい。しかし，その場の満足とアイデアの質は別物と考えた方がよい。また，1 日のワークショップでどれだけグループワークに取り組んだとしても，アイデアからコンセプトの段階へ精度アップするにはまったく時間が不十分だろう。もちろん，このアイデア出しで高揚感をもった段階でプロジェクトを終了させることもできる。過去にはクライアントが「あとは社内のデザイナーと一緒に自分たちでやります（できます）」と言うケースもあった。ただし，そういったケースではほぼ例外なくプロジェクトが途中で停止する。

　その理由は，ワークショップ後のアイデアはまだ「可能性の種」にすぎないのであって，磨けば光るかもわからない不完全なものだからだ。特に私たちが請け負うプロジェクトは，既存の商品のモデルチェンジではなくまだ世の中にない商品／

サービスを扱う。そのアイデアを曖昧に提示したとして，ユーザーもクライアント社内も，誰が正確に評価できるだろうか。渡辺の経験では，アイデアの是非はその後の詳細な検討を通じてだんだんとわかってくるものだと思っている。そして，そのプロセスは単に企画の細部を詰めていくだけではなく，同時にもう一度調査結果を読み解いていく行為との往復運動でもある。渡辺はこのようなプロセスをユーザー起点でおこなうことの「プロ」だと自己定義している。この「わかる」と「つくる」が渾然一体となった工程を通じて，初めてそのプロジェクトならではの独自のコンセプトになるのではないだろうか。

　もう一つ，この事例で強調しておきたいことは，プロトタイプが実際の空間に埋め込まれたなかでアイデアを検証していく機会を得たことが，最終的な UX ストーリーと GUI のクオリティ向上に与えた影響である。私見を述べれば，アイデアを精度アップしていくという行為は，決してワークショップで賑やかに盛り上がってできるものではない。しかしその一方で，脳内でユーザーを駒のように動かしてもできることではない。その空間で身体を動かして複数のメンバーと対話していくことで，新しいアイデアが付け加わったり思わぬところから突破口を見出したりする。プロジェクトが進行するなかで偶然実現した予定外の工程は，間違いなくプロジェクトの最終コンセプトの質の向上に大きな貢献をしている。

4　まとめ：アイデアは身体と時間を通過してコンセプトになる

　本章では，イノベーションのプロセスの核心ともいえるアイデア創造のプロセスでの現場の格闘をプロジェクト C の事例から検証してきた。そのプロセスはブレストの場づくりに注力したりアイデアの数に頼ったりするのではなく，初期のアイデアをもとに何度も検討し，アイデアの変形を重ねながら精度アップをしていくという，地道で時に身体性を伴うものだった。言い換えれば，固定された選択肢のなかから正解を選ぶのではなく，徐々に正解に近づけていく行為ともいえる。私たちはその「面倒さ」と引き換えに，最終的な UX ストーリーとそれに伴う商品の仕様（この事例では GUI）の質，すなわちユーザーにとっての価値や具体性を飛躍的に向上させることができるのである。

　とはいえ難しいのは，このアイデア段階と最終段階のコンセプトの差分，またそのためのプロセスはプロジェクトを開始する時点ではクライアントには理解しづらい，ということだ。そのプロセスはラボ内部でおこなわれることが多いうえに，事

前に手順が形式化されているわけでもないため，クライアントにとっては実感や想像がしにくい。それでもなお，私たちはこの工程の費用と期間を設計時にあらかじめ組み込み，対話を通じて理解してもらうことを重視している。プロジェクトの最終の納品物であるUXストーリーは，同時にクライアントがどういうものをどのレベルまでつくればよいのかという判断基準（要求仕様）をユーザーを起点に具体的に記述しているものだ。私たちはこのUXストーリー＝要求仕様こそがUCI Lab.が納める成果の核心だと考えている。だからこそ，私たちがこの工程の設計や実践において，クライアントを説得しづらいからといった理由で妥協することは許されない。

【参考文献】
黒須正明（2013）.『HCDライブラリー第1巻──人間中心設計の基礎』近代科学社

05
商品化に向けた格闘
発売されるまで「一貫性」をいかに担保するか

　ここまで検討してきた「ほどく」「共感する」「つくる」プロセスまでで多くのUCI型プロジェクトは終了し，クライアント内での技術開発や設計や事業性判断といった段階に引き継がれていく。しかしもちろん，商品やサービスが完成して発売されるまでには，その後にも無数の工程や意思決定が存在する。それらの段階を乗り越えて，当初にユーザー中心として意図していたまま完成に漕ぎつけるのはとても難しい。ここでは，コンセプト完成後のプロセスまでサポートしたプロジェクトDのエピソードを通じて，コンセプトが商品として完成するまでにどのような局面があるのか，そこで当初の意図との一貫性を保つためにどのような営みがあるのかを検討していきたい。また，ここまであまりふれてこなかったUCI Lab. 内部での役割分担についても説明を試みる。

1 背景：プロジェクトD「女性向け新商品コンセプト開発」とその後の概要

　ここで取り上げるのは，ある消費財メーカーをクライアントに，まったく新しい商品のコンセプトが創出されてから，実際に発売されるまでに複数回の（サブ）プロジェクトを実施したプロジェクトDのケースである。最初におこなわれたプロジェクトD-1は，ある属性の女性をターゲットにしたまったく新しい商品を構想することを目的として2012年におこなわれた。このときは家庭訪問調査とIDI調査をおこない，その後の分析やワークショップを経て，9案の新商品コンセプトを創出した。これらのコンセプト案にクライアント内ですでに存在していたコンセプト案を加えてアンケート調査をおこなった結果，プロジェクトD-1から生まれたあるコンセプト（ここではコンセプトZとする）が最も高い評価を得た[1]。

---

1) いうまでもなく，このプロジェクトD-1でも第2章から第4章で詳細にみてきたのと同様の格闘があった。

表 5-1　プロジェクト D 概要

目　的	特定ターゲット向けの新需要創造型商品のコンセプト開発 （後に，新商品開発プロセスにおける提供価値と仕様の検討と受容性の検証）
期　間	（断続的に）2012 年 7 月～2015 年 9 月
実施事項	家庭訪問調査とそれに伴うアイデア創造のワークショップ 試作品試用を伴うデプスインタビュー コンセプト受容性検証の CLT 調査
プロジェクト参加者	クライアント　主要メンバー 4 名 UCI Lab.　渡辺，大石 外部協力会社 ・調査会社（対象者リクルーティング，CLT 運営など）

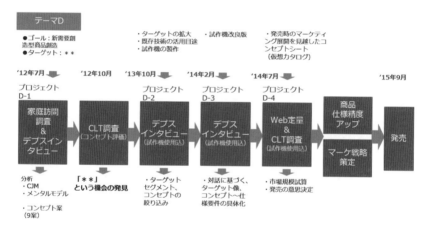

図 5-1　プロジェクト全体の経緯

　このコンセプト Z は 2 年後の商品化を目指して企画設計を進めることになり，まずはメカニズムのみを再現した試作品が完成した。2013 年夏にクライアントから UCI Lab. へ，この試作を対象者に試してもらいながら同時にターゲット像をより深く理解していく IDI 調査を実施したいという依頼があった（プロジェクト D-2）。IDI 調査は想定するターゲット像で抽出した 8 名を対象におこなわれることになり，それぞれに約 2 時間かけてインタビューと試作品評価を実施した。

　インタビューはプロジェクト D-1 のときと同様に大石がおこなった。さらに，調査直後の会場で 8 名からの反応を踏まえてクライアントと議論をしていく。調査開始前にクライアントと私たちは，この商品には二つのターゲット層がいると想定

していた。しかし，インタビューを経てこの二つの層の人たちは価値観や習慣がまったく異なり，同じ商品で両者のニーズを満足させることは不可能であることがわかった。そこで，基本機能を共通としつつ，それぞれに向けた商品の開発目標を設定した。片方の「本質追求派」には高額になるが理論通りにアプローチできる全機能を備えたものを，もう一方の「娯楽派」の人たちには効果を実感できる機能を想定価格内に収まる範囲で実現するという二つのターゲットである。そして新しい試作機が年末に完成して翌年 2 月に 2 回目の調査（プロジェクト D-3）をおこなうことになった。

2　エピソード：対話の繰り返しによってコンセプトが「良い商品」になる

　実は UCI Lab. の大石はこの商品案の二つのターゲット層のうちの一つ「本質追求派」の条件に当てはまる一人であり，しかも相当エクストリームな（極端な）ユーザーだったことから，プロジェクト D-2 の際はプロトタイプへのフィードバックや仕様のアイデア出しにも大きな貢献をしていた。そのため，プロジェクト D-3 の際にはクライアントの方々はインタビュー調査に先立ってまず大石に対し試作品を試してもらうことを盛んに求めた。クライアントのなかで「大石さんなら買うかどうか」が裏の開発目標となり，いわば大石が「実在するペルソナ」になっていたのである。しかし，「本質追求派」のような関連知識も豊富で効果のためなら高額な出費もいとわない層に向けて開発者がつくり込みを進めると，一般向け商品の枠組みを超えた「業務用」のようになってしまう。それ自体はたしかに「良いもの」であるかも知れないが，本当に「売れる」かどうかは別問題だ。渡辺は調査会場で，クライアントと大石の間で議論が盛り上がり，想定する商品仕様がどんどん複雑で高度なものになっていくのを少し不安に思いながら見守っていた。

　しかし，大石は想定ターゲット層の一人でもあるが，本職は生活者に共感するリサーチャーである。試用したときには自分の知識や感覚のフィードバックをおこなうが，もちろんインタビューは中立におこない，冷静に被験者の価値観や試用評価を引き出していく。結果として，大石自身と同じような捉え方をする人は少なく，コンセプト Z のターゲット層ではないことが浮かび上がってきた。インタビュー後のクライアントと UCI Lab. での議論ではさらに検討を重ねて，将来発売されたときに，ターゲット層がこの商品を認識し興味をもって購入するまでの意思決定や行動のプロセスについて，被験者の発言を参考に検討していった。すると，調査でコ

ンセプトへの評価が高かった「本質追求派」にはモノ以外にサービスでも競合する商品が存在すること，なおかつ市場規模がとても小さいことが浮かび上がってきた。「本質追求派」は商品に対する関心も高いが求める基準もまた高いのである。そもそも，初期のコンセプト Z の構想が，もう少し一般の生活者が日常生活のなかで気軽に使い続けられるものだった。このような検討と議論をクライアントとラボで進めた結果，当初の二つのターゲット層に向けたそれぞれの試作とコンセプト案のなかから，調査の報告ではあえてスペックの低い，つまり開発者としてはモチベーションが下がるかもしれない「娯楽派」向けの開発を重視するという判断をした。

　そこでまず，調査から 1 週間後に渡辺が報告書の「全体ストーリーの骨子」を作成していく。この骨子はパワーポイントで作成されているが，調査から得られた細かなディテールは空白の状態だ。この段階で大石にデータを引き継ぎ，別途進めていた発言録や調査メモに基づき空白の部分を埋めていく。さらに，調査ディテールを踏まえて結論をつくり込み報告書が納品された。プロセスのなかで関与者全員で議論した方向性と検討事項に基づき渡辺が大きなストーリーを描き，続いて大石が生活者に直接インタビューした事実と共感から細部を埋めていき，もし方向性にずれがあれば議論を通じて修正していく。これが基本的な UCI Lab. 内部の役割分担のパターンである。

　その後もこの商品が発売されるまでには多くの困難が待ち受けていた。大企業で求められるのはその商品や事業の「市場規模」や「（成功の）確実性」であるが，そもそも未だ市場に存在しない商品の場合，そのどちらも正確に予測することは不可能だ。また，女性向けの商品について企業上層部の男性が判断するのは現状の意思決定の仕組みでは難しい。それでもクライアントの担当者と UCI Lab. は，商品ラインナップにおける位置づけのような戦略検討，販売見込みを示すための調査などを積み重ねていく。その後，このコンセプト Z は「娯楽派」に向けた 1 アイテムのみで，最初のプロジェクト D-1 終了から約 3 年後に商品化された。発売初年度には目標の 4 倍以上の売上を達成したということだ。

3 考察その 1：イノベーションを実現するための「一貫性」はどこまでを含むのか

　この事例では当初のプロジェクト D-1 であるコンセプトが生み出されたあとで，その後にも残る無数の選択肢のなかから徐々に商品として具体化していく様子を記

述してきた。このとき UCI Lab. が実施したのは複数回にわたるさまざまな調査であり，それがもたらした結果は商品仕様のスペックダウンであった。このような判断は従来「ものづくり」が得意だと自負してきた日本のメーカーには難しい。また，途中には商品の仕様そのものだけではなく，仮に市場に出た際の売り方（商品・価格・流通・プロモーション等）までも検討していた。UCI Lab. がこのようなプロセスまで含めて継続的に伴走しようとするのはなぜなのか。

　この事例で私たちは，商品の良し悪しを技術的なスペックではなくユーザーにとっての総合的な価値という視点から評価している。調査の結果，コンセプト Z のスペックは低下しているが生活者からみたときの価値はむしろ向上していると捉えられる。このような考え方は特にめずらしいものではなく，「BOP ビジネス」や「リバース・イノベーション」[2] などで実行されているアプローチである。これは一般論として MBA の授業でケース教材として扱うのであれば受け入れやすい。しかし，もし実際に自分自身が担当者として成熟した日本市場に向けて新しい需要を創造しようとするときには，途端に難しい意思決定になるようだ。なぜなら，これまで日本のメーカーの多くは，機能を向上させることで価値（価格）を積み上げて，それを売上拡大や市場成長につなげてきたからである。技術的にはスペックダウンしたにもかかわらずむしろ顧客にとっての価値が向上するということは，理論的には「イノベーションのジレンマ」（クリステンセン 2000）などで知っていて理解できても，自ら実行したり説得するのはたいへん難しい。メーカー内部にいると困難な意思決定を，ユーザーの声に基づいた対話で方向づけていくのが私たちのようなエージェントの役割でもある。

　継続的に一貫して関わることを志向するのは，私たちのラボが発足した経緯にも関わっている。そもそも UCI Lab. がイノベーションに関わるプロジェクトを担うようになった動機の一つは，発足時のメンバーが YRK& の業務であるブランディングやプロモーションの経験を通じて感じた「モノをつくる段階から買われるときまでを生活者起点で一貫性をもたせたい」という想いから来ている。だから，プロジェクトで生まれたユーザー起点で革新的なコンセプトが，企業の都合や法規制の問題で凡庸になる過程を黙って見過ごすことはできない。プロジェクトの成否は，

---

2)「「途上国で最初に生まれたイノベーションを先進国に逆流させる」という，従来の流れとはまったく逆のコンセプトであり，時に大きな破壊力を生み出す」（ゴビンダラジャン 2012）。

あくまで実際に商品が発売されたときにユーザーにとって価値があり現場で円滑に実装される商品かどうかにかかっているのであり，ユーザーにそのような価値が伝わっているかどうかが重要だと考えている。このように発売されたときや実際の現場で使われるときのことまで企画や検討をおこなうことは私たちが掲げるユーザー起点／中心主義の実践であり，言い換えれば「地に足がついている」ことは私たちが特に大切にしていることの一つである。

4 考察その2：チームで協働する方法と意義

　本章の事例ではプロジェクトのなかでおこなわれている別の側面もエピソードで記述した。すなわち UCI Lab. の内部で渡辺以外のメンバー（ここでは大石）が担う役割や協働のされ方についてである。UCI Lab. は特定の業界のクライアントに特化しているわけではなく，さまざまなカテゴリーにおけるイノベーションをサポートすることが役割だと自認している。それはつまり，特定のカテゴリーに精通した専門家という期待から依頼されるわけではないということであり，むしろそれこそが，私たちがユーザー起点で考えられる根拠でもある。とはいえ，相談するクライアントも，我々がそのカテゴリーについてまったく疎遠に思えたり，鈍感そうにみえてしまっては依頼を躊躇するだろう。また女性を対象とするテーマでもクライアント側のメンバーは男性ばかりということもままある。このとき，大石がメーカーの取り扱う幅広い領域に強い好奇心をもち，かつ定性調査について訓練を積んだ女性であるということ，つまりラボ内部にある種の多様性が存在することは UCI Lab. が幅広いカテゴリーの相談を引き受ける際の（非明示的な）強みの一つになっている。

　そのような意味で，渡辺と大石が物事を捉える際に異なった見方をすることも，プロジェクトの結論における公正さを担保するために重要な要素かもしれない。渡辺は常に物事を分析的にみる癖をもっていて，自分自身の感情でさえも同時進行で「なぜそう感じるのか」を自問するようなタイプだ。分析的といえるが，悪い意味では現場で完全に没入することが苦手でもある。一方，大石はインタビューなどを通じて生活者に共感的に寄り添い，ありのままに生き生きとした状況や事実を丹念に積み重ねながら取り出す修練を積んでいる。しかし，それらの共感がクライアントの今後の戦略にどのようにつながるかという，一つ次元を引き上げたストーリーを描くことは得手としない。

　こうした両者の特性を活かして，渡辺と大石は，インタビューの現場や分析やア

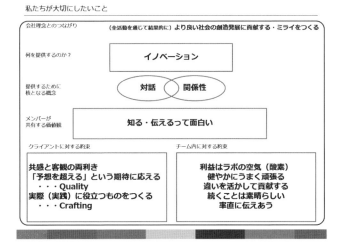

私たちが大切にしたいこと

会社理念とのつながり	（全活動を通じて結果的に）より良い社会の創造発展に貢献する・ミライをつくる
何を提供するのか？	**イノベーション**
提供するために核となる概念	**対話** **関係性**
メンバーが共有する価値観	**知る・伝えるって面白い**

クライアントに対する約束　　　　　　　　　　　チーム内に対する約束

共感と客観の両利き
「予想を超える」という期待に応える
・・・Quality
実際（実践）に役立つものをつくる
・・・Crafting

利益はラボの空気（酸素）
健やかにうまく頑張る
違いを活かして貢献する
続くことは素晴らしい
率直に伝えあう

図 5 – 2　システムコーチングを通じて生み出された価値観「大切にしたいこと」

イデア創造と評価といったさまざまな段階で，同席しつつ立場を分担して進行していく。たとえば，インタビューの現場では大石がほとんどのやりとりをおこなっていて渡辺は穏やかに微笑みながらそこに居るだけである。ただ，たまに深く理由を掘り下げるような質問をすることもある。分析の現場では，渡辺は大きな解釈をおこない1枚の絵で説明できるモデル化を試みる一方で，並行して大石が内容の確認や事実を埋めていくことにより，我々の解釈が独りよがりにならないように，現場への共感と乖離しないような仕組みにしている。私たちは時に激しい議論をすることもあるが，これは職業的な役割分担なので，感情を伴ったものではない。また通常の上司・部下のような上下関係を持ち込んで議論してしまうと目指しているユーザーや現場から乖離してしまう可能性がある。つまり，UCI Lab. がどのような人の集まりでどのような文化をもつ組織なのかということも，プロジェクトのクオリティに大きな影響を与える要素だと考えられる。私たちはこのチームの文化を整えて，さらにそれを誰にでもわかるように可視化するために，2016年の秋に外部へ依頼してシステムコーチング[3]）を受講した。このときに定めたチームの「Envision（未来像）」と「大切にしたいこと」およびラボに必要なメンバーの役割と

3）「システムコーチング[®]」は，CRR Global および CRR Global Japan が所有する登録商標である。以下，本書では [®] を省略する。

しての「共感する人」「まとめる人」「絵で話す人」という概念は，現在でもチーム
の運営指針となっている。

5　まとめ：「一貫性」のための柔軟さ

　本章では，通常のプロジェクトが終了した後に存在する商品化に向けた工程につ
いて考察するために，UCI Lab. が継続的に関わった事例を取り上げた。確認してき
たように，最初のコンセプトがどれだけ明確で具体的であろうと，そのまま商品化
にたどり着くわけではない。節目節目で調査から得たユーザーの声や現場の状況を
召喚しながら対話的に進路を修正していく必要がある。さらに踏み込んだことをい
えば，もし企業がイノベーションを目指すのであれば，本来は組織内の意思決定や
目標設定の仕組みから変えていくべきだ。しかし，もしすぐに仕組みを変えられな
いのなら，現場で「これはユーザーにとって価値があるか」を判断し続け，現状の
社内プロセスで説得できるようにすることが非常に重要な要素になる。そのように
個別の状況のなかで「なんとかしてユーザーにとっての価値を保つ」ことが UCI
Lab. の役割であり，プロジェクト終了後もその進捗を見守って，必要なら関わり続
けようとする理由である。

　さらに本章では，UCI Lab. 内部でのチームメンバー間での役割分担についても，
渡辺と大石の役割分担を事例にして簡単にふれた。自分たちを「対話を強みとする
組織」と定義し，民主的なプロジェクトの運営を目指す以上，それぞれの役割が明
確で建設的な議論ができる組織づくりもまた UCI Lab. の最終成果物の品質を向上
させるための重要な仕事だ。その具体的な実践方法に唯一解はなく，構成するメン
バーの個性や志向によって柔軟に対応されるべきであろう。

【参考文献】
クリステンセン, C. M. ／玉田俊平太［監修］／伊豆原弓［訳］(2000).『イノベーション
　　のジレンマ——技術革新が巨大企業を滅ぼすとき』翔泳社
ゴビンダラジャン, V., & トリンブル, C. ／渡部典子［訳］(2012).『リバース・イノベー
　　ション——新興国の名もない企業が世界市場を支配するとき』ダイヤモンド社

06
健全な格闘のために必要なもの

UCI Lab. にとっての「合理的」とは

　ここまで，UCI Lab. で実際におこなわれたプロジェクトの一部をエピソードとして取り出しながら，イノベーションの現場でどのような目にみえない「格闘」がおこなわれているのかをみてきた。それはおそらく何らかの理論や方法論に漂白されることを拒むような，個別の現場の状況に応じた判断と応答を繰り返す地道な営みであった。

　それでは，UCI Lab. はなぜそのような思想のチームになったのか。そして私たちは，日本のイノベーション業界全体のなかでどのように位置づけられるのか。第1部の締めくくりとなる本章では，UCI Lab. の背景にある二つの点について記述しておきたい。一つは序章でみてきたような「デザイン（思考）」の流れと UCI Lab. との関係性について，もう一つはラボにとってプロジェクトの実践を支える「専門性」をどう定義しているのかについて考察していく。

1　デザイン思考と UCI Lab.

　序章で整理した「デザイン」や「デザイン思考」という概念／キーワードの流行と UCI Lab. の実践や価値観との関係性をみていくにあたって，まず少しだけ個人的な話をしたい。UCI Lab. という組織が立ち上がる経緯にはさまざまな側面があるので，その客観的な説明は第3部での北川に譲り，ここでは現在の UCI Lab. に至る理論や思想的な背景について，個人的な経緯から説明を試みる。

　私は 2004 年ごろ，株式会社 YRK& が某グローバル消費財メーカーの流通向けマーケティング業務についてのパートナーエージェンシーになるまでの一連の経緯を主要メンバーの一人として経験した。当時そのメーカーでは，それまでマスメディア中心だったマーケティングを，店頭やデジタルまでを統合した新しい展開に移行していく世界的な変革の時期にあり，パートナーエージェンシーである我々にも同社のマーケティングのフレームワークに関するトレーニングを受講することを

要請し，あくまでそれに沿った execution[1]（業務遂行）が求められていた。この一連の業務やトレーニングのなかで，渡辺は実務に必要な IMC（Integrated Marketing Communication: 統合マーケティング・コミュニケーション）の領域などに加えて，より消費者（consumer）を中心に据えたマーケティングの新しい流れについて，またそういったフレームワークに基づいて動く組織設計や文化を実際に体験することができた。

　こうした新しいマーケティングの潮流と縦割りではない組織の動き方は，いずれも包括的（holistic）であろうとする志向から生じていたが，当時はまだ明確な固有の名称は与えられていなかったと思う。私は業務とは別に，このようなグローバルでのマーケティングの傾向を少ない日本語の情報のなかで集めていて，そのなかには「ワークショップ」や「Design for the Other 90%」[2] や「BOP ビジネス」といった領域も含まれていたが，実際のプランナーとしての業務は販売促進中心で知識を活用する先がない状態だった。

　深まっていく学びと実際の仕事の範囲が乖離していく感覚に悩んでいたなかで，私は 2008 年 4 月に専門職大学院（MBA）へ社会人学生として入学した。この MBA には幸い「ロジカルシンキング」のような「ビジネスの現場ですぐに役に立つ」ことを意図した授業科目はなく，研究者教員による授業科目が比較的充実していたように思う。この 2 年間で私は座学としての学びを深めつつ，同時に学生間の交流を通じて会社内のプランナーとして動くのとは違うさまざまな視野と行動パターンを学んだ。もう少し詳しく述べると，研究者教員の授業からは各分野のグランドセオリーに遡って視野を深め拡げるという研究における基礎的な作法を教えられたし，実務家教員の授業からは理論と実践をつないでいくために考え続ける視座を得た。さらに，さまざまな課題ワークでの学生間の共同作業は会社の職能や関係を超えた「社会のなかでの自分の役割や期待」についてメタ認知を得る機会になったし，授業外でも同級生間で具体的なビジネスのやりとりがおこなわれ，実際に自らもつなぎ

---

1) いわゆるグローバル企業では，戦略を立案することと同時に，実行することとその能力を重視する。このとき，日本語に訳さずにある種の業界用語として「execution」と表現されることが多い。ここではその感覚を優先している。
2) デザインをいわゆる先進国に住む富裕層 10%のために用いるのではなく，残りの 90%の人びととの問題解決に用いること。「特別に魅力的というわけでもなく，機能も限られていることが多く，価格は非常に安い。だが，そんなデザインが人間の生活を変え，時には命を救う可能性さえ秘めているのだ」（スミス 2009: 13）。

つながれる動きのなかに身をおくことで，人と人とのつながりからビジネスを生成していく自営業的で能動的な動き方を学んでいった。

　このような状況のもと，2009 年ごろにあるきっかけからクライアントの商品開発／新事業開発に関わることになった。このときに急いで読み漁った知識のなかで，最も参考にした理論が，アダプティブ・パスのメンバーによって書かれた『SUBJECT TO CHANGE』（マーホールズほか 2008）と日本の商品開発コンサルタントの重鎮の梅澤伸嘉による MIP 理論[3]であった。UCI Lab. 設立前夜の私たちは，これら国内外／新旧二つの理論を折衷しつつ，さらに自分たちのプロモーションの現場での実践経験を取り入れるところからスタートした。

　『SUBJECT TO CHANGE』はそのタイトル（直訳すると「予告なく変更されることがあります」の意）が示すとおり，主にソフトウェアの開発における体験の視点やアジャイル開発の重要性について解説したものである。「体験こそが製品」と主張する同書では，「デザインとは，ビジネスの視界を開くこと」であること，「デザインは行為」（共感・問題解決・アイデア創出とプロトタイピング・選択肢を見つける）であり，デザイナーのためのものではないこと，「ビジネスを成功させるためには，デザインが「組織コンピテンシー」になる必要がある」ことなどが説かれていた。その骨格はデザイン思考と同じである。しかし，まだ本文中には「デザイン思考」という言葉は一度も出てこない。当時はまだ UX の適切な訳語も定まっていない時期であった[4]。

　同書にデザイン思考とは書かれていなかったが，一連のホリスティックなプロセスは私がずっと断片的に学んできたいくつかの領域をつなぐものだったし，私たちがわざわざ新たに商品開発の分野に参入する意義を与えてくれる気がした。当時私は自分たちの存在意義を，ソフトウェアやウェブ分野で注目されていた UX デザインのアプローチと従来からの新商品開発の理論とをうまく統合して，より一般的なハードウェアの新商品開発に展開することだと考えていた。こうして，UCI Lab. の立ち上げにつながるいくつかのクライアントワークが始まった。UCI Lab. は，クライアント内部に根付いた従来からの連続的で部分最適なマーケティングの組織や商品開発プロセスを打破することを目指していて，より包括的な取り組み方や顧客の

3）具体的に参照したのは，たとえば梅澤（2004）などである。
4）それからほどなくして『デザイン思考が世界を変える』（ブラウン 2010）が発売され，渡辺は「なるほど，こういう全体を「デザイン思考」というのか」と初めて知った記憶がある。

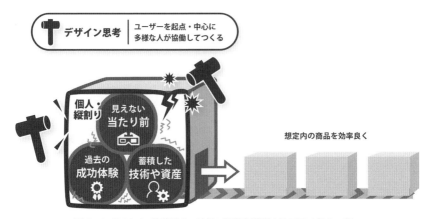

図6-1　UCI Lab. がデザイン思考の意義を説明するスライドの一部

体験を軸にしたプロセスの再構築について試行錯誤を進めていた。そして，ほぼ同時期にそれらの概念が重なり合う位置に「デザイン思考」という名前がつけられて広い認知を得ていく。当時デザイン思考という言葉から想起されるイメージは，序章でみてきたような研修のテーマにもなりうるような体系化されたスキルセットではなく，むしろ従来の体系化されたやり方を破壊して再構築していくための主張や実践の哲学であり，表層的な方法論とは異なっていたように思う。そして今でも，私がデザイン思考という言葉を用いるときの意図は本来もっていた意味合いを指している。

　この頃に UCI Lab. が担っていたのは，技術開発に先立つあるいはそれを裏づけるためのユーザーの理解やアイデア創出，事業戦略といった調査企画領域が中心で，より「デザイン的」なプロトタイピングの領域は後から徐々に付け加えられていった。また，YRK& 社内には（渡辺が所属していた）プランニング部門とは別に広告販促分野での「デザイン部門」が存在していて，私たちの職能を（広義のとはいえ）デザイナーと名乗ることには若干の違和感があった。私たちはデザイナーの思考法の一部を学ぶことはできても，他者に教え広める正統な立場にはない。このような経緯と立場への認識があり，チームを立ち上げる際には自分たちの業務領域を「デザイン」と名づけることは避けて，より広範囲な「イノベーション全体」とした（User Centered Innovation）。このようなデザインとの距離感は，ラボにデザイナーとして田中が参加した後でも変わっていない。

　そうはいっても，広義のデザインが目指す理想には共鳴する部分も多く，デザイン思考は私たちの活動を対外的に説明する入り口としては便利な言葉でもあった。それゆえ，デザインという言葉を（括弧付きで）相手と状況に応じて使ったり，使わなかったりしてきた。ただ，私の本音をいうと「デザインの専門教育を受けていないこと」「体系化されたメソッドの水平展開を志向していない」ことから，私たちが「デザイン思考」という言葉を用いることに対してはやはり違和感が拭えない。誤解を恐れずにいえば，私たちが目指す専門能力とは，おそらくそういったラベルとは違うところにあるものだというのが私たちの主張だ。では，UCI Lab. にとっての専門性とは何を指すのか。

2　UCI Lab. にとっての専門性

　2012 年の秋にラボを立ち上げたころ，ある知人から「同業者との差別化のためには，デザイン思考のなかで，どのようなターゲットや業界が得意なのか決めた方が良いんじゃないですか」というアドバイスをもらった。正論であるが，私にはデザイン思考を応用展開してそのなかで差別化をするという意識はあまりなかった。第 1 節のとおり，顧客の体験を軸にした包括的なプロセスの再構築を目指す私たちにとって「デザイン」という言葉はまだ自分たちと距離のあるものだった。また，デザイン思考については，「このとおりにやればできる」という決定的なセオリーではなく，他人（クライアント，社内，チームメンバー）に説明しやすくなる，便利な，しかしあくまで暫定的な概念と考えていたように思う。そして私は，デザイン思考について学んでチームの能力にするというよりは，先述のビジネススクールで得た「グランドセオリーに遡る」という行動原則に則って，デザイン思考が引用しているようなさまざまな理論に遡り，自分たちが使えるものとして再構築しようとしていた。つまり，私たちにとってデザイン思考は，対外的な説明には便利な言葉だが，内部においてはマニュアルやツールではなく，何を学んでいくべきかについての見取り図のようなものだった。

　私がこのとき学んでいったのは，エスノグラフィ，臨床心理学，認知心理学，現象学といった質的調査に関連する分野から，UX のようなデザイン思考に比較的直接関連しているもの，当事者研究やユマニチュードといった介護看護分野で人との関係を扱うもの，企業文化やシステム理論，演劇論といった一見直接関係なさそうなもの，従来からの商品開発学や社内ベンチャー論といった基本的なものまで非常

に多岐にわたる。そして，おそらく重要なのは，それらをビジネス書ではなく，できるだけ学術書まで遡っていったことにある。

　一体なぜこのような一見無計画で雑食な知識を摂り込んでいくのか。たとえば先に挙げた「ユマニチュード（humanitude）」という概念を取り上げてみる。上述のとおりユマニチュードはイノベーションやマーケティングの専門用語ではない。介護業界において，特に認知症高齢者に向けたケアで用いられる概念で，人間らしさを取り戻したケアの実践についての哲学と技術のことである。考案者のイヴ・ジネスト氏は，「ユマニチュードは認知症の人や高齢者の人に限らず，ケアを必要とするすべての人に向けたコミュニケーションの哲学であり，その哲学を実現させるための技法」であると述べている（ジネスト＆マレスコッティ 2016: 6）。従来の認知症介護の現場では患者をコミュニケーションが成立しない非人間的なものとして効率的に取り扱っていたのに対し，「見る」「話す」「触れる」「立つ」という人間の特性に働きかけることで，ケアされる人が「自分が人間である」ことを思い出してもらい，ケアを通じて絆を結ぶことを可能にするという。それは患者だけではなく，ケアする側の尊厳をも取り戻す行為になりうる。もちろん，そのためには単なる想いだけではなく実践の技法を習得することが必要だ。このようなユマニチュードの考え方に基づく相手への接し方，コミュニケーションの哲学と技法の併存は，まさに相手が起点で中心になっている点で，UCI Lab. が追い求めるプロジェクトのプロセスにおけるクライアントとの対話的協働のあり方や，最終的に生み出す商品コンセプトやUX ストーリーにおけるユーザー起点的なあり方ととても似ている。もっといえば，マーケティングの本質そのものともいえるのではないか。

　このように，私たちはマーケティングやイノベーション，デザイン思考について，誰かによってすでに体系化されたものを学ぶよりは，一見関係がなさそうな領域にみえて，実は物事に対する向き合い方が近い人たちや理論を探して，独自に学んだり交流したりすることで何らかのヒントを得ようとしてきた。それは一見すると無計画で非効率的な行為に感じられるかもしれないが，長期的な視点ではとても合理的な学びの態度だと信じている。

　そしてこのような取り組みの延長線上に，自社 Web サイトでの研究者へのインタビュー[5]や，第 2 部担当の比嘉と協働しての探究や，第 3 部の北川によるフィールドワークの受け入れといった，いわゆる学術研究者とのコラボレーションがある。もし UCI Lab. が大きくて有名な企業のなかにあれば，自分たちのビジネスに今すぐ活用するために，こうした専門家の知見を，既成品として「購入」するとか，推奨

による「権威づけ」の手段にするという発想が生じるだろう。つまり基礎的な研究を「時間を買う」[6]効率化の対象にできるかもしれない。しかし，私たちには残念ながら，また幸いにも，そのような資金力やネームバリューはない。そこで，私たちが研究者との協働をする際には，お互いが意義を感じる目的や目標について対話を通じて探り合うところから始めざるをえない。

　つまるところ，UCI Lab. にとっての「専門性」とは何なのか。それは，事前に成果を予測することが難しいプロジェクトを売りやすくするための方法論や，メンバーの専門能力をみえやすくするための資格ではないし，そのような原理原則を現場に「機械的」に適用することでもない。私たちの考える専門性とは，対話を重ねるなかで信頼関係を築いていくための真摯さや哲学を身につけていることであり，現場の個別の状況にあわせてリフレクティブに判断し行動していくために必要な訓練を積んでいることを示す。それができて初めて，私たちがクライアントの状況に役立ち，ユーザー起点の価値創造に迫ることが可能になる。だから，現場での都度の判断はその迷いや選択の理由も含めてクライアントに隠すことなく開示して対話される。このような対話の姿勢は，実際に一緒に手を動かすなかで相手（クライアント，外部協力者，調査対象者など）にも伝わっていくとも感じる。

　では，このような現場で真摯に応答できる専門能力をどうすれば習得できるのか。最近は，「デザイン思考の次」という言い方で「教養」や「アート（思考）」が注目されている。しかし，「一見すぐに役に立たないものが，いかにビジネスにとって意味があるか」という論の展開もやはり，「ある専門知識の有用性や優位性を明瞭に説明したい」「有用性の約束されたものを効率よく身につけたい」という競争の枠から逃れられていない，と私は思う。結局のところ，UCI Lab. が考えるような個人／チームの専門性を身につける術は，多様な現場で格闘し続けること，さらに自分たちのありたい姿に重きを置いて決して確実性や最短距離を追わないような学習を重ねることで，時に軌道修正もしながら少しずつ自分（たち）のものにしていくような日常の営為の先にしかない。そして，まずは恐る恐るでもその一歩を始めることからしか得られないのではないだろうか。

---

5)「学問する UCI Lab.」〈http://www.ucilab.yrk.co.jp/interview.html（最終確認日：2020 年 4 月28 日）〉

6) ビジネスにおいては，M&A（企業買収）の目的の一つとして，有形や無形の資産を得ることをこのように表現することがある。

3 「合理的」の基準をどこに置くのか

　ここまでで述べてきたように，私たちの現場では，ある手法でシステマティックに答えを導き出すのではなく，個別の状況に対してその場で最適な対応が求められる。そのような応答能力は「今役に立つもの」の習得では足りず，「いつか役に立つかも知れない何か」を引き出しにストックしておくことによって初めて切符を手にすることができる。現場でのさまざまな格闘の末に，私たちに直観や偶然をもたらしているのは決して幸運ではなくて，表層の筋書きにみえていない，別の筋の一見非合理的で私たちにとっては至極合理的な準備や鍛錬だと思っている。

　すでに読者は理解しているだろうが，第1部で渡辺が記述してきたことは，UCI Lab. 独自の方法論の完成を宣言するものではない。個別の複雑な状況にきちんと向き合い真摯に試行錯誤できるための格闘能力や環境は，そういったわかりやすい方法論の先にあるものだろう。そもそも私たちは方法論を導入して最短距離で自動的に「答え」に到達するようなプロセスを目指していない。何かをわかるとかつくるということは，対話的態度や協働の面倒さをいとわない実践を通じて具体化されるものだろう。

【参考文献】

梅澤伸嘉（2004）.『ヒット商品開発──MIP パワーの秘密』同文舘出版

ジネスト, Y., & マレスコッティ, R. ／本田美和子［日本語監修］（2016）.『「ユマニチュード」という革命──なぜ，このケアで認知症高齢者と心が通うのか』誠文堂新光社

スミス, C. ／槌屋詩野［監訳］／北村陽子［訳］（2009）.『世界を変えるデザイン──ものづくりには夢がある』英治出版

ブラウン, T. ／千葉敏生［訳］（2010）.『デザイン思考が世界を変える──イノベーションを導く新しい考え方』早川書房

マーホールズ, P., シャウアー, B., ヴァーバ, D., & ウィルケンズ, T. ／高橋信夫［訳］（2008）.『SUBJECT TO CHANGE──予測不可能な世界で最高の製品とサービスを作る』オライリー・ジャパン

おわりに

　各章では「総合的」「統合分析」「身体性」「一貫性」「合理的」という一見捉えどころがないキーワードについて，実際の事例を詳しくみていくことから考察を進めてきた。第1部の冒頭から述べているように，これらのシーンはあくまで個別の状況に合わせたUCI Lab.の応答の一例であり，そのまま抽象化して再現できるような類ではない。私たちはこれまで，そして本書のなかでも「これが正解」と断言するような方法論を注意深く避けてきた。しかし，ある種の共通の姿勢や原則を見出すことができるかもしれない。私がここまで「格闘」と名づけて検討してきたものを支える基盤は何なのか。

　ここで私がビジネススクールで学んだ理論の一つを紹介したい。著名な経営学者であるヘンリー・ミンツバーグは，さまざまな業種の29人のマネジャーに一日密着した調査による研究を通じて，通俗的な「マネジメント」論におけるカリスマリーダーのような神話や幻想をことごとく否定していった。曰く，「どんな場面でも通用するマネジメントの必勝法など存在しない」（ミンツバーグ 2006: 24）。実際のマネジャーは，体系立った計画に基づいて部下や状況を抜かりなくコントロールするような存在ではなく，次々降りかかる多数の課題（いまいましい問題）とジレンマを，細切れで中断されるなかでも同時並行で対処し続けるようなタフな実践者であるという。つまり，マネジメントはサイエンスでも専門技術でもない実践の行為であり，主に経験を通じて習得されるものである。そして，「かなりの量のクラフトに，ある程度のアート，それにいくつかのサイエンスが組み合わ」（ミンツバーグ 2011: 16）さったバランスでおこなう関与型のマネジメントが望ましい[1] と主張した。さらに，マネジャーの最大の眼目は，合成（Synthesis）を目指して，休むことなく奮闘し続けること，いつまでもゴールにたどり着かなくても，どの程度近づいているのか見当さえつかなくても，その努力を続けることだとも述べている（ミンツバーグ 2011: 338–339）。

---

1) ミンツバーグ（2006: 125）はこの三つをマネジメントに必要な3要素として定義し「アートは，創造性を後押しし，直観とビジョンを生み出す。サイエンスは，体系的な分析・評価を通じて，秩序を生み出す。クラフトは，目にみえる経験を基礎に，実務性を生み出す」と説明している。たとえば，「戦略」について，アートの視点ではビジョンづくり，サイエンスは計画，クラフトは冒険と捉えるという。

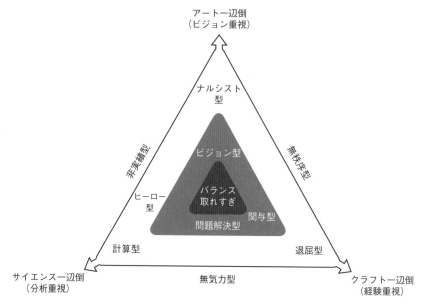

　●ミンツバーグによるマネジメントスタイルの三角形（ミンツバーグ 2006: 125）

　私が「イノベーション」への向き合い方で述べたいことは，ミンツバーグの主張における「マネジメント／マネジャー」を「イノベーション／イノベーター」に置き換えてもほぼ成り立つように思える。結局，イノベーションは体系的な分析や評価で秩序立てて生み出せるようなものではない。そこには魔法や方程式はなく，ただ個別の現場のなかで対話して協働することを通じてしか生み出すことはできないものであろう。このような信念が，私が格闘と呼ぶ試行錯誤や一つひとつの選択を支えてきた価値観だと思う。

　もちろん，このような取り組みをしているのは UCI Lab. だけではなく，イノベーションを目指す事業会社やエージェントには，私たち以上に地道な取り組みを日々実践している人やチームがたくさん存在しているはずだ。だから，この第 1 部は私たちの独自性や差別性を主張するものではない。私たちの実践や考えのどこかに共鳴したりあるいは違和感を感じてもらって，何かしらの応答をしてくれる人がいることを願い，新たな対話や協働を呼びかけるつもりで，可能な限り包み隠さず記述した。

　さて，本書の題材の「当事者」によるこれまでの考察には，その様相を詳しく記述できる利点があるものの，客観的な視点には限界がある。これまでみてきたような UCI Lab. における実践は，そこに参画している外部メンバーからはどのようにみえているものなのか，またこのような組織はどのような要因が揃って誕生したのかについては，続く第2部と第3部で詳しく検討されるであろう。

【参考文献】
ミンツバーグ, H. ／池村千秋［訳］(2006).『MBA が会社を滅ぼす──マネジャーの正しい育て方』日経BP 社
ミンツバーグ, H. ／池村千秋［訳］(2011).『マネジャーの実像──「管理職」はなぜ仕事に追われているのか』日経BP 社

UCI Lab. と人類学者による
対話と協働

———— 比嘉夏子

はじめに

　第 2 部では，UCI Lab.（以下では便宜的に「ラボ」とも呼ぶ）と人類学者である筆者（比嘉）の協働について，これまで実施してきたプロジェクトの事例とそこで生じた出来事の分析を中心に描いていく。人類学者がある組織に関わるとき，その組織を研究対象として参与観察をおこない，そのようにして集めたデータから組織の考察や理解を試みると一部の読者は思うかもしれない。だがそうした一般的な役割と，本書のそれとは異なることをまず断っておきたい。後にもその経緯を説明するように，ここでの私たちの関わりは，研究をする側（主体）とされる側（客体）という関係性ではなく，私たちの仕事は，両者がともに探究する主体として異なる立場から協働し，そこから特定のテーマや課題への接近を試みる作業であった。

　なおここで紹介するのは私がラボと実質的に関わり始めた 2018 年 1 月以降の出来事であり，私が参与していたのは当時のラボのプロジェクトのうちのごく一部にすぎない。その意味においてこれは必ずしも「UCI Lab. の実践の全体像」を描くものではなく，第 1 部で渡辺がラボについて自身の視点から語ったように，ここでは協力者／共同研究者としての比嘉の視点から私たちの実践の詳細が語られる。一方で以降で紹介するプロジェクトの多くは，イノベーションの現場あるいはこのラボの実践のなかでも重要な部分を示していると考えている。また人類学的な見地からすれば，こうした個々の実践を詳細に記述し分析することこそが，おのずとかれらの／私たちの根底に流れる思想をも明るみに出すはずであり，その点についてはこの部の末尾にて触れることとしたい。

　「第 7 章　人類学者が「イノベーションの現場」に入るとき」では，私がなぜ，どのようにして UCI Lab. と関わることとなったのか，そして協働を進めてきたのか，これまでの経緯を示す。また研究者（ここでは特に人類学者である筆者）が，このような組織と共に手足を動かしプロジェクトに参与するということが，プロジェクトそれ自体の構造および内容にどのような影響をもたらし，また相互参照的にビジネス的なリサーチおよび人類学的なリサーチの制約や可能性を明らかにしたのか，その概要を示す。「対話」的な実践に一つの特徴をもつこの組織が，チームの外部から来た人類学者と出会いコミュニケーションを重ねながら意思決定を進めることは，それ自体が新しい経験であり，模索的な試みであった。

　「第 8 章　協働における試行錯誤と柔軟性」では，UCI Lab. と私が協働して携

わったプロジェクトの事例を可能な限り具体的に紹介しながら，調査および対話の
プロセスのなかで生じた課題や，そこで私が感じ，表明した戸惑いと，それに対す
る渡辺の応答や調整について考察する。ビジネス的なリサーチの手法や姿勢と人類
学的なそれとの差異は，たんに理念的なものとして論じられるのではなく，実際に
協働的な作業を進めるなかでこそ，手法や感覚の差異として具体的な形を伴って立
ちあらわれる。人類学的な（あるいはエスノグラフィックな）調査において調査設計
の柔軟性は重要な前提の一つだが，それはすなわち調査者自身が柔軟な姿勢をもた
ねばならず，常に柔軟な判断が問われるということでもある。

　「第9章　協働的なリサーチとは何か」では，前章での具体的な事例に立脚しつ
つ，この種の実践がもつ特徴とその意義を考察する。渡辺も第1部で述べているよ
うに，このようなリサーチは，本質的な意味でマニュアル化されえない営みである
ことを人類学者の側からも確認する。そうしたマニュアル化の不可能さは，技術的
な問題というよりも，実存的な意味においてであり，その点を理解しながら地道に
実施し続けられるかどうかが問われているのである。

07
人類学者が「イノベーションの現場」に入るとき

1 UCI Lab. との対話の始まり

■ 1-1　個人による研究から協働的な探究へ

　まずは個人的な話から始めたい。学部時代から人類学を学び，それ以降オセアニア島嶼社会の経済実践と相互行為に関する研究をおこなってきた私は，博士論文を単著（比嘉 2016）として出版した後，その後の自分の研究をどのように進めていくかを模索していた。そこでは人類学研究の多くがそうであるように，日本から遠く離れた地での長期にわたるフィールドワークをおこない，そこに暮らす人びとと公私の境さえも曖昧になるような密な関係を取り結び，そうした人びととの関わりのなかでこそ得られた多様なデータをもとに，かれらの日常実践を民族誌として描きだした。その研究成果については上述の著作を参照されたいが，いわゆる古典的なフィールドワークに基づく人類学の研究手法を用いて，そこから他者理解へと至ろうとする長い道のりは，（おそらく多くの人類学者がそうであるように）自分自身の認識や世界との関わり方にも深い影響を及ぼした。

　その後の研究の展開を考えるにあたり，自分の主な関心は「何を」あるいは「誰を」研究するのかという研究対象の選択よりも，むしろ「どのように」「誰に向けて／向かって」研究をするのかという，研究の方法やそのあり方自体に強く向かっていた。折しもその頃に一般社団法人による社会調査プロジェクトに参画し，専門分野もバックグラウンドも異なるメンバーたちとチームを組み，共にリサーチを実施する機会に恵まれた。エスノグラフィックなリサーチの設計からインタビューやフィールドワーク，データ分析までを複数人で実施するという経験は，それまで自分がおこなってきた個人による研究のあり方とはまったく異なるプロセスであり，試行錯誤の連続であったが，人類学者個人の仕事では決して到達しえない領域があるということを身をもって経験した。またこのように多様な人びと協働することによってこそ立ち上がってくる人類学の新たな可能性についても，強く予感するこ

とができた。

■ 1-2　ジャカルタ自主調査

　上述した状況と個人的関心のなかで，私は「人類学の外」のさまざまな人にも出会いながら，いったいどのような形で「人類学的／エスノグラフィックな」仕事を「誰かと共に」おこないうるのかを模索していた。たとえばコンサルティング会社や民間のシンクタンク・研究所，リサーチ会社等，人類学的な経験と社会との接続可能性を探るべく，当時の私はさまざまな企業や団体の人に会い，話を聞いた。そこで出会った一人が，UCI Lab. の渡辺であった。すでに述べられているように，UCI Lab. では以前から多様な領域の学術研究の知見を積極的に取り込み，自分たちのプロジェクトへと反映させており，そこには人類学やエスノグラフィへの関心も含まれていた。渡辺とは互いのこれまでの仕事と関心について簡単に共有した後に，「まずは何かを一緒にやってみましょう」というところから始まった。そして私たちは，ジャカルタへの自主調査に出かけることにした。この自主調査で私たちは，「インドネシア，特にジャカルタにおける「食と健康」について人びとの習慣と価値観を理解する」ことをテーマとして掲げ，調査の設計から約 5 日間の現地調査，そして帰国後のデータ分析と振り返りに至るまでを共におこなった。この調査内容についてはウェブサイト[1]ですでに公開されているため，詳細に興味のある方はそちらを参照していただくとして，ここでは主に，異なる立場や専門のメンバーが協働を模索し，互いの経験や視点を率直にすりあわせていくなかで明るみになった手法的な差異など，興味深かった点を紹介しておきたい。

　次章でも詳しく検討するが，実はこの自主調査時点からすでに，その後の UCI Lab. と比嘉とで実施するプロジェクトにも連なる意識が設計として組み込まれていた。それはつまり，「プロジェクトの内容的な／テーマの探究的な理解」という目標と，「プロジェクトの手法的な／内省的な理解」という目標の二つが，一つのプロジェクトにおいて同時進行しているという点である。特にこの自主調査は私たちの初めての協働的な仕事であったことから，互いの「調査の進め方」は具体的なレベルにおいてほぼ未知であり，まずはそれを体感しつつ理解することに重きを置いていた。したがってジャカルタの調査では，「現地社会を観察する人類学者を UCI Lab. が観察」し，また「UCI Lab. のリサーチのしかたを人類学者が観察」するという相

---

1) https://www.ucilab.net/（最終確認日：2020 年 4 月 30 日）

互的な入れ子構造を基本的に採用しつつ，また現地調査の日程のなかでは，UCI Lab. 的な通常のリサーチのやり方（現地家庭訪問調査とインタビュー等）をかれら主導で進める日と，人類学的なフィールドワーク寄りのやりかた（事前のアポやアレンジはなく，気になる場所をとりあえず歩いてみる等）を比嘉主導で進める日とを設定し，互いの手法について得られた気づきをも積極的に共有していった。それまで自らの手法やフィールドワークにおける意思決定のプロセスをさほど自覚することなく一人で進めてきた私にとっては，この経験はとても新鮮でなおかつ示唆に富むものだった。

「チームでの調査」というとき，ここではチームの全員が同じ手法を用いることを意味していない。あるいは各々のメンバーが調査領域を分けたり専門性における分業をしたわけでもなかった。このときの私たちは全日程において行動を共にしつつ，部分的にはそれぞれのやり方を導入した調査を実施し，それを相互に参照し，フィードバックしあう，それでいて全体としては同じテーマについて共に考え続けるという，この時点からそうした協働のしかたを採用していた。

そのような対話や相互の参照の積み重ねとしてのジャカルタ調査は，各々が暗黙のうちに抱いていたいくつかの前提をも明るみにした。おおまかにいえばそれはマーケティングリサーチの技法と人類学の技法における「常識」の差異であり，具体的には UCI Lab. と比嘉がそれぞれの仕事や手法に対して抱いていた先入観の差異でもあった。問いの立て方や調査の設計方法，現地の人やテーマに対する接近のしかたや，インタビューの技法，得られたデータの分析手法など，調査の各段階においては互いに新たに気づくことが必ずあり，学ぶことが多くあった。たとえば事前の調査設計の段階で，現地でのスケジュールを決めるべく打ち合わせを実施した際から，そうした違いは明るみになった。

> 事前に準備を進める段階で「比嘉さんは現地でどこを観たいですか？」と尋ねられたとき，思わず考えこんでしまった。いつも自分はフィールドでどこに足を運び，何を観ていたのだろうか？（…中略…）特にフィールドワークのような現場で何を観るかといったレベルの細かい選択に関していえば，これまでのさまざまな調査の経験を拠り所にした「嗅覚」みたいなものも，おそらく総動員していると思う。

> そしてさきほどの問いに対して出てきた私の答えはとても単純なものだった。
> 「人が集まるところを観たいです，たとえば市場とか。個人個人を観るので
> はなくて，そこに集う人たちのあいだで，会話ややりとりが生まれているよ
> うな生活の場面を観たいです」[2]

たとえばこのように「現場でまずどこを／何を観るのか」という点についても，
私自身の調査経験と研究関心との交わり合うところから咄嗟にこう回答したわけだ
が，そこにはもちろん絶対的な正解など存在しない。またそれは個々の人類学者に
よっても異なっているであろうし，私もこのように問われなければあえて深く考え
たことのない点だった。通常，私が個人でおこなう人類学のフィールドワークにお
いては，調査地／訪問先が初めて訪れる場所であればなおさら，おおまかな予定や
方針を立てることはできても，その行程をそこまで詳細に詰めておくことはなく，
仮に立てられた予定もその場の状況に応じて臨機応変に変更することが常である。
そしてこうした一つひとつの選択には個人差があり，現場の個別の状況性があると
はいえ，「何を観たいのか」「どのようにアプローチするのか」を軸として調査は進
むため，このような本人（調査者）の視点やそれに基づく小さな意思決定を言語化
しておくことも重要なはずである。

　私がこのようにさまざまな気づきを得る一方で，現場での私のやり方をそばで観
察していたラボの大石もまた，私のアプローチに新鮮さを感じ，自身が馴染んでい
る通常のリサーチの枠組みとの差異を指摘していた。

2）比嘉「ジャカルタ調査　2日目のこと」〈https://www.ucilab.net/fieldwork（最終確認日：
　2020年4月30日）〉

> 今回のフィールドワークで印象的だったのは，JAMU CAFÉ のカウンターで
> じっと座っていた姿や，大量のニンニクをさばくお店をじっとのぞいていた
> 姿。私だったら，「何してるんですか？」「それは何ですか？」と声をかけた
> くなるところだが，比嘉さんは違う。比嘉さんの基本姿勢は "待つ" という
> ことらしい。自分から質問をぶつけてしまうと，自分の疑問を埋めてもらう
> という "主客" が生まれてしまう。だから，相手を知ろうとするには，相手
> にターン（コミュニケーションの始まり）をとらせた方が，相手の言いたいこ
> とが聞けるというのだ。たしかに，こちらが質問を発した時点で，相手はこ
> ちらの質問には答えてくれるかもしれないが，それ以外のことは答える必要
> はないと判断してしまうかもしれない。この，相手にターンをとらせるとい
> うスタンスも，答えが必要となるビジネスの調査ではなかなか実行が難しい
> と感じた。[3]

　大石の感想に対し，逆にこちら側の視点からいえば，大石が実施するインタ
ビュー場面に同席した際に私は，「自分と違って彼女はかなり積極的に質問をする
のだな」と感じていた。限られた時間のなかで必要な情報にアクセスしようとする
マーケティングリサーチ的なインタビューに特有の論理を身をもって知るとともに，
どうやらそれは手法の差異というだけではなく，わかろうとしていることの射程や
領域の差異，対象との出会い方の違いもあるように思われた。

　このようにして互いに自らの「常識＝当たり前」が揺さぶられる経験を得たとい
う意味においては，まさに人類学的フィールドワークと同様のステップ，あるいは
ある種のリフレーミングが，私たちの間にも生じていたといえる。なお UCI Lab. が，
クライアントとの対話を重んじ実践してきた組織であることは第 1 部で述べられ
たとおりだが，当時の私についていえば，複数の企業や団体とのプロジェクトに関
わっていたものの，チームでのリサーチ経験はまだ乏しかった。とはいえ人類学者
としての私は，それまでにもフィールドに長く入り，そこにいる人びととの丁寧な

3）大石「比嘉さんフィールドワークを体験〜 JAMU CAFÉ & パサール巡り〜」〈https://www.
　　ucilab.net/day4-feb-24-1（最終確認日：2020 年 4 月 30 日）〉

対話を積み重ねてきた。すなわちその対象がクライアントであれチームのメンバーであれ，あるいはフィールドの人びとであれ，対話というプロセスにこそ重きを置くという点において私たちには共通項があり，その姿勢を互いのコミュニケーションへと拡張し照らしていくようなところから，この協働が始まっていったのかもしれない。

渡辺からのコメント
①関係の立ち上がり方の重要さ

　比嘉は本文で「まずは何かを一緒にとジャカルタへの自主調査に出かけることにした……」とさらっと書いているが，もちろんこれはビジネスの世界ではなかなか「衝撃的な」展開である。なぜなら，このプロジェクトはクライアントからの依頼ではない自主調査であり，それなのに海外に出かけようとしている。そしてこれは比嘉と UCI Lab. との初めての協働であり，そもそも彼女との初対面はジャカルタに飛び立つたった 3 か月前だった。もちろん，これを実現できた背景には，UCI Lab. 側では以前からおこなっていた学術研究者との交わりという素地や，母体である YRK& との対話的関係性の発展でより柔軟に動ける環境が整ってきたこと，YRK& の海外進出（関連会社 Business Engine Asia の立ち上げ）といった偶然があり，比嘉の側では元々の行動の軽やかさと第 2 部の冒頭で述べられていたキャリア上のタイミングも幸いした。それにしても，これは今思えば不思議な展開であり，同時にその後の UCI Lab. の進路に大きな影響を及ぼす必然でもあった。おそらく，これは人類学者なら誰でもといったものでもなく，イノベーション業界の会社ならどこでもというわけでもない，ある程度個人の属性でしか説明できない部分も大きいのだろう。

　そもそも，私たちが初めて直接会って対話したときには，まだ何か仕事を一緒にすることさえ前提にしていない，もっとオープンな関係の立ち上がり方だった。そして，両者の具体的な協働が本当の「旅」から始まったことはその後のクライアントワークでのプロジェクトの進め方にも大きな影響を及ぼしたのではないか。それは，最初の旅を終えたずっと後に比嘉との対話のなかで受け取ったフィードバックである。

■ 2-1　人類学的なリサーチとその役割

　このジャカルタでの自主調査を出発点として，ラボと私はその後もまた別のプロジェクトに取り組むこととなった。自主調査によって互いのこれまでのやり方やスタイル，チームの個性のようなものも多少理解できたうえで，その後 UCI Lab. の本来の業務であるクライアントとのプロジェクトに参入できたことは，チームでの協働を円滑に進めるという意味においてよかったと振り返って思う。もちろん，専門や背景を異にするメンバーによる協働，しかもエスノグラフィックな調査のような密度の濃い仕事となれば，調査の設計から実施，分析に至るまで実にさまざまな工程があり，考えるべき内容があり，それらのすべてを互いにすりあわせることは容易ではない。ジャカルタ自主調査以降，複数のテーマや対象の異なったリサーチの経験を積むことによって私たちの協働の精度は高まっていったが，そこには当然ながらさまざまな試行錯誤があり，そこから得られた重要な気づきがあった。それらについては具体的な事例の紹介とともに，次章で詳述する。

　人類学者がチームに参画し多様なメンバーと共にプロジェクトを実施することの有用性は，序章でも述べたようにデザイン思考に基づくプロジェクト設計やチーム編成においてもしばしば言及されている。日本国内におけるそのような事例は未だ限定的であるものの，北米やヨーロッパの企業や団体においてはすでに多くの「企業内人類学者」が存在する。つまり「人類学者が専売的に書かれたものとしての民族誌＝エスノグラフィを記す」というこれまでのあり方から「手法やアプローチとしての民族誌的＝エスノグラフィックなリサーチを，多様な人びとが実施する」というあり方が派生してきたという状況は，人類学という学問の歴史と位置づけにとっても大きな意味をもつ。なお日本の産業界においては，2000 年代初頭から企業による「エスノグラフィ」が導入されるようになったが，その経緯については伊藤（2017）が詳しく検討している。しかしそこでは概して手法のみが参照され，必ずしも人類学者の積極的な参与はみられなかった。

　一方で人類学のなかにも「応用人類学」と呼ばれる領域が存在し，そこでは人類学の理論や知見が国際開発や医療等の現場において積極的に「応用」されてきた。また近年では例えばまちづくりなど多様な社会実践への参画というかたちで，人類学も「協働」することと決して無縁なわけではない。それでもやはり，その他の社会科学分野と比べて人類学が社会的実践からは一定の距離を保つ印象を与えるのは，

帝国主義や植民地主義にその学問的出自をもつがゆえの内省的態度や，調査者－被調査者関係に内在する権力性の自覚などの，さまざまな理由が考えられる。なお2008 年時点で日本文化人類学会の会員 2,000 人弱のうち，応用的な研究を実施している会員は 50 人未満でしかないという（岸上 2008: 7）。この報告から 10 年以上たった現在，その数は若干増加していることが予測されるが，応用的な領域に取り組む人類学者の基本的な割合が少ないという現実はあまり変わらない。

　こうした状況のなかで，人類学者が応用的な領域に関心をもち，人びとと協働する事例が少しずつ増えてきているとはいうものの，その対象や状況はいまだ限定的でもある。アカデミックな人類学者にとっての主要な関心の所在は，やはり調査の対象となる人びとや社会の側にあり，人類学者はかれらとの対話や関係性について細心の注意を払ってきた。すなわち調査者側におけるチーム内での協働というよりも，調査対象者との協働が志向される傾向にある。先に述べた開発や医療，まちづくり等の事例においても，多くの場合は調査者（人類学者）と対象者（現地の人びと）とのあいだにおいて，調査結果を単に還元するのみならず，何か地域やコミュニティに利益をもたらすプロジェクトを立ち上げるなどして協働を目指すことが多い。

■ 2-2　企業側からみた「人類学者」

　私の個人的な背景へと話を戻そう。上述したように人類学者も当然ながら多様であり，各々の対象領域があるなかで，私自身は冒頭でも述べたような，オセアニアの小さな島で長期フィールドワークをしながらトンガの人びとの行為と価値観を明らかにしようとしてきたという意味で，いわば古典的な人類学者の手法を踏襲している。たとえば医療現場や科学技術のように，「近代的な」領域を最初から研究対象にしていたのならまだしも，そうではない自分が企業と共に何かをおこなう可能性など，そもそも数年前には想像もしていなかった。人類学の営為とビジネスの営為とのあいだには大きな壁があり，両者は遠く隔たっているように私にはみえていた。もちろん今もまだその隔たりは存在するが，「人類学者」のイメージを，協働しうる他者として描き出すことで特にインパクトを与えたのが，アメリカのデザインファーム IDEO であった。序章でもふれたようにデザイン思考とともにイノベーションの手法を広く知らしめた IDEO だが，その立役者であるトム・ケリーは『イノベーションの達人！──発想する会社をつくる 10 の人材』という著書のなかで，このタイトルにもある「10 の人材」を表 7-1 のように紹介する（ケリー＆リットマン 2006）。

表 7 - 1　「10 の人材」の定義（ケリー＆リットマン（2006）より筆者作成）

「情報収集をするキャラクター」
1　人類学者：観察する人
2　実験者：プロトタイプを作成し改善点を見つける人
3　花粉の運び手：異なる分野の要素を導入する人
「土台をつくるキャラクター」
4　ハードル選手：障害物を乗り越える人
5　コラボレーター：横断的な解決法を生み出す人
6　監督：人材を集め，調整する人
「イノベーションを実現するキャラクター」
7　経験デザイナー：説得力のある顧客体験を提供する人
8　舞台装置家：最高の環境を整える人
9　介護人：理想的なサービスを提供する人
10　語り部：ブランドを培う人

　ここでの説明によれば，イノベーション実現のためには上記の 3 ステップ（情報収集をする→土台をつくる→イノベーションを実現する）が存在し，ステップ毎に必要なスキルを代表的なキャラクターとして紹介されている。この冒頭にある「情報収集」の段階に「観察する人」として人類学者の名が挙げられ，人びとの生活に密着して観察することで，「顧客が意識化していない潜在的なニーズ」を見出し，仮説をつくっていく役割として描かれている。ここで描かれている人類学者像とその役割については，必ずしも私自身の見解と完全に一致するものではなく，また他の人類学者からの異論もあるだろう。

　しかしここで重要なのはその定義の妥当性よりもむしろ，こうした一つの言説が「イノベーション」というキーワードに関心をもった人びとや関連事業に携わる人びとに普及したことであり，それによってビジネスの文脈において，イノベーションを生みだす多様なキャラクターやスキルセットの集合の一つに「人類学者」の存在があることが可視化され，また IDEO のようなデザインファームをはじめ北米の企業が実際にこうしたチームに人類学者（あるいは人類学の教育を受けた者）が参加し，企業でのリサーチや開発などをおこなうという流れが活性化したという点である。いわゆる「異文化」や「他者」を対象として純粋にアカデミックな立場から認識を積みあげてきた人類学者という存在は，これまでビジネスの現場とは縁遠い場所にいた。そのような存在がアカデミックの内外を問わず，イノベーション実現の

ために必要な役割として描かれたことで，企業の側からもある種の期待のまなざし
を向けられる一つの契機となったことは事実である。調査手法としてのエスノグラ
フィへの関心と導入は以前からその他の欧米企業もおこなっていたが，ここでの人
類学者の描かれ方がそうであるように，その能力は多彩なチームのなかの一員とし
て発揮できるとされ，協働する人類学者のイメージは定着していった。

　本書の UCI Lab. との協働も，こうした潮流に部分的には位置づけられるだろうが，
あるチームを形成し「何らかのクリエイティブな／イノベーティブな知見」へと至る
ためのプロセスは，そのチームの規模やメンバーの構成，各々の専門性や個性と，じ
つにさまざまな要素が影響することは明らかである。つまりチームのなかに人類学
者を入れればそれで自動的に何かが変わるわけではない。そして各々のチームでの
協働の鍵を握るのは，いかにそのメンバー間での信頼に基づいたコミュニケーショ
ンが活発かつ円滑に生起し，そこから興味深いアウトプットや社会的な実装へと接
続できるのか，といった点であろう。そもそも専門や立場の異なる私たちのコミュ
ニケーションは，実際にどのように進行していったのか。

3 相互参照によるフィードバックがもたらす影響

■ 3-1　対話をとおした気づきの共有，相互参照

　UCI Lab. と私との協働は，前述したジャカルタでのリサーチに始まり，その後も
形を変えて継続していった。ジャカルタ自主調査よりも後のプロジェクトについて
は，私の所属先や状況が変わったこともあり，その一部は「大学と企業との共同研
究」を立ち上げる形で継続してきた。

　私たちの協働の基本的な構造を説明しよう。あるプロジェクトを一緒に実施する
ことになった際に，主にリサーチ内容に関わる意思決定については基本的に渡辺と
私とのコミュニケーションのなかで進行する。調査設計から実施，分析や最後の報
告書作成の段階まで，この二者間で最も多くのやりとりが発生し，まさに対話的な
形で，さまざまな情報や気づきの共有をおこなっていた。またジャカルタ自主調査
においてそうであったように，プロジェクトの性質や段階に応じては，UCI Lab. の
その他のメンバーとのコミュニケーションがあり，また必要に応じてクライアント
とも一緒に調査に同行し，分析ワークショップを実施することもあった。

■ 3-2　互いの「当たり前」が揺らぐプロセスとしての協働

　ジャカルタ自主調査がそうであったように，UCI Lab. と私の協働は，互いのものの見方，考え方，情報の集め方，分析のしかたなどの一つひとつの要素を照らしあわせながら，まずは互いの差異を認め，自らが馴染んだ手法を振り返るようなところから始まった。つまりそれは専門家としての比嘉が「あるべき調査の形」を全体的に指南していたわけでもなく，あるいは UCI Lab. がかれらのチームあるいは業界におけるリサーチの枠組みのなかで，ある部分や段階にのみ専門家としての比嘉の知見を利用しようとするような関係性でもない。私たちは同じ対象やテーマに取り組み，共に手を動かしていくなかで必然的に現れてくる行為の差異を言語化し，その新鮮さを面白がり，なぜそのようにするのかといった素朴な疑問を交わした。

　つまり協働的にリサーチをおこなうとは，異なる立場の人間がフラットに出会い，互いの違いに直面しながらも理解を深め，自らの前提や常識を問いなおし，そこからまた新たな形をつくりだしていくようなプロセスである。と，このように書いてしまうとどうしても理念的に，あるいは教条的な響きになってしまうが，もちろん現実はそのように簡単にはいかない。現場では常に形の異なる問題や難しさが生じ，私たちはそれに対していかなる判断をするのか，その都度に迫られる。人類学的なフィールドワークがそうであるように，あくまで具体的な実践，試行錯誤の過程にこそ，その真髄は宿る。次章ではそれをみていこう。

【参考文献】

伊藤泰信 (2017).「エスノグラフィを実践することの可能性──文化人類学の視角と方法論を実務に活かす」『組織科学』51(1), 30–45.

岸上伸啓 (2008).『先進国における援助事業への文化人類学（者）の活用についての現状と課題』独立行政法人国際協力機構〈https://www.jica.go.jp/jica-ri/IFIC_and_JBICI-Studies/jica-ri/publication/archives/jica/cd/200807_aid.html（2020 年 5 月 22 日確認）〉

ケリー,T., & リットマン, J. ／鈴木主税［訳］(2006).『イノベーションの達人！──発想する会社をつくる 10 の人材』早川書房

比嘉夏子 (2016).『贈与とふるまいの人類学──トンガ王国の〈経済〉実践』京都大学学術出版会

渡辺からのコメント
② UCI Lab. における比嘉協働案件の立ち上がり方

　第1部で述べたように，UCI Lab. は自ら営業をかけるようなアプローチを取らない。つまり，比嘉と協働する案件はクライアントから相談を受けた時点では，比嘉の参画は想定されていない。その後のプロジェクト設計のなかで渡辺によって選定され比嘉との協働を生成していることになる（つまり，比嘉を営業の「ダシ」に使うことはない）。比嘉とジャカルタに自主調査に出かけた年度から本書執筆時点までの2期の間（2017年10月から2019年9月まで）にUCI Lab. が手がけたプロジェクトは48件あり，比嘉と協働したものはそのうちの4件であった。

　では，第8章以降で取り上げられる調査事例はどのようにして「比嘉との協働案件になった」のか。比嘉に声をかける前に私が考慮しているポイントを言語化すると，以下の五つになる。

①クライアント組織の側に柔軟性があり，比嘉を参画させることに別段の説得を必要としないこと
②これまでの別プロジェクトで，担当者とUCI Lab. との対話的で柔軟な関係性が成立していること
③仕様（時間や予算）上の「余白」が十分なこと
④プロジェクトによって知りたいことやつくりたいことが挑戦的（可能性の広がり）であること
⑤最低限求められているプロジェクトの成果物には必ず到達できる見込みがあること

　しかし，私たちは単に「UCI Lab. が比嘉に発注する」という一方通行の関係ではないので，比嘉にとっても（研究という側面から）意義が感じられることが条件になるだろう。それが何なのか，私には想像はできても実際の機微はわからない。そこでまずプロジェクト設計の初期段階で渡辺が「これは「比嘉案件」だ」と思ったときに彼女に声をかけ，それに比嘉が応答し，内容や両者にとっての意義を対話しながら探っていく工程が存在する。このようなやりとりのなかで「中動態的に」，つまりどちらか一方に主語や意思が属するわけではなく，お互いの間で徐々に「協働するべき案件」が生成されていく。もちろん，対話の途中で協働をとりやめた案件もあるし，それも「どちらかが断った」という類のことではない。

　そこまでして「わざわざ」渡辺が比嘉に協働を持ちかけるのはなぜか。それは，プロジェクトをより遠い射程に到達させたいというねらいと同時に，協働を通じて人類学や比嘉のまなざしをもっとわかりたい，そして自分たちの認識を更新したいという二重（あるいは三重）の知的好奇心があるからである。これは本や講義だけではわからないものだし，このような協働的実践はどちらかだけが何かを得るような一方的な関係では成立しないだろう。

08
協働における試行錯誤と柔軟性

　本章では，私が UCI Lab. と共に実施した調査の具体的な事例をもとに，「人類学者を加えたチームによる協働的な調査」が実際にどのようにして進行したのかを紹介する。これまでにも数多く実施されてきたかれらのプロジェクトのうち，私が参与したものはそのごく一部に過ぎず，進行中の複数案件のなかから，どの案件に私を招き入れるか／入れないかについては主として渡辺の采配によるものだった（前章渡辺コメント②参照）。こうした背景もあり，私が従事した事例については，調査の設計から分析結果の考察段階に至るまでの全体に基本的に関わることとなり，調査工程の一部分，つまり設計や分析などの一工程のみに断片的に関わるようなことはなかった。一般的にこのように人類学的な，あるいはエスノグラフィックな調査であれば，具体的な現場のデータから抽象的な概念まで，そして調査手法の選択からデータ分析のしかたに至るまで，それぞれの要素は互いに密に連関し，影響しあう。こうしたことから，ラボとの協働においては調査への全体的な関与が可能であったことも，ここで私が円滑に協働するための重要な前提であった。

　以下では三つの調査事例（①衛生意識に関する調査（中国），②特定空間における行動に関する調査（国内），③未来のコミュニティに関する調査（国内））を紹介する。①の事例では全体のプロセスにおける初期段階として「設計」がなされていく様子について，②の事例では調査結果の「分析」工程において生じた試行錯誤について，③の事例ではプロセス終盤の「制作」工程において生じた想定外の出来事に焦点をあてて描いていく。こうした事例をもとに，私たちの協働的な作業のプロセスを段階ごとに再考し，そこから浮かび上がってきた困難や，対話からみえてきた可能性を考えてみたい。これらの事例は海外・国内という調査対象の違いもあれば，プロジェクト全体のテーマにおいてもまったく異なっていたが，あえて共通点を見出すとすれば，いずれも人間の感覚や行動のみえづらい領域に，ユーザーの側からアプローチし，そこから技術との接点や商品開発の可能性を模索する試みであったと位置づけられる。そのような新規性の高い試みにおいては，当然ながら確立された方法論

もなければわかりやすい正解も存在しない。以下ではこうした性質をもつ調査を協働的かつ模索的に進めていくやりとりのなかで，私の側から時折表明することとなった「違和感」と，それを投げかけられた渡辺の対応といったコミュニケーションのプロセスについても振り返っておきたい。そのような協働としてのやりとりの進め方や対応のあり方は，そこから生み出される成果のあり方にも連動しているように思われたからである。そして本章の最後では，このように人類学者と一組織との協働的な取り組みが継続しておこなわれることの意義と可能性を検討する。

　なおここで取り扱われる事例については，守秘義務の必要性から内容の一部を改変し，論点に影響しない範囲において匿名化，抽象化していることを付記しておく。

1　協働による試行錯誤

■ 1-1　「設計」工程における試行錯誤：中国での衛生意識調査の事例

　前章で述べた UCI Lab. とのジャカルタでの自主調査に続き，私がラボの仕事に加わったのがこの中国での衛生意識に関するプロジェクトであった。クライアント企業が保有する技術やその技術を用いた製品が海外市場ではどのように訴求しうるのか，その具体的な可能性を提示することがプロジェクトの主目的であり，過去にも UCI Lab. では同じクライアントの依頼による同様のプロジェクトを実施していた。今回は人類学者である私がそこに設計段階から入ることによって，現地の社会や生活の文脈に即して人びとの感覚を理解することはもちろん，以前とは異なる視点を持ちこみ，新たな洞察や可能性の探索へと至るためのきっかけをもたらすような役割が期待されていたように思う。過去の調査結果を参照しながらも，このテーマに対していかなる具体的なアプローチが可能なのかを考えるところから調査の設計が始まった。なおこのプロジェクト全体は約3か月間にわたって実施され，中国の一都市での正味4日間の現地調査には UCI Lab. のメンバー（渡辺と大石）と比嘉，現地コーディネート兼通訳1名，そしてクライアント企業から1名が同行した。プロジェクトの概要については表8-1に示す。

　UCI Lab. とは一緒にジャカルタで試行的な調査をおこなっていたとはいえ，クライアントのいる案件としては初めて私がチームに入り，協働的に調査を進めていくなかでは，UCI Lab. のそれまでの調査との違いもさまざまなかたちで現れた。ここでは特に調査設計と手法の選択について述べておこう。そもそもこのプロジェクトのテーマである「衛生意識」とは，その指し示す範囲が曖昧なカテゴリーでもあっ

表 8-1　「中国での衛生意識調査」概要

現地調査メンバー
渡辺さん，大石さん（以上 UCI Lab.），クライアント企業 A さん F さん（通訳兼コーディネーター），比嘉
プロジェクト全体の工程
5 月下旬〜 6 月上旬：現地調査設計や被験者のリクルーティング条件について打ち合わせ
6 月中旬：被験者の確定，事前の課題（調理動画撮影）を実施してもらう
7 月上旬：調理動画データの確認，各メンバーによる気づきの抽出
7 月 12 日〜 17 日：現地調査
7 月下旬：調査結果の一次分析
8 月上旬〜下旬：調査結果の二次分析〜考察
8 月末：クライアントへの報告

て，具体的に何をどのように調べ何を問うべきなのかを見定めるまでに多少の時間を要した。一般に人間の意識や感覚を明らかにしようとするとき，そこには心理学的あるいは工学的なアプローチも考えられるが，そうした実験的な手法ではなく，人びとの生活空間や日常実践に寄りそう人類学的なアプローチを主軸とするとき，このように可視化されづらい意識や感覚というものはいかなる手法で明らかにされうるのだろうか。この調査では特に「におい」も一つのキーワードであったため，人間の五感のなかでも特に曖昧で主観的なその感覚の理解は難しい課題だった。

　以前にラボが実施していた調査を含め，既存の同様の調査では，対象者の家庭を訪問し，その場を見学してインタビューを実施することが主な手法であり，そこで得られたインタビューデータからかれらの意識を読み解くことに主眼がおかれていた。また実施されるインタビューの内容についても，「におい」や衛生観念についての特定のキーワードを示しながら対象者に問いかける形式や，具体的な技術や特定の製品を示しながらそれに対する感想や反応を得る形式だった。限られた時間でおこなうインタビュー調査のなかで，知りたいことに沿ってある程度焦点化した質問を投げかけるという選択が優先されることは想像に難くなく，その手法やデータの分析からテーマに関する一定の理解を得ることはできる。しかし今回の調査設計においては，何か別のアプローチや手法の導入が可能ではないかと私は考えていた。このときの手法についても，個人へのインタビューをさらに深く理解するため，フォーカスグループインタビュー（FGI）の実施がコーディネーターから提案されていたのだが，私からみれば，たとえ個別インタビューにグループインタビューを重

ねたとしても，データ量やその質的なバリエーションの差を若干生むにせよ本質的な違いにはならず，特に本件において FGI 実施の必要性がここではあまり感じられなかった。むしろ今回のプロジェクトで理解すべき中国の人びとの衛生や「におい」に対する意識については，それが無意識的な判断や感覚的な嗜好に多くを依っている領域であろうことから，インタビューによって対象者がそれをとっさに意識化あるいは言語化することには限界があり，何か別のアプローチを試みるべきではないかと考えていた。

　そこで本プロジェクトの目的に対してより適切な設計を考案するため，「におい」や衛生にまつわる調査の多様な事例や先行研究を参照し，また人類学的な視点やアプローチの固有性を再考するなどして，調査手法やインタビュー内容の構成について模索した。その結果，私はこの調査をとおしてわかりたいことと，その理解に至るために考えうる手法とを改めて整理しなおした。そして渡辺と大石に対して以下のような提案のメールを送った。

渡辺さま
cc: 大石さま

おつかれさまです，比嘉です。

インタビュー構成を考えるにあたり，手がかりとなるような情報を検索していたところ，添付ファイルのような資料に行きあたりました。ご覧になったことはあったでしょうか。上海の家庭訪問調査の報告[1] ですが，ニオイや衛生といった領域もかなり細かくカバーしていると思います。

ここに書かれている情報と，今度の家庭訪問の際に記録・確認可能な事象とはいくらか似てくる気がしました。もちろん精度や視点などにおいて独自性は発揮できますし，特にこれはかなり緩い分析しかないので結果が異なってくることは必至ですが，とはいえデータ収集の技法と種類に関して，本質的に大同小異になってしまうことを避けるためにはどうすればいいのか。そしてマーケティングリサーチとして一般的な生活調査の「さらに向こう側」に到達しようと思うとき，人類学の立場の自分に何が提案できるのかを再度考えさせられておりました。これまでにいただいた参考資料などもひととおり見直しました。

---

1) 比嘉がオンライン上で情報収集をしていた際に発見した，あるリサーチ会社による報告書の電子ファイルを指す。

別の言い方をすればそれは，こうした（業界的な）資料を拝見したときに感じる物足りなさやもっと深くわかりたいと思う部分を改めて洗い出し，調査手法とセットで考える作業だとも思いました。以下，これまでにみなさんと共有してきたことの一部繰り返しにもなりますが，ひとまず目的＆方法の対の形で端的にまとめなおしてみます。

【目的】本人談や概要の説明から状況を再現するのではなく，実際の行為の詳細なプロセス，その頻度，その実施者や分担について精度の高い事実確認をおこなう。why よりも how の精緻化。

→【方法】調理作業動画の撮影（事前）と動画の確認（訪問時）

→調理，配膳，片付けのフローを固定カメラで撮影。食事中の光景はカット可。食事前後の換気のタイミングやにおいの広がり方・気になり方などがわかるとよいか。食事メニュー，材料内容確認は必須。

【目的】個人単位から集団・社会的単位の理解へ。「家庭＝複数の成員の視点や行為，感情が交わるところ」という視点から，〈個人にとっての好き・嫌い × 同居家族にとっての好き・嫌い〉の重なりかたを理解する

→【方法】夫・妻・両親・家政婦などその家の家事に携わる主要なメンバーへの各々のアンケート（事前 or 事後）あるいはインタビューを実施。家事作業の役割分担や，家族内での認識のズレを描く。

→家族の複数メンバーに同じアンケートを配布して回収可能？あるいはインタビューに同席してもらうことと，リクルーティング，依頼の際にハードルの低い／実現可能性の高い方を採用できれば。

【目的】断片的な情報の収集と総和というスタイルから，連続性（or 非連続性）や，部分 - 全体相互の関係性，個人の物語的解釈などを積極的に理解しようとする方向へ（これはデータ収集から分析のフェイズに至るまで）

→【方法】家のなかと車内をオーガナイズし把握するときの共通点と差異，私空間〜境界〜公空間のとらえ方，（本人にとって）相互に関係すると思われる事象 or 独立すると思われている事象などをインタビュー・観察から取り出せるか。

概して以上のような観点から，撮影・インタビュー・事前ワーク（アンケート）等を実施する場合，その実現可能性は現実的な制約（主にインフォーマントの方の許容範囲）に大きく依拠すると思っています。私の普段の姿勢であれば，ご本人が拒まない限り「可能な限り見せていただく」ということになりますが，それがこのようなリクルーティングプロセスでは難しいことも理解しつつあり，悩ましいところです。

人類学的なフィールドワークの特徴を考えたとき，各インフォーマントとの関わりはけっして均質にはなりえず，関わる時間や程度においてそもそも圧倒的に差があることを前提としています。そして何か気づきが生まれるとすれば，それは濃密な関わりを持った相手からであることが大半です。もちろんそれと同じことを目指さないにせよ，なにか濃淡のある結果（どこかしら，誰かしらを相手に得られる重要な気づき）を求めるときに，濃淡のない枠組み（各人，一律の時間と統一の手法）で調査を行うということの矛盾めいたものはどのように解消できるのか。

たとえばインフォーマントへの事前の打診で，協力度合い（撮影させていただける範囲や時間の量，事前アンケートへの回答率等）の程度差というのは必ずあると思うのですが，それに応じて家庭訪問の長さを調整できる可能性などはあるでしょうか。謝礼やスケジュールの具合もあるので難しいとは思いますが，そうした訪問の時間枠そのものをどこまで柔軟に設計できるかというのも一度はどこかで検討してみたいと思いました。事前ワークのデータ量が多い場合や同居家族の協力度が高く見込める場合に，そうした世帯でのインタビュー時間を他世帯に比べて若干長めに設定する，など。たとえばですが，基本的な訪問時間の枠を設計しておいて（1.5–2H?）そこに上記のような事前情報を加味してオプショナルな枠（0.5–1.5H?）を追加する，など。あるいは協力的だった世帯には，事後的にフォローアップのアンケート実施をお願いする，など。

長々とすみません，私の思考プロセスのメモと共有ということで思いついたことを全て書いていますが，不明な点やご意見あればぜひお願いします。

そしてようやく最後に結論といいますか本題です（！）。家庭訪問を2時間とした場合，私であればだいたい以下のような構成にするかと思います。時間は①〜④各30分を想定していますが，特に②と③のボリュームには個人差があると思っていますので，そこは多少伸縮しうるかと。

①アイスブレーク，基本的な質問（事実確認）

↓

②事前の撮影動画を一緒に観ながら質問と会話

↓

③家の中（可能であればマンション内や車）を見せていただきながら質問と会話

↓

④最後の質問（それまでの観察や会話から気になった部分）

①–③については，特に①については質問項目を，②と③については観るべき視点を，事前に摺り合わせて準備できると思います。それについても早めに必要であれば，いったん私の側で思いつく項目を並べて共有しますし，お知らせください。

以上，確認や打ち合わせのSkypeは5日以降でしたら対応できますので，また別途ご連絡さしあげます。

よろしくお願いいたします。

比嘉

　私から送ったこのメールに対して，渡辺からは同日中に返信があった。そこには
こちらが書き綴った提案がわかりやすい表としてまとめられ，添付されていた（表
8-2，表8-3）。

比嘉さま

お疲れ様です。

さて，HV調査（筆者注：家庭訪問調査）の検討，ありがとうございます。
添付いただいた資料はたぶん初めて見たので後でホテルに着いたらDLしてちゃんと読ん
でみます。（結構近い関心を結構な人数分調査してそうですね。）

私の方で対CL用にインタビュー構成を整理しなおしたものと
思考プロセスへのコメント（P2）を添付します。

拝見して思ったのですが，
どうも私たちは「知りたいこと」をベースに質問項目をリストアップしたり現場でのワー
クを考えたりするのですが，
人類学的には「見たいこと」をベースに考えていかれるのかもしれないですね。
なので，私としては「じゃあ，何を質問するんだ？」というのがむずむずするのですが，
まあ分析で必要なポイントを押さえていれば大丈夫なので
随時不明点を質問したり「UCIではいつもは……」をお伝えしつつ，
この流れに乗っかってみようかと思っております。
設計から分析プロセスまで色々試行錯誤してみましょう。

ということで，5日以降でのSkypeの候補日時もまたご連絡ください。
よろしくお願いいたします。

- -

 添付ファイル1（表8-2）

 添付ファイル2（表8-3）

　このように実際の，しかも長文のメールのやりとりを恥を忍んで赤裸々に開示し
たのは，他でもない私たちの協働的なコミュニケーションの手触りを示したかった
からである。それは人類学の専門家としての私が一方的に指示を出しそれに渡辺が

表 8-2　HV 調査の基本構成（メール添付資料）

	項目	所要時間	タスク，使用資料
導入	自己紹介，アイスブレーク，基本的な質問（事実確認：家族構成，職業，1日の過ごし方，趣味など）	0-20 分	・フェイスシート （比嘉さんへ）＋αで，より深く実態を探れるものや関係を築けることはありますか？
HW の掘り下げ	実際の「行為」を素材にした意識や背景の掘り下げ 事前の撮影動画を一緒に観ながら質問と会話	-50 分	・事前に動画を確認してログ化や気になるポイントのリストアップ ・スムーズな頭出しの編集 ・書き込み用のシート ・HW の 1 日の行動もここで確認？
家の中ツアー	家の中（可能であればマンション内や車）を見せていただきながら質問と会話 家の中のニオイ＆衛生マップを協働で作成	-90 分	・間取りマップや気持ちの絵文字シールなどワークとツール ※車を観ると移動など時間がかかるかも（OP？）
フォロー質問	それまでの観察や会話から気になった部分 デバイスについての認知やコンセプトシートへの反応	-120 分	・大石（日本視点）からの質問 （場合によっては家の中の再ツアー） ・デバイス説明資料

従うのでもなければ，これまでの自分たちのチームの経験を踏まえた渡辺が，私の提案のなかから「利用しやすい部分」のみを抜粋して使おうとするのでもない。そもそも私自身も「正解」をもっているわけではなく，模索的に提案しているにすぎない。添付資料にあるコメントのように，渡辺は今回のプロジェクトの範囲内ではどのような形が現実的に可能か，あるいは将来的にはそのような可能性があるのかなどについて，こちらの提案やコメントすべてに対し一通りの検討と応答（別の表現をするのであればそれは「理解と翻訳」）をおこなっている。これはもちろん私たちのコミュニケーションの例の一つにすぎず，このようなやりとりが度々重ねられることによって，プロジェクトの設計が定まっていった。

　結果としてこのときの調査の流れは，まず各調査対象者に依頼して普段の食事を調理する際の様子を撮影し，その調理動画（それぞれ約 1 時間前後）を現地調査実施前に私たち全員が各々で観ておいて，気づいた点や気になった箇所にタグを付けていった。また事前のアンケートでは，具体的な家の間取り図と，家のなかでにおい等に関して気になる箇所を記入してもらい，そこには可能な範囲で同居家族の協力も依頼した。現地での家庭訪問やインタビューを実施するよりも前にこのような種

表 8-3　比嘉さんの「わかりたいこと→方法」について（メール添付資料）

	目的	方法	渡辺コメント
精緻な観察	本人談や概要の説明から状況を再現するのではなく，実際の行為の詳細なプロセス，その頻度，その実施者や分担について精度の高い事実確認をおこなう。whyよりもhowの精緻化。	調査作業動画の撮影（事前）と動画の確認（訪問時）→調理，配膳，片付けのフローを固定カメラで撮影。食事中の光景はカット可。食事前後の換気のタイミングやにおいの広がり方・気になり方などがわかるとよいか。食事メニュー，材料内容確認は必須。	・調理中の動画を撮影してもらうことに・調査員を派遣して撮影します（冷蔵庫の中やメニューも押さえられるはず）・後片付けの撮影は要交渉（滞在時間的に難しいか）
社会単位の考察	個人単位から集団・社会的単位の理解へ。「家庭＝複数の成員の視点や行為，感情が交わるところ」という視点から，〈個人にとっての好き・嫌い×同居家族にとっての好き・嫌い〉の重なりかたを理解する。	夫・妻・両親・家政婦などその家の家事に携わる主要なメンバーへの各々のアンケート（事前 or 事後）あるいはインタビューを実施。家事作業の役割分担や，家族内での認識のズレを描く。→家族の複数メンバーに同じアンケートを配布して回収可能？あるいはインタビューに同席してもらうことと，リクルーティング，依頼の際にハードルの低い／実現可能性の高い方を採用できれば。	・事前アンケートは可能かも・早めに質問項目の作成が必要（英語？）・家族の同意は全被験者に対しては難しいか？（偶然性に任せる？）・このような場合向けに，OPの質問やワークを用意しておいてその場で交渉するのはありかも（30分程度なら）
包括的理解	断片的な情報の収集と総和というスタイルから，連続性（or 非連続性）や，部分・全体相互の関係性，個人の物語的解釈などを積極的に理解しようとする方向へ（これはデータ収集から分析のフェイズに至るまで）	家のなかと車内をオーガナイズし把握するときの共通点と差異，私空間〜境界〜公空間の捉え方（本人にとって）相互に関係すると思われる事象 or 独立すると思われている事象などをインタビュー・観察から取り出せるか。	・こういったシンセシス的側面は主にラップアップでの討議や分析時のポイント？調査時に何をどう埋め込んでおくか・家〜公の空間の捉え方を紙に落とすワークを入れる？（やや観念的か）
調査の柔軟性	インフォーマントの協力度合い（撮影させていただける範囲や時間の量，事前アンケートへの回答率等）に応じて家庭訪問の長さを調整できる可能性について。訪問の時間枠そのものをどこまで柔軟に設計できるか検討してみたい。	事前ワークのデータ量が多い場合や同居家族の協力度が高く見込める場合に，そうした世帯でのインタビュー時間を他世帯に比べて若干長めに設定する，など。たとえば，基本的な訪問時間の枠を設計していて（1.5H-2H？）そこに上記のような事前情報を加味してオプショナルな枠（0.5H-1.5H？）を追加する，など。あるいは協力的だった世帯には，事後的にフォローアップのアンケート実施をお願いする，など。	・どこかで Try したいが，海外は難しい？・時間の追加は具体的にやりたい内容を HW 後に明確にできれば事前にオファーできるかも・その場で即興的に時間を大幅に延長するにはそもそものリクルーティングのあり方を変えてみる試行が必要で，それは日本での方が試しやすいか・今回はできたとしても2の家族同席の場合や車についての追加ぐらいか？

渡辺からのコメント
③創造的な対話としての調整

　ここで比嘉が述べている「前回の調査」とは，第2章で取り上げたプロジェクトAのことを指す。この段階でにおいや衛生についての日本の文化的背景との違いはある程度理解されていた。今回は，より具体的な困りごとを特定したいという依頼だった。しかし，本文中にもあるとおり，これらはおそらく直接聴きとりをしてわかることではないだろう。そこで，私はクライアントから最初の相談があった打ち合わせの場ですぐに，当時ちょうどまとめができあがったばかりだったジャカルタでの自主調査の事例を紹介しながら比嘉をプロジェクトに参加させることをもちかけた。その後に比嘉との何往復かの対話があり，改めてプロジェクト全体設計を作成してクライアントと合意に至った。

　第1節第1項での比嘉と渡辺とのメールのやりとりについても当時の状況を補足しておきたい。一般的なマーケティングリサーチの進行手順では，最初に「調査設計」をおこなう工程があり，そのなかにはインタビューのスクリプト（台本）の作成が含まれている。本案件では UCI Lab. から比嘉にインタビューパートを委ねようとしていたので，「（はやく）スクリプトや質問項目リストのようなものをください」というリクエストをしていたところ，比嘉から先のメールのような応答があった。ここに記されていたことはそもそもの調査設計の領域についての言及が主であり，質問項目リストについてもマーケティングリサーチにおけるフォーマットや内容とはやや異なる。そこで，渡辺の方で比嘉が表明した意図や違和感を解釈しつつ，いわゆる調査設計の様式に翻訳編集したのが2通目の応答と添付のまとめだった。

　その後のやりとりを経て，現地でのインタビューは比嘉がメインで行い，後半4分の1の時間だけ大石から「聴いておきたい最低限の項目」を補足質問する構成で実施された。

　このやりとりでも垣間みえるとおり，渡辺の視点からは，比嘉と UCI Lab. のやりとりと同時に，クライアントと UCI Lab. という別の接面もある。渡辺はプロジェクトが到達したいゴールを見据えながら，両者とのやりとりを同時におこないつつ（ただ間に立っているわけではない），それが制約や調整ではなく創造的なものになるよう試みている。

類のデータを得られたことによって，現場の具体的な状況を把握できたとともに，インタビューでかれらに尋ねてみたい事項についてもある程度は絞り込んでおくことが可能となった。そもそも家庭訪問調査において調査対象者と向き合うことのできる2時間という枠や，基本的には依頼した調査対象者個人のみから話を聞くといった制約は，より柔軟で制約のない人類学のフィールドワークをおこない，長い時間をかけて人びとと向き合ってきた自分にとってはもどかしい点であった。しかしこのように現地調査よりも前の段階で，動画やアンケートの形でデータを得られたことは，上記の制約を乗り越える可能性の模索にもなった。

■1-2　「分析」工程における試行錯誤：特定空間における行動調査の事例

　次に紹介する事例もまた動画記録を用いた調査だが，ここでは前述した中国での調査の際に導入した手法としての動画撮影（調査対象者の日常の様子や行動を事前に記録しておいてもらう）をより発展させる形になっている。個々のプロジェクトにおいて導入，実施された試みは，私たちがそれを進行中や終了後に振り返ることによって，また次のプロジェクト設計へと活かされていく。こうした省察的な側面については次節でまた詳しく述べる。

　この「空間行動調査」は，クライアント企業が保有する技術の応用に関わる調査であり，そのような技術の応用可能性をユーザー起点で模索する試みだった。調査の概要は表8-4のとおりである。

　表8-4にもあるように，このときの調査では以下の方法を用いることによって，人びとの日常生活をより具体的に，そして詳細に把握することを試みた。

・動画撮影（空間内での行動を定点カメラによって記録）
・動画撮影期間の日誌（調査協力者によるフォームへの記入）
・インタビュー（家庭訪問調査）

　このとき撮影された記録動画は，約1週間にわたる生活の場面を5名の協力者が撮影したものであり，その全体量は膨大な時間に及んだ。また調査設計時に意図していたことではあるが，協力者個人だけではなくその人と同じ空間内で行動を共にする人びと（主として家族）の様子や，そうした人びとの行動のみならず会話までもが記録されており，それは予期していた以上の情報量に満ちた，濃密なデータだった。

　それまでの UCI Lab. の調査手法においてもそうであったように，一般的なマーケティングリサーチ等で動画データを用いる際には，比較的短時間の記録であり，それも調査の特定の目的に応じ，たとえば製品のターゲット層となる人びとにその製品を利用してもらうなど，特定の人による特定の行為のみを抽出することが多い。取得するデータを最初から限定することでより目的にかなった分析が可能になる，あるいはより短時間で効率よく分析が進められる。しかし今回協力者に撮影してもらった映像は，些細な出来事が繰り返される日々を切り取ったものだった。そのような何気ない日常の行動とそこで生じる些細だが生活の多様な文脈に基づいた出来事は，そもそも事前に内容や観点を予見することも難しく，その後の分析の方向性も多様に開かれうる。

　こうしたデータの処理のしかたにも試行錯誤しつつ，まずはこの空間内で生じている出来事やこの場に関わっている人びとの行動の特徴を抽出して整理し，またクライアント企業の方も交えた分析ワークショップなども経て，調査結果と技術的側面とのすり合わせをも試みた。定性的な調査とそこから得られた膨大なデータに向き合う時間を経て（一次分析），それらを分析，構造化し，当初のプロジェクトの目的である技術の応用可能性を検討する（二次分析），という一連の進行は，同様の分析や実務に携わった経験のある人であれば理解するであろう「ごく一般的な流れ」であり，私たちもそのプロセスには特に問題を感じることもなかった。ただし一通りの分析に区切りがついたとき，私たちはその内容に満足できず，そこに漠然とした引っ掛かりを感じた。もちろん調査データの分析からはある要素やポイントが抽出され，それによって技術利用の可能性も説明でき，クライアントに提案を出すことは可能となった。それでもなおこの結果にどこか納得がいかないのはどういうことなのか，渡辺と私はその違和感の所在を突きとめるべく，しばらく考え込んだ。

　再度のデータの見直しと，議論を重ねた末に私たちが出した答えは単純といえば

表 8 - 4 「特定空間における行動調査」概要

プロジェクト全体の工程
6 月：調査設計
7 月上旬〜中旬：調査協力者に事前の課題（動画撮影と日誌記録）をしてもらう
7 月下旬〜 8 月上旬：動画データの確認
8 月上旬：被験者へのインタビュー
8 月後半〜 9 月前半：データの一次分析
9 月後半：データの二次分析（ワークショップ含む）

単純なものだった。ユーザー自身が生活において何をしたいのか，その空間のなか
で人びとが何をしようとしているのかという観点が，データを統合し分析する過程
のなかでいつのまにか背景化しており，最終的な結論のなかでその観点が抜け落ち
てしまっていたのだ。もちろん私たちの調査の出発点やその手法においては，人び
との日常行動の把握につとめていたのだが，それがデータ分析というプロセスを経
たとき，個々人の文脈や意味がみえなくなってしまったのだった。一般的に製品の
設計や開発においては，技術やモノを起点として進められがちであるという傾向が
否めない。だからこそ私たちのような立場の人間が，「ユーザー起点」を掲げて，個々
人の日常生活やそこでの出来事を起点とするような視点を取り入れようとしている
わけだが，それでもなお技術やモノ起点の論理は強く，あるいは設計者や開発者側の
論理は強く，私たちも知らず知らずのうちにそちらの側に引っ張られてしまう。

　結果として私たちは，再度データに立ち戻り，追加の分析作業をおこなうことが
必要だと考えた。当初のスケジュールとしてはすでにここで分析が完了している予
定だったが，「これとは別の分析の可能性が存在する」ことが自覚されてしまった以
上，そのまま終えてしまうわけにはいかなかった。渡辺は私たちのこの経緯と判断
をクライアントに説明し，結果を共有するタイミングを延長した。

　プロジェクトの進行の観点からすれば，この時点でいったん分析を終えクライア
ントへの報告を完了することも可能だったわけだが，そこに予定外の工数の追加と
納期の延長という事態を発生させてしまった，ということになる。一般的には「余
計なコスト」や「見積もりの甘さ」のようなネガティブな評価をされるかもしれな
いが，このような判断のしかた，意思決定，そしてプロジェクト設計に柔軟さをも
つことは，実は私たちの仕事の存在意義と関わる重要なポイントである。デザイン
思考を用いたリサーチ等でもそうであるように，こうした対応はモデルとして，あ
るいは理念としては提示されているものの，「実際の現場の状況や都合など諸事情
を鑑みると難しい」という判断のほうへと流れるケースは実に多いのではないだろ
うか。私たちは調査に対してどこまで誠実に，データ分析に対してどこまで素直に
なれるのだろうか。こうした自問自答は，次でも紹介するように，実はプロジェク
トの最終段階まで続くことになる。

■ 1-3　「制作」工程における試行錯誤：未来のコミュニティに関する調査の事例

　ここでは，未来のコミュニティのあり方を考えるプロジェクトにおいて，そのリ
サーチプロセス終盤のいわゆる「制作」工程で発生した想定外の事態と，そこでの

私たちの対応を紹介する。そもそもこのプロジェクト自体が，これまで紹介してきた他のプロジェクトと比べてもテーマの射程がより一層広くなり，探索的な要素の多いリサーチだったことも特徴的である。

　ここで一口に「コミュニティ」といっても，それが国内なのか海外なのか，都市なのか地方なのか，山間部なのか島嶼部なのか，すなわちどういった地域や集団を想定するのかによって，当然ながらその様相は異なってくる。そうした広範で漠然

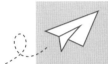

渡辺からのコメント

④他者を理解することにいかに向き合うか

　このときの動画は，比較的鮮明な音声も記録されているので早送りもできず，データをきちんとみるには実に膨大な時間がかかった。加えて，個人情報のデータ管理の問題もあり，気軽に共有してすき間時間にみる／みてもらうというわけにもいかない。そこで，比嘉には多忙なスケジュールの合間を縫って東京へ来てもらい，共に動画と向き合うことになった。休日のオフィスで丸一日かけてさまざまな引っかかりを共有したり「あそこで映っているものは何？」と調べたり解釈したりを繰り返しながら，「このデータからは何でもできてしまいますね……」と可能性を感じつつ，同時に途方にも暮れていた。

　もう一つ，ここで比嘉が取り上げている二次分析の後のテレビ会議で「これでは不十分だ」とわかったときのことも，お互い遠い目をしていたことやどの会議室だったかまで含めて鮮明に憶えている。しかし，私には納期を延長して追加工程をかける判断に特別の迷いはなかった。そういう判断の特殊さは，プロジェクト終了後の比嘉からのフィードバックで気づいたことの一つである。

　そもそも UCI Lab. のプロジェクトにおける「調査」が示す範囲は，単に知りたかったことの確認であることを越えて，その後のアイデア創出までかなり踏み込んだものである。つまり，「調査の結果，次に何をすれば良いのか」という問いに答えられない状態では，たとえ「調査報告書」はつくれても，UCI 型プロジェクトの報告書としては不十分だ。そして，プロジェクト設計の段階でこのような試行錯誤を予め想定しておくことも重要だろう。それは，A を B に投入すれば C ができるというような方法論によるプロジェクトの量産を否定する以上は引き受けなければならない，むしろ喜ぶべき学びの機会と捉えている。

とした射程において将来的なインフラのあり方を模索するにあたり，私たちはまず二つの場所を参照点として考えてみることにした。一つには首都圏郊外の団地を，もう一つは地方の中山間地域の町を取り上げ，両者の対照性も意識しながら視察をおこなうこととなった。クライアント企業の担当者のBさんとUCI Lab.渡辺と比嘉の3名でまずは団地の視察および検討をおこない，後日同じメンバーで徳島県の神山町を訪れた。

　徳島市中心部から約25km西の中山間地域に位置する神山町は，人口減少と高齢化が進む典型的な過疎地域の一つだったが，地域の人びとが「創造的過疎」と銘打って進めてきた独自の施策や多様な活動によって，徐々にIT企業のサテライトオフィス等が集まり，若い世代の移住者も増加し，各方面から注目を集めている町である。その意味では「国内の一般的な過疎地域の一つ」というよりも，明確な独自性と可能性をもった例であり，全国各地から絶えず視察にやってくる人びとに対してレクチャーや視察プログラムも提供されている。私たちもまずはこうしたレクチャーを聴講し，実際に活動してこられた方々の話を聴かせていただき，その後は自分たちの足で町のなかを散策した。

　この調査で得られた知見の詳細については割愛するが，フィールドワークに伴って生じた興味深い出来事については簡単にふれておきたい。先述した中国におけるリサーチでのフィールドワークを後日渡辺と振り返ったとき「現地では自由に動ける時間がもう少し欲しい」と私から伝えていたこともあり，神山町では町内を自由に散策する一定の時間を確保してもらった。視察プログラムで紹介していただいたような施設や取り組みはそれはそれで興味深いのだが，必ずしもそうした側面だけではない，「日常の町の姿」や「普段の町の人びとの生活」を肌で感じつつ歩くことが主な目的だった。その散策を終え，やがて日は暮れ夕食の時間が近づいてきたのだが，その場で手配しようとしても，実は町内の飲食店で夜も営業している店は数えるほどしかなく，またこちらも徒歩やバスで移動していたこともあり，行くことのできる場所はほとんどなかった。途方に暮れた私たちは電話で宿泊先の方に相談してみることにした。すると電話に応じた宿の運営を任されていた男性が，「自分は地元の知り合いと飲み会に行くのだけど，よければ一緒に行きますか？」と誘ってくださったので，詳細はよくわからないままであったが喜んで応じた。そして彼の車に乗せてもらい，町内の別の集落にある地元の方の家にお邪魔して，初対面の人びとに囲まれ美味しい食事をいただきながら和やかな時間を過ごした。その場には地元の方のみならず，移住者やそこにオフィスを構えている方など多様な人びと

が集まっていた。

　このように私たちをも含めた「よそ者」ですら突然であっても自然に受け入れ，交流を促してもらえるようなコミュニティの雰囲気や風通しの良さを，肌で感じることができたことは興味深かった。また地元の方々が，神山町での自分たちの生活や仕事について率直に話してくださることで，書籍やレクチャーで聞いていた情報の背景や個別の文脈がさまざまにうかがい知れた。こうした「インフォーマルな場での」「何気ない雑談」のほうにこそ，私たちにとって多くの気づきをもたらすような豊かな知見が含まれていることは，人類学者のような調査経験をもつ者であれば誰もが経験的に知っており，だからこそ現地に長期滞在するフィールドワークの意義は大きい。しかしそのようなスタイルの調査をおこなうことや，そこで得られた気づきを「データ」として取り扱うことに関しては，ビジネスの論理にうまく馴染まないという課題があるのもまた事実である。

　話をプロジェクト全体へと戻せば，この神山町での調査を終えた後に，そこで得られた内容を私たちは分析し，無事に報告書は完成した。それと並行して，渡辺はリサーチの結果をクライアントにより魅力的な形で伝える手段として，想定されるコミュニティを模したジオラマの作成を計画しており，このジオラマの設計には神山町の調査で得た知見を組み込む予定であった。なお既に報告書の内容は定まっていたこともあり，ジオラマ作成の工程については私は直接的に関与していなかったが，その計画については事前に聞いていた。

　私が別件の打ち合わせがあり UCI Lab. に立ち寄った際，ちょうど渡辺とジオラマ制作者との打ち合わせがあった。せっかくなので同席し内容を聞いていたところ，このときジオラマは「ある架空の町」を表現するものとして制作するよう構想されていた。そのジオラマの内部で示されている情報には確かに神山町の調査から得られた知見が含まれているのだが，具体的な内容や詳細なデータは捨象されていた。

表8-5　「未来のコミュニティに関する調査」概要

プロジェクト全体の工程
1月：調査設計
1月下旬：都市郊外の団地にて現地調査
2月上旬：徳島県神山町にて現地調査（2泊3日）
2月中〜3月中旬：調査結果の分析とまとめ
3月下旬〜4月上旬：ジオラマ製作

つまりそこであらわされていた形があまりにも「抽象的」であることに対して，正確にいえばその「抽象化のしかた」があまりにも自分にとって予想外であったことに，私は混乱した。

　現場やユーザーの調査から得られた個別具体的なデータが，分析を経て報告へと向かう過程においてある程度捨象される必然性は理解できる。あるいは個人のプライバシーを守るといった観点からデータに対して匿名化や抽象化の操作を加える場合なども当然ありうる。しかし今回のプロジェクトに関しては，あくまでも具体的なコミュニティの現状をもとに，そこから未来の構想を立ち上げることが重要だと私は考えていた。今回必要な知見は報告書内に含まれており，ジオラマはその付随的な役割の制作物であるにすぎないにせよ，そこで唐突に「架空のかたち」を取ることには違和感を覚えた。

　すでに述べたようにこれはプロジェクトのほぼ終盤であり，また私としてはプロジェクト内で自分の担うべき主な役割はすでに果たした状態であった。そして目の前で渡辺とジオラマ制作者との具体的な打ち合わせが始まっている状況において，自分の感じたこの違和感を伝えることには一瞬の躊躇があったことは事実である。しかし自分の関与したフィールドリサーチの手触りや現地の人びととの経験が，結果的にどのように伝えられ届けられていくのかというのは，たとえそのコミュニケーションを直接的に私が担っていないにせよ，看過できない重要な問題である。

図8-1　実際に完成したジオラマの写真

渡辺からのコメント
⑤「つくる」ことを通じて「わかる」という往復運動

　神山町のプロジェクトの数か月前に，比嘉が参加していないある案件で，調査プロジェクトの報告書の一部として「すごろく」とそれを使ったワークショッププログラムを制作し納品したことがあった。これがクライアントに好評で，調査結果が社内にたいへんな勢いで伝播していくツールになった。これに気をよくした私は，本文のプロジェクトの「コミュニティのインフラにおける UX」という大きくてみえにくい内容についても，モデル化（抽象化）したものをタンジブル（手で触れられるもの）にするために「今度はニュース番組で出てくるようなジオラマにすれば伝わりやすいのでは！？」と気軽な好奇心で考えた。つまり，ジオラマはあくまででできあがった報告書のメディアの一形式にすぎないという認識だった。この時点では，ジオラマをつくるプロセスがむしろわかることのために重要な役割を果たし，制作にたいへんな苦しみを伴うことは予想もしていなかった。

　比嘉が抱いた印象とは逆に，当初私はたった数日間の訪問で「神山町の」ジオラマをつくってしまうのはむしろ失礼だと考えていた。打ち合わせでの比嘉の指摘に納得した私は，具体化しても失礼にならない情報の精度でジオラマと UX ストーリーをつくることを決意した。改めて web 上のデータを探しなおして，神山町にある七つの地域それぞれの状況を調べていく。このようなデータを集めることによって，現地にいるときにはそもそも「何を知りたいか」さえわかっていなかったということに気づかされる。東京でデスクリサーチをしながら「ああ，もう一度実際に神山町へ行って確かめたい」と何度も思った。そして，「わかる」ということは常に「わからない」こととともにある限定的で慎重さを求められる営みであることがよくわかった。

　このようにジオラマを「つくる」ために，（途中で比嘉に止められるほど）執拗に調べなおすプロセスを通じて，改めて「わかる」側も深まっていく。ジオラマのコンテンツとして七つの地域それぞれの状況に合わせた UX ストーリーがつくられ，そこから報告書自体も大幅に書き換えられることになった。

　そのような予定外の工程を通じて，人類学者がフィールドと研究室を何往復もする理由の一端にふれた気がした。

「せっかくジオラマを作るのであれば，それはこのような形で抽象化するのではなく，あくまでも神山町のジオラマとして作るべきなのではないか？　そして，そこには神山町の個別具体的な状況に沿ったUXストーリーが描かれているべきではないのか？」と話したところ，渡辺はその提案に納得し，それに応じてジオラマ設計図を変更し，そこに組み込む情報についても大幅な改変をおこなった。神山町の地域的な個別性に寄り添いながらまとめていく作業のなかでは，この町に関するより詳細なデータや，町内の各集落の違いについての検討など，さらなる情報収集や分析が追加で必要となった。渡辺にとってはそのような流れ（いわゆる「現地調査」の後にまた追加でデスクリサーチによる情報収集をおこなうこと）自体も通常とは異なっていたようである。それでもなおこの提案に柔軟に対応し，想定外の手間や追加のコミュニケーションを引き受けながらジオラマは急ピッチで制作され，無事に完成した。結果としてUXストーリーの精度と説得力が大幅に高まり，クライアントには驚きと好評をもって迎えられたという。

　このようにプロジェクトを共に進め，工程ごとの役割分担やその全体について対話しながら柔軟に変容させていくことが，こうした仕事のたいへんさであり醍醐味だと私は思っている。具体的にいえばUCI Lab.の四つのプロセスにおいて私自身が主に関わるのはリサーチの「共感」段階に相当するが，ただそこで部分的に役割を果たせばよいわけもなく，最終的にはどのような形となるのか，そしてクライアントにどのように伝わるのか，という制作やコミュニケーションの段階にももちろん関心をもっている。第1部で述べられていたような，「全体」に関わろうとする渡辺の姿勢とはもちろん立場も異なるが，協働する人類学者としての私もまた，自分の役割を局所的に限定することなく，リサーチ結果の接続先をも見据えながら，責任をもって関わっていきたいと考えている。

2　継続的な協働を経てみえてきたこと

■ 2-1　手法やプロセスにおける省察的実践

　ここまでは私たちのリサーチプロジェクトの事例を具体的に紹介しつつ，各々のプロジェクトから顕在化した特徴的な事項を考察してきた。後にも詳しく述べるが，本書はリサーチ手法についてのマニュアル的な性格をもつものではなく，「このようにリサーチプロジェクトを進めれば“必ず成功する”（あるいは“決して失敗しない”）」という一般的な法則を導きだすものではない。むしろここでは，UCI Lab.と

人類学者との個別の仕事の検討をとおして，ある気づきや認識を獲得するためのリサーチというものが実際どのような試行錯誤のなかで進行し，またこうした協働にはいかなる要素が影響していたのかを示してきた。

　本章で紹介したのは，中国での衛生意識調査，そして空間行動調査と未来のコミュニティに関する調査の三つの事例であった。個々のプロジェクトはその目的や対象において異なる性質をもち，それに伴って私たちの進行のしかたや選択の基準も変化した。各回で異なった設定や状況のなかで，いったいどのような進め方が適切なのか，私たちは対話と協働による模索をとおして，その都度に方向性を見出していった。そうした意味では，まずは個々のプロジェクトについて，その目標へと向かうためのリサーチの精度をあげることが私たちの協働の第一義的な目的であったといえるだろう。つまり「インドネシアの食と健康」へとアプローチするために，あるいは「中国の衛生意識」へとアプローチするために，どのような観点と手法を用いて具体的なデータを集め分析するのかを考えた。そしてそこには無数の選択肢があるなかで，より適切な，あるいは精度の高いリサーチプロセスを選択し，より納得の得られる気づきへと到達することを私たちは目指した。別の言い方をするならば，私たちはその都度明らかにしようとする領域の核心へと接近しようとしたが，それはある「問い」の「答え」を性急に求めようとしたのではなく，そもそもそこで問われるべき適切な「問い」がどこに存在するのかを見定めるべく，対象を見つめる互いの視点を丁寧に重ね合わせながら作業を進めた。その結果として，プロジェクト自体の精度は上がり，少なくとも UCI Lab. 単独あるいは比嘉単独では実現しえなかったプロセスを経て，協働的な作業なしには到達しえなかったような結論にたどり着くことができた。

　このように個々のプロジェクトの精度を向上させるという短期的な行為目標以外にも，私たちが志向していた重要なポイントがもう一つある。それはより長期的な視野に基づいた，あるいはリフレクシブな実践のあり方である。図 8-2 が示すように，各プロジェクトは相互になんらかの形で連関し，過去の一つのプロジェクト実践から得られた気づきは，その後の実践へと発展的に反映されている。そこで反映された点は，インタビューにおける質問のしかた，といった細かなレベルのものから，海外調査時の現地スケジュールの設計や，動画撮影を導入した調査手法など，多岐にわたっている。

　先に述べたように，各プロジェクトの終了後はもちろん，進行中の段階においても，ラボがこれまで培ってきた手法と比嘉の人類学的な視点を重ねていくなかで生

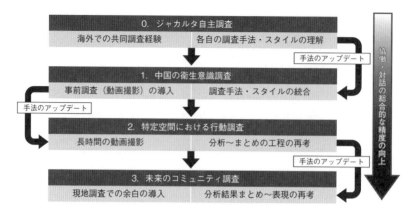

図8-2　各プロジェクトの段階的な発展

じた違和感や疑問点は逐次共有され，対話的に検討されてきた。つまり私たちは個々のプロジェクトの内容における精度を上げようとしていただけでなく，一見異なる複数のプロジェクトを積み重ねながらそれらを相互に連関させる試みをとおして，「協働のしかたそれ自体の精度」を上げてきたともいえるだろう。複数人のチームによるプロジェクトの進行や多様なデータを交わしながらのコミュニケーションにおける円滑さが増したという意味ではこれもある種の効率化といえるだろうが，後にも論じるように，私たちの目指すところは必ずしも手法の定型化，たとえば無駄が少なく汎用性の高いサービスパッケージの完成などではない，という点を確認しておきたい。

　この図に示されたプロセスはいわばショーン（2007）の定義するような「行為の中の省察」の一つであり，プロジェクトそれ自体の遂行のみならず，同時にこうした反復的な，全体的な運動として知の生成が目指されるという点では，私たちの実践は人類学的なフィールドワークとの親和性も高いものであった。このように相互にリフレクシブな態度で協働に臨むこと，また協働の実践から得られた各自の知見や気づきは常に開かれた状態で共有され，そのリフレクションが実際また何らかの形で具体的に反映されていくこと。こうしたサイクルが立ち上がっていくことによって，協働的な実践の基盤は形づくられていたと考えられるだろう。

■2-2　人類学的な視点を導入したことの意義

ここまでの事例では，UCI Lab. が人類学者の比嘉を交えたプロジェクトを複数実

施してきたことによって，プロジェクトの進行のしかたや形式に変化がもたらされ，またそれはおのずとその調査データの性質や分析内容の変化にも連なっていたことを示してきた。いくつかの試みからはまた，どのようなプロジェクトであれば人類学者を交えることの意義が期待できるのか，検討されてきた。そして UCI Lab. と比嘉の双方にとってより興味深く挑戦的なプロジェクトはどのようなテーマなのかについて話し合われてきた。

　協働で実施した複数プロジェクトの有機的な連関のしかたはすでに示したとおりだが，これらのプロジェクトはその目的と課題のスケールにおいて，徐々に拡大してきたともいえる。目的と課題のスケールとは，より具体的にいえば，製品がすでにどこまで具体的に完成しているのかという段階の違いや，ある技術からどこまで具体的な製品化の見通しが立っているのかといった程度の問題，また特定の個人ユーザーの検証からより不特定のコミュニティを対象にするという範囲の問題，そして現在や近い未来の話から，数十年後の未来の話までの時間的な射程の問題，などが挙げられる。

　すでに設定された仮説や課題を検証する場合，あるいはすでにほぼ完成した製品をテストするといった限定的な状況においては，調査の要素を柔軟に組みかえる余地が少なく，人類学者が入ることの価値はさほど見出せないだろう。すでに明確に定められた条件のなかでリクルート済みのインフォーマントに対して規定時間のインタビューをすることもこれに似ている。そのような場合よりもむしろ，そもそも課題の設定自体が曖昧であったり，どこから取り組めばよいのか見当もつかないような分野・対象のほうが，そのプロジェクトへの貢献可能性も高く，ゼロからすべての調査を立ち上げていく人類学者としてもやりがいと面白みを感じる。

　事例でもみてきたように，個々のユーザー視点あるいは状況的文脈や，その現場の手触りというのは，データの統合や分析，制作などのプロセスを経ることでいとも簡単に失われてしまいかねない。これは UCI Lab. のみならずこのような実務に携わるあらゆる組織やチームに内在する危険性であり，その危険性が十分に自覚されないことさえも多いはずだ。紹介した事例においては，「よそ者としての人類学者」の視点を取り入れたことによって，またそこに率直に意見を言い合える関係性が築かれたことによって，こうした危険が回避されていたが，そもそもこのようなリスクを自覚することが，私たちを常にユーザー側の視点へと引き戻す契機として重要だろう。

【参考文献】

ショーン, D. A. ／柳沢昌一・三輪建二［監訳］（2007）.『省察的実践とは何か──プロフェッショナルの行為と思考』鳳書房

渡辺からのコメント
⑥人類学者と協働することの重層的な価値

　本文で比嘉は「そもそも課題の設定自体が曖昧であったり，どこから取り組めばよいのか見当もつかないようなプロジェクト」にやりがいを感じると述べている。では，UCI Lab. はそのような「難しい」案件が持ち込まれたときに「人類学者の共感能力」を期待して比嘉に声をかけているのか。そして，そのときに得た知識やノウハウを自分たちだけで（次からは比嘉がいなくても）取り扱えるようになることを意図しているのか。そうではなくて，UCI Lab. にとっての比嘉との協働とは，そのプロジェクトに関する直接的な利益だけではなくもっと重層的な意義があるものである。

　第1部でもふれたが，UCI Lab. の案件の多くは最初にクライアントから相談がきた段階では手段など詳細な仕様がまだ定まっていない。そして幅広い可能性のなかからクライアントとの対話を通じて「今回のやり方」を選んでいく。UCI Lab. では自分たちの実践のなかから何かを生み出すことに価値を置いているので，設計が決まった後でもどこかのプロセスを専門家に「丸投げ」して分担することはない。つまり相当な部分を自分たち自身でおこなっていることになる。これは一貫性という視点では利点があるが，自分たちで判断して実践する以上は，そもそもの可能性の想定や現場での一つひとつの判断について「本当にこれでよかったのか？（もっとできることがあったのではないか？）」という問いを常に投げかけられることになる。

　このような問いは UCI Lab. にとって厄介なものか。いや，むしろ UCI Lab. が新しい試みを続けている以上，そのような問いが自分たちに向けられ続けることこそが実践能力を成長させる原動力であると私たちは考える。しかし，社内や同じ業界内の専門家との協働や省察で得られる問いは，その業界の常識という制約のなかでおこなわれることから，「もっとうまくできなかったか？」「その手法は競合他社に対して差別性があるか？」といった視点になりがちだ。それも大切な問いだろうが，UCI Lab. の考える成長に必要なのは，より広い領域にいる他者に出会うことで投じられる，そもそもの捉え方，課題への向き合い方についての根源的な問いではないか。これが UCI Lab. がさまざまな学術研究者と多様な形で協働を試みる理由である。

　そして，そのような気づきは研究者との単なる対談ではなく，具体的な実践を通じた対話でしか得られないものだ。本文で言及されている事例のなかでは，協働の過程を通じて比嘉と渡辺の視点や判断基準などが言語化され，そのときの状況に合わせたお互いにとって新しい視点や手法が編み出され，挑戦されている。このときに UCI Lab. が得ているのは，そのプロジェクトの最終成果だけではなく，また新しい手法のノウハウだけでもない。プロジェクトの入り口で可能性を検討するときの視野が広がること，現場で手を動かすなかで得た知恵こそが一番重要な学びではないか。

　つまり比嘉との協働の意義は，そのプロジェクトに人類学者の視点が入ったことによる直接的な成果だけではなく，UCI Lab. の残り 92%のプロジェクトをも間接的に変化させていく。たとえ既定の仮説や課題を検証するような，設計を柔軟に組みかえ難い調査であっても，私たちの向き合い方はそれ以前とは変わるに違いない。つまり課題の内容にかかわらず今まで以上に「そもそも」から考えることを要請し，答えがユーザーの現場から乖離してしまっていないかを問い続ける。もちろんビジネスにおいて毎回「ちゃぶ台をひっくり返す」ことはできないかもしれないが，このプロジェクトで少し，次回はもう少し……と徐々に固着した構造をほどいて柔軟にすることができるかもしれない。そのような日々の小さな変化は，あらゆるプロジェクトでのクライアントやユーザーとの対話にみえない違いをもたらし，UCI Lab. との関係性や最終成果の内容に少しずつ大きな影響を及ぼしていくのではないか。このような重層的な価値は，単に人類学者に UCI Lab. の現場を参与観察してもらうことや調査パートだけをお願いすることでは得られないはずだ。それは人類学者との地道な協働を通じて初めて手にすることができるものだと考えている。

09
協働的なリサーチとは何か

1 マニュアル化されえない実践

■ 1-1　方法主義への批判

　前章では複数の事例から人類学者とラボの協働について述べた。より具体的には
プロジェクトの各工程で生じた出来事や対応，試行錯誤の様子を描いた。本章では
こうした活動全体からの示唆について，私なりに論じてみたい。

　UCI Lab. が顧客に提供する重要な価値の一つとしての「リフレーミング」に関し
ては，すでに渡辺が詳しい説明を与えているため繰り返さない。ここではそれをリ
サーチプロセスのなかで得られるような洞察の問題に絞って話を進めていこう。

　デザインファーム IDEO の手法に代表されるデザイン思考に基づいたリサーチ
（「デザインリサーチ」などの呼称をもつもの）の多くは，まず対象に共感し，そこから
洞察を得るというプロセスを掲げている。なおここで IDEO のいう「共感」とは観
察者の「能力」であり，「他者の目をとおして体験をとらえる能力，人びとがその行
動をとる理由を理解する能力」を指している。つまり共感とは「アイデアや一洞察
を手に入れる入口」であるとかれらは定義する（ケリー & ケリー 2014: 87）。ここで
観察者は共感というプロセスを経て，既存の問題の枠組みを捉え直すこと，すなわ
ち問題のリフレームへと至るわけだが，その際に①明確な解決策から離れる②焦点
や視点を変える③真の問題を突き止める④抵抗や心理的な否定を避ける方法を探す
⑤逆を考える，というテクニックが有効だという（ケリー & ケリー 2014: 87）。

　ここに並んでいる項目の内容は観察者自身の「発想法」あるいは「思考実験」の
様相を呈している。挙げられている基本的な内容や方向性に異論があるわけではな
いが，ではリサーチのなかで実際には何をどのように進めればよいのかについて考
えるときには，具体性に乏しい参照枠だともいえる。少なくとも，偶然性に依拠し
た「思いつき」や，個々人の頭の体操のようなレベルでの「問題のリフレーム」を
越えようとする際には，より実際的な手段が必要になるだろう。

　ここで再び，先に述べた柔軟さ／フレキシブルな態度を伴いつつ進行した UCI Lab. と比嘉との協働的な実践事例へと立ち戻ったとき，実はそこで提示していた柔軟なプロセスのあり方を一つひとつ経ることによってこそ，問いのリフレーミングは可能になっていった。つまり（新たな）問いやアイデアはある瞬間に突如として訪れるものではなく，柔軟なリサーチを積み上げていくことで断続的に生成されていくプロセスと考えるほうが適切なのではないか。つまりリフレーミングとはリサーチにおける個別具体的な諸実践をとおして，協働相手および対象に応じた柔軟な態度で常に取り組むことでしか，到達できないのではないか。

　この問題についてさらに思考を進めたとき，私たちはより大きな問題系へとたどりつく。すなわちそれは，第 2 部で述べてきたようなエスノグラフィックなリサーチやプロジェクトの真髄を，果たして手法やテクニックとして端的に提示しうるのか？　という問いである。結論を先取りしてしまおう。私は人類学やエスノグラフィは本質的に「反－方法論的」であり，その真髄を手法やテクニックに還元することには限界があると考える。またそのようなあり方を理解したうえでこそ，用いる価値が明らかになるとも思うのだ。

　第 2 部で述べてきた実践が方法論たりえないという姿勢を貫くとき，それは人類学的なエスノグラフィ全般における反－方法論的な性質と呼応する。社会調査，定性調査，フィールドワーク，エスノグラフィ，ビジネスリサーチなどをキーワードとした「マニュアル」は多数存在するが，その大半が「現場でそのまま使える」ようなものではない。それは現存するマニュアルが不完全であることを意味しているのではなく，むしろ「マニュアル化する」ということそれ自体が，人類学的実践と根源的に相容れないのだと考えられる。人間や社会を調査対象として，エスノグラフィックなプロセスによって個別具体的な他者と出会おうとするとき，私たちはどのように向き合えばよいのだろうか。

　現象学者の鷲田（2007）は，「思考の道具化」や「内在主義的な〈理性〉」という概念を挙げながら，西洋近代に根付く方法主義的な意識そのものを批判している。鷲田は方法主義的な意識による捉え方について次のように述べる。「そのつどわれわれに与えられる特殊的なものを，「一般的なものの事例として」一定の概念装置によって規定されたものとして捉える。言い換えると，そこではすべてのものが「加工と管理という相の下で」眺められる」（鷲田 2007: 18）。そして「諸対象をもっぱら世界を構成するための素材とみなすこうした思考の様式」（鷲田 2007: 18）を強く批判する。

　上記の議論は現象学的な世界認識に支えられたものだが，このように自らの認識
や思考様式が問われるという点，また一般化という操作のもつ暴力性についての内
省が迫られるという点において，私たちのすべてがこうした痛烈な批判を受け止め
ておく必要はあるはずだ。また特に人類学・社会学の分野において「方法主義」的
ではないあり方とは何なのかを暫定的に言語化したものとしては岸ら（2016）が，
「（主として参与観察によって）個別具体的な人びとの生，およびひとつひとつの出来
事に丁寧に対峙し，記述・分析すること。そしてそこからでしか接続できない理論
や到達しえない普遍性について論じること」であると述べている。

　人間や社会を対象とした調査の仕事に携わることは，その文脈が学術かビジネス
かを問わず，自らが他者と，そして世界といかに関わるかがその都度に問われ続け
ることである。人間理解や社会理解を目指す際の私たちは，絶対的な唯一の解を求
めて宝探しをしているわけではない。より目新しいアイデアの鉱脈を求めて，意識
を研ぎ澄ませ可能性を発掘するというあり方でもない。常に柔軟な身構えによって，
他者との対話によって進路を探りつつ，ときに立ち戻るような非効率さも引き受け
るようなあり方，それは効率よく「アタリ」を引こうという意識のもと精度をあげ
る指向性とは真逆である。簡便な調査マニュアルなどは，そうした意味においても，
存在しえないはずだ。

■ 1-2　プロセス（進め方）とプロダクト（成果）の分かちがたさ

　UCI Lab. との協働をはじめ，これまでの活動を紹介することも含めて，多様な業
界の人びとに会い，私の人類学的な調査のしかたについて共有する機会が増えてき
た。その際に「自分たちのプロジェクトは学術的な研究ではなくビジネスなので，
調査やデータ分析においてそこまで厳密さにこだわる必要がない」という声や「こ
ちらは研究ではなくビジネスの現場なのだから，調査にかける時間の余裕などな
い」という声を聞くことが時折ある。そのような「ビジネスの論理という免罪符」
のもとでおこなわれるリサーチが，果たして真に「人間中心的な」あるいは「ユー
ザーの経験に寄り添った」リサーチになりうるのだろうか。またそのような態度の
リサーチから得られた知見や提案は，本当に信頼に足る結論となっているのだろう
か。ここまで検討してきたように，新たな知見へと至るためのユーザーリサーチと
は，その手法の選択から実施，そして得られたデータの分析まで，その都度に存在
しうる無数の選択肢のなかから，その時点の自分たちにとってよりよいと思われる
ものを見極め，選び抜いていくような緻密なプロセスである。そこには明確な方針

や正解などなく，目の前の事象やデータ，そして自らの思考に誠実に向き合うより
ほかない。したがって，どのようにプロジェクトを進めていくのかというプロセス
のあり方は，どのようなプロダクト（物理的であれ概念的であれある種の成果物）をも
たらすのか，ということと不可分なのだ。

　もちろん，本論でもすでに述べてきたように，人類学的な研究における調査プロ
セスと，商品開発やマーケティング，UXなどの領域でのリサーチにおける調査プ
ロセスが完全に一致することなどなく，また必ずしも学術的な前者がそれ以外に優
越するわけでもない。しかし「学術」と「ビジネスなどそれ以外」とのあいだにあ
えて境界線を設定し，ある意味ではその境界を言い訳として，前述したような「効
率性」や「道具的なマニュアル」などを求める傾向に，それでいてなお定性的な調
査の意義を謳うような姿勢に，私は強い危惧を覚える。また自分はそのような人び
ととはおそらく協働しえないだろうとも思う。繰り返しいうが，これは必ずしも研
究者の側の正当性を主張するものではない。もしかすると人類学者や研究者の側か
らしても，そうした境界線を引くことは，自らの専門領域が脅かされる危険性を避
けられるという意味で戦略的に都合がよいのかもしれない。しかし協働とは真逆の
そうした分断的な態度が，互いにとって，あるいはこのようなプロジェクトや調査
の進展にとってよいはずがない。それぞれの領分を侵犯しないような距離感で発言
しあうのではなく，互いのあり方を照らし，揺るがし，変革していくような姿勢と
その試行錯誤の過程こそが，イノベーションの可能性へと向かうあり方ではないの
だろうか。

2　人類学者にとっての「イノベーション」

■ 2-1　「実践について語る」側から「実践しつつ語る」側へ

　さて，ここにきて一つの告白をせねばならない。実はごく数年前まで，つまり
UCI Lab.をはじめとして，いくつかの企業やチームとのプロジェクトに参与するよ
うになるまで，私は自分の研究や仕事が「イノベーション」などという概念と関連
しうるとは，夢にも思わなかった。それは単に「イノベーション」だけに限らず，た
とえば「クリエイティビティ」などといった概念でもよい。当初から社会的な応用
や創造を指向している学問領域ならまだしも，人文系の，とりわけ地道な調査に根
ざした他者理解を拠り所とする人類学という学問が「イノベーション」なるものと
いかなる接点をもちうるのか。そのようなことを私自身はまるで考えたことがな

かったし，また正直なところこの原稿を書いている今でさえも，その明確な答えを
もちあわせているわけではない。

　しかしこうした領域と実践に自ら関わってみるようになると，そこで出会ったさ
まざまな人びとは「生まれて初めてみる人類学者という存在」を概して不思議がり
面白がっているようだった。そしてかれらからはさまざまな素朴な問いをぶつけら
れるのだが，それはまるで初めてフィールドワークに行った人類学者が現地の人び
とから好奇の目にさらされるかのようでもある。企業の人びとからは「なぜ南の島
に行くような人類学者が私たちと一緒にプロジェクトをやろうと思ったのです
か？」「一緒にプロジェクトを実施することによって私たちは多くを得ると思いま
すが，比嘉さんにとってこれにはどんなメリットがあるのですか？」といった問い
を，また人類学者からは「基本的にマイノリティや弱者の側に立つ現代の人類学者
がビジネスや資本主義の巨大な運動のなかに積極的に参与することをどう考えてい
ますか？」などとも投げかけられる。これらの問いに対する答えを自問し積極的に
模索することは，おそらく私の研究や仕事と「イノベーション」なるものとの関係
を問うことにもつながっているはずだ。

　アナーキズム／アクティヴィズムを実践し続ける人類学者グレーバーがいみじく
も述べるように，多くの科学者は各々の専門領域における言説的なパラダイムのな
かに安住し，そのパラダイムの内部における合理性を追求し，そこにおいて完結し
ようとする（グレーバー 2006, 2009）。別の言い方をするのであれば，冒頭で述べた
ようなごく一部を除く大多数の人類学者は，地球上のさまざまな土地に生きる他者
の多様な生活とその固有の論理に寄り添い，かれらの実践について人類学的に論じ
ることを生業としているのであって，そのディスコースは多くの場合，人類学者自
らの個人的な生活や論理とはまた別の，一定の距離を置いたところに存在する。も
ちろん「研究」のあり方や「研究者の役割」に対する考え方は当然ながら多様でし
かるべきだが，私の個人的な考えを示すのであれば，研究という領域，しかも人類
学という研究対象の人びととある意味で特有の関わりをもつ学問において，「かれ
らの社会実践」と「自らの社会実践」が直接的に交わらないこと（あるいはその交わ
りを暗黙のうちに回避しようとする傾向）には強い違和感や居心地の悪さを感じてし
まい，それをどうにかして解消する必要があった。そうした感覚の存在が，私が
オーソドックスな人類学の研究スタイルにとどまらず現在のようにさまざまな活動
を展開してきた理由の一つでもある。つまり私はこのような試行錯誤の営みのなか
で「実践について（一定の距離を保った安全な場所から）語る」側から「（渦中に身を置

きリスクを引き受けつつ）実践をしながら語る」側へと自らを少しずつシフトさせよ
うと試みてきた。

　人類学が取り扱う領域のなかでも一つの主要な核をなす「日常実践」とは，「い
ま・ここ」の話であるばかりか，すべての実践は行為遂行的であるという立場にた
つとき，それについて描くことは本来，人間の未来への投企の諸相を描くことでも
ある。これまでにも民族誌的記述と時間性の諸問題が議論の俎上にのぼることは
あったが，それでも人類学は基本的に「いま・ここ」およびそれ以前を議論と思考
の対象としてきた。それに対し，私が本論で示してきたように，自らもプロジェク
トに協働的に参与しつつ思考するスタイルは，まさに自らの眼前で何かが（無論それ
はいつも玉石混淆のなかの「何か」でしかないが）生み出されていくさまに立ち会い続
けるものであり，まさに私も自らを投企せざるをえない状況のなかにある。イノ
ベーションなるものが今後の社会をつくっていく一端なのであれば，こうした意味
で私もおそらくその領域に参与しているのであろう。それは遠い未来を根拠なく予
言するのでもなく，無責任な大言壮語によって耳目を集めるのでもない。多様な人
間の豊かな生を可能な限り包摂しうるような，新たな未来や社会実現に向けての地
道な実践に私は人類学という学問を回路として参画しようとしている。そしていわ
ゆる「ビジネス」の領域とは，端的にいえばその大きな目論見のごく一部分に重
なっているにすぎないのではないか。

■ 2-2　人間の生の手触りから乖離しないために

　人類学者は，他者の生や個々の集団の固有の論理に対峙してきたことによって，
「われわれの論理」や「いま・ここ」に対するオルタナティヴな世界や認識が必ずど
こかに存在することを身をもって知っている存在である。フィールドに入ることか
らはあくまでもアクチュアルな現実と向き合い，この世界や個々人の内に広がる認
識の複雑さにときに揺さぶられながら，世界のざらついた手触りを自らの身体に刻
みこむような営みを，長い時間にわたって忍耐強く続けてきたのだった。人類学者
ティム・インゴルドは「考えることとつくることの関係」を問うなかで，理論家の
手法と職人（クラフトマン）の技法を対比させ，特に後者の実践を「探求の技術」と
呼んだ（インゴルド 2017）。

　　探求の技術において，思考は，わたしたちがともに働く物質の流れやその変動
　　に絶えず応答しながら，それらとともに進行するように振るまう。ここでは，

　　すべての作業は実験となる。（…中略…）次に何が起きるのかを見るために，自
　　分の手が触れるものの生に随伴されて，両者が属する世界を巻きこみながら物
　　事を試すのだ。（インゴルド 2017: 26-27）

　ある程度定まった仮説をわかりやすい手法で検証するリサーチは，進行も早く，
結果も出やすく，ある状況においては満足度も高いのだろう。しかし個々の人間の
認識の複雑さや，その感情の機微にふれようとするとき，あるいは社会の多様さ，
未来のわからなさに向かい合おうとするとき，私たちはもはや，既成のフレームに
寄りかかることを許されはしない。そこではインゴルドのいうように，調査する側
／わかろうとする側である私たち自身も，人びとに呼応しながら，つまり常に何か
を感じとり，その場で考えぬき，手足を動かし続けながら，つまり「世界を巻きこ
みながら物事を試す」しかないのだ。

【参考文献】

インゴルド, T. ／金子　遊・水野友美子・小林耕二 ［訳］(2017).『メイキング――人類学・
　　考古学・芸術・建築』左右社
岸　政彦・石岡丈昇・丸山里美（2016).『質的社会調査の方法――他者の合理性の理解社
　　会学』有斐閣
グレーバー, D. ／高祖岩三郎 ［訳］(2006).『アナーキスト人類学のための断章』以文社
グレーバー, D. ／高祖岩三郎 ［訳・構成］(2009).『資本主義後の世界のために――新しい
　　アナーキズムの視座』以文社
ケリー, T., & ケリー, D. ／千葉敏生 ［訳］(2014).『クリエイティブ・マインドセット――
　　想像力・好奇心・勇気が目覚める驚異の思考法』日経BP 社
鷲田清一（2007).『思考のエシックス――反・方法主義論』ナカニシヤ出版

おわりに

　第２部冒頭では，私の個人的な経緯をなぞる形で，人類学の役割や位置づけの変化を追った。またそうしたプロジェクトのなかで人類学者（あるいは人類学者的な役割）に寄せられる期待について概観した。それに続く章では，UCI Lab. と比嘉が取り組んできた具体的な事例とその試行錯誤の様子をつぶさに追うことによって，外部の人間／研究者／人類学者がこうした組織に実際的に関わり協働的に調査することから浮かび上がる事象や可能性について述べてきた。

　さまざまな現場で「人間中心」や「ユーザー中心」などのメッセージが掲げられるようになった今日において，あるいはそれらを立脚点に「イノベーション」が目指される現代的な状況において，人類学者である自分には何が可能なのかということを，私はラボとの実践をとおして深く考えるようになった。私自身の見解をいえば，イノベーションとは結果ではなく，そのプロセスにこそ宿る。それは人類学において，フィールドワークにおける自身のあり方や関係の取り結び方が，「民族誌的データ」にも色濃く反映するような関係に似ている。第２部でみてきたように，リサーチとは無数の選択肢のなかからその一つひとつを毎回選んでいくような作業である。そこには「正解」はなく，常時「オルタナティブ」な選択肢が想定される。この，常にオルタナティブが張りついた選択を引き受け続けることこそが，変革や革新を実現する一歩なのではないかと思うし，そういった意味でも私たちのこの地道な日々の実践こそが「イノベーション」に限りなく近い場所にあるのではないだろうか。

補論：人類学は「役に立つ」のか。人類学者とは何者なのか。

　本書で私が示したような「アカデミアの外部」の人びととの協働や，そうした活動そのものについて，どのように意味づけるかというのは案外むずかしい話である。人類学という学問の理論的蓄積を，あるいは人類学の研究対象となってきた人びとの叡智を，現代に生きるわれわれが参照することで，個々の生や社会の未来をよりあかるくできるのだ，故に人類学は「役に立つ」のだ，という説明はわかりやすく，説得力もある。しかしそもそも，人類学のような学問が，役に立つ／立たないの議論のうちに回収されてしまうことに対する強い危惧と抵抗感が私にはある。

　何かが役立つというとき，それは「誰にとって」「どのように」役立つのか，ということが問われるべきであり，そのように思考を推し進めるのであれば，その「役立ち方」は本来，世界のなかで無数に開かれている。人類学という学問が人間の多様性や文化の相対性を拠り所としてきた歴史を鑑みれば，また植民地主義の世界において「役に立ってきた」歴史を自省するならば，その主体を不在にあるいは曖昧にしたままに，「役立つ」などと言って／言われてしまうことの暴力性は，くっきりと自覚されるべきであり，排除すべきものではないか。こうして人類学者が「特定の（それはたいてい主としてマジョリティの）他者」の論理に（「ビジネスの論理」や「資本主義の論理」もそれらのうちのひとつだ）取り込まれいわば消費されてしまうとき，私たちがフィールドの中に入り込み，この身を投じて関わりその輪郭を確かめようとしてきた「現場の手触り」からは乖離してしまう危険性も高くなる。

　いっぽうで，「人類学なんて何の役にも立たない」と自嘲しながら研究対象に埋没することもまた，私たち（人類学者）と世界とをいびつな関係性のなかに閉じ込めてしまう。このときの「役に立たない」というのもまた，実は先に挙げたのと同じく「役に立つか否か」の問題系のなかにあり，たとえそれが「いまここ」の社会のなかで「役に立たない」にせよ，それが「他の社会的文脈」であるとか，「50年後・100年後の世界」であるとか，そうした状況においては「役に立つ」のかもしれず，そうした可能性のなかに本来開かれていなければならない。そのような意味でも，やはり私たちは「役に立つ／立たない」の言説に足元をすくわれてはならない。

　ではそのような言説の「外部」あるいは「あいだ」を漂いつづける人類学者という存在は，いったい何者であり，何によってその仕事を定義されうるのだろうか。佐藤（2013）が明確に示すように，人類学者による古典的なフィールドワークとはマリノフスキーによって定義された「外国で・二年」，つまり遠く離れた他者と長い時間を共にすることが前提とされていた（佐藤はこれをフィールドワーク 1.0 と呼ぶ）。しかし現代においては，フィールドとなる場所の異国であるか自国であるかを問わず，またそれをある特定の民族というよりも特定の状況に生きる人びとを対象として，人類学者たちはさまざまなテーマにおいてフィールドワークを展開している（＝フィールドワーク 2.0）。例えば人類学が，科学技術などの近代的なシステム，あるいは金融などのグローバルな制度等をその研究対象として取り扱うようになってきたことも，フィールドワーク 2.0 の格好の例である。

　このフィールドワーク 1.0 から 2.0 へのシフトという構造的変化のなかに，本書の人類学的実践を位置づけることも（ある意味においては）可能である。UCI Lab. をはじめとするさまざまな企業との産学連携プロジェクトにおける調査はまさに，同時代の身近な他者あるいは我々自身をも含みこんだ社会を扱っており，またその枠組みにおいて現地の／フィールドの人びととの関わりのみならず民間企業をはじめとする多様なステークホルダーとの協働があり，そしてその運動の中心には「イノベーション」といった概念（ないしイデオロギー）が支配している。こうした対象を取り扱う人類学は，まさにフィールドワーク 2.0 の好例ともいえるだろう。

　このようなフィールドの変化≒人類学の同時代的な変容として捉えることもできれば，それは同時に，研究対象の如何に関わらず通底する，より根源的な「人類学的なありかた」が今こそ問い直されているのだともいえる。その点に関し田辺（2003）は，以下のように述べる。

　　人類学者の実践のすべては彼／彼女が対象とする人びとの実践と同一地平で
　　行われているのであり，人類学者は自己の行いに不断に立ちかえることに
　　よってしか彼らを理解できないということだ。さらに，そうした再帰的な反復
　　運動を維持しながら彼らへの理解に達することは，自らの主体の形式を少し
　　ずつ，あるいは大胆に転換する可能性を追求することでもある（田辺 2003:
　　26）。

　つまり「人類学者の実践のすべて」が「対象とする人びとの実践と同一地平」であるとき，またそれが人類学的な認識の出発点であると同時に根幹にあるとき，私たちにとって重要なのは人類学の同時代的変化のみに執着すること，つまり

フィールドワーク 1.0 を切り捨て 2.0 へと移行するといった思考のしかたをするのではなく，むしろ 1.0 のフィールドワーク／人類学的実践と 2.0 のそれとがいかに根源的にはおなじであるのかを探究することではないだろうか。私自身に関していえば，オセアニアの島嶼でのフィールドワークを続けることと，UCI Lab. のような人びととの共同研究を続けることは，まったく同じ地平にあるという信念から，いっけんかけ離れた両者の研究を並行している，ということもこの話の延長線上にある。

　またここで田辺が言う「再帰的な往復運動」は，人類学者一般にとっての実践的特性であると同時に，私自身をも含む人類学者の in-betweeness（＝あいだにいること）の必然性を代弁するもののようにも感じられる。さらには「自らの主体の形式」の大胆な転換までも示唆されていることで，本書でも言及したような「どっちつかずの」現在の自分の在り方は，そのような主体の変容の可能性の領野のなかにどうにか自らを繫留している状態のようにも思われた。この先どこに向かっていくにせよ，とにかくこの歩みを止めないことが，私にとっての人類学的な実践であることはもちろん，人類学的認識をも押し広げる行為なのではないか。現時点ではそう考えている。

【参考文献】
佐藤知久（2013）．『フィールドワーク 2.0──現代世界をフィールドワーク』風響社
田辺繁治（2003）．『生き方の人類学──実践とは何か』講談社

第 3 部

制度としての
UCI Lab.

北川亘太

はじめに

第 1 部と第 2 部では UCI Lab. とクライアント企業の模索的かつ対話的なプロジェクトが，当事者および協力者の視点から詳細に論じられてきた。ここまでにじっくりと描かれてきた UCI Lab. とクライアント企業の協働や渡辺と比嘉の協働，そして，ところどころで簡単にふれられてきた UCI Lab. のメンバー同士の協働やメンバーと協力者の協働には，「対話的」「模索的」といった特徴が共通してみられる。このことから推察すると，こうした協働ができているのは，何人かの「個人」がそのような個性や資質を備えているからだけでなく，もしかすると，このような実践への志向性が集団として共有されているからかもしれない。そこで，ここからは，分析のレベルを個々人のあいだの協働の次元から集団的な慣行・規範の次元，つまり「制度」の次元へと引き上げてみたい[1]。第 3 部では，上述の特徴ある実践を続けてくることができた（あるいは，それができるようになった）制度的な背景を，UCI Lab. と YRK&（以下「会社」と呼ぶことがある）との「制度間の」関係性の変化と UCI Lab. 内の「制度内の」関係性の変化に注目しながら，描き出していく。

■ 社内起業としての対話的チームが直面しやすい問題

第 1 部と第 2 部は協働に焦点を当ててきたため，UCI Lab. が「社内起業」であるという制度的な文脈にはあまり目を向けてこなかった。しかし，制度としての UCI Lab. の生成・発展（とりわけ会社との関係性の変化）を検討していくうえで，この文脈は必ず考慮に入れておかなければならない。そこで，第 3 部の本題に入る前の準備として，社内起業の先行研究に基づいて，社内起業の一般的な特徴と困難を簡単にまとめておきたい。

ウォルコットとレピッツ（2010: 42）によれば，社内起業とは，「既存企業の内部のチームが，現在持っている資産，市場，能力を活用しつつ，それらとは一線を画した新規ビジネスを考案し，育成し，市場投入し，管理する活動プロセス」である。一般的には，成熟企業における組織構造，業務プロセス，資源配分方法の「効率性」がイノベーションを阻むことがあるといわれるが，社内起業は，既存企業の「資産，市場，

---

1) 制度と諸個人の実践との関連については，第 3 部で分析を終えたあと，「補論 5：制度と実践の連動した変化」で整理したい。

能力」の一部を新たな事業に振り向けることで成熟企業が「内側から」イノベーションを起こす可能性を拓くという試みである（ウォルコット＆レピッツ 2010: 330）。

　多くの場合，社内起業は，上述のような「効率性」に基づく既存企業の思考との不整合という問題に直面することになる。たとえば，もし既存部門の社員たちが社内起業を「コスト・センター（直接的な利益を生み出さない部門）」とみなしてしまえば，かれらは，全社として業績を向上させるためには社内起業に割かれている資源をすでに実績をあげている事業に回す必要があると主張するかもしれない（ウォルコット＆レピッツ 2010: 70-71）。こうした摩擦は脆弱な社内起業の存続の危機につながりやすいため，社内起業のチームは自分たちのビジネスが社内で受け入れられているかを常に考慮しなければならないという（ウォルコット＆レピッツ 2010: 59）。

　社内起業のなかでも UCI Lab. のように「対話」[2]を重視する社内起業（以下，対話的な新事業という）に話を限定すると，成熟企業にイノベーションの装置として対話的な（新規）事業を設けておくことの重要性を主張したイノベーション・マネジメント研究（レスター＆ピオーリ 2006）では，対話的な新事業が直面しやすい困難が説明されている。それは，「コミュニケーション・ロジック」の違いからもたらされる困難である。企業活動におけるコミュニケーションは，「やりとり（communicative）」ロジックと「対話的（dialogical）」ロジックに分類される[3]。第10章で詳述するが，やりとりロジックとは，明確に定義された問題を解決するために最も効率的な手段を設定し，適材適所でそれを効率よく実施しようとすることである[4]。そのときに目指されるコミュニケーションは，明確化された情報の効率的な伝達である。先にふれた成熟企業によくみられる効率性の重視もこのロジックに当てはまる。対話的ロジックとは，意味づけの「曖昧さ」を許容し，その揺らぎを

2）心理社会的な治療における対話の有効性と可能性についてはセイックラ＆アーンキル（2016, 2019）を参照のこと。

3）厳密にいうと，これらのロジックは，Ballantyne & Varey（2006）による分類である。レスターとピオーリ（2006）自身は「分析的プロセス」と「解釈的プロセス」という分類を用いているが，前者は「やりとりロジック」に，後者は「対話的ロジック」におおむね対応している。第3部第10章では「コミュニケーション・ロジック」を分析道具として用いることになるので，第3部全体の読みやすさを考えて，ここではやりとりロジックと対話的ロジックの分類を用いる。

4）第1部・第2部でも「やりとり」という言葉自体は用いられるが，それはあくまでコミュニケーションをとるといった通常の意味合いで用いられており，第3部で対話的ロジックと対比的に使われる用語である「やりとりロジック」との関連性はない。

活かしながら，課題や解決策を再解釈しようとすることである。本書第2部で扱われた「特定空間における行動に関する調査」での「「分析」工程において生じた試行錯誤」，そして，「未来のコミュニティに関する調査」での「プロセス終盤の「制作」工程において生じた予想外の出来事」は，ちょうどこれに当てはまる。

　レスターとピオーリ（2006）によれば，成熟企業に内側からイノベーションをもたらしうるという意義をもっていたはずの対話的な新事業が，次のような経緯で損なわれた事例が頻繁にみられたという。対話的ロジックに則る社内起業が拡大・成熟しつつあるとき，また，その事業にずいぶんとコストがかかっていることが明るみに出たとき，あるいは，会社幹部がその事業を「コスト・センター」から「プロフィット・センター」（収益源）へと転換させようとしたときに，やりとりロジックや効率性に則った思考・実践（組織の構造・運営・コミュニケーションの効率化）が対話的な新事業に侵入したり，そのように思考する会社幹部や既存部門から「収益性」「効率性」の圧力が対話的事業にかけられたりする。こうして対話ロジックは容易に損なわれうるので，レスターとピオーリ（2006）は，社会全体や個別企業のイノベーション能力を維持するためには，対話的な新事業を，収益性，効率性，競争力を求める思考・実践・圧力から隔離して保護する必要があると強く主張した。

■ 第3部の問い

　第1部・第2部では，プロジェクト進行中に工程を追加したり，制作物の仕様を変更したり，一見すると利益との関連性が不明瞭な学習に投資したり，人類学者とのジャカルタでの自主調査をおこなったり，これまでに熟達させてきたサービスのパッケージ化をねらわずに試行錯誤を続けてきたりといった「挑戦的な試み」が描かれてきた。ビジネス上，または社内での定型的な思考・実践から逸脱しようとするこうした試みは，本書の著者たちからすれば，ユーザーにとっての価値により接近しうる点で評価できる。その反面，この試みは，対話的な新事業が上述の困難に直面しやすいことを踏まえると，事業の変質や解体といった危険を伴う実践のようにも感じられる。というのも，先に紹介した諸研究に基づくと，以下のようなことが起こりうるからである。まず，挑戦的な試みが会社から「非効率」「不合理」な実践であるとみなされるかもしれない。すると，やりとりロジック（とくに「効率性」に基づく思考と実践）によって対話的ロジックが淘汰されたり，会社幹部や既存部署がUCI Lab.の存在意義に疑問を呈したりするきっかけになるかもしれない。こうした危険が想定されるものの，実際のところ，UCI Lab.は挑戦的な試みをすでに7

年以上続けている。

　ユーザーへの価値に接近するという点で意義をもちつつも，社内から「不合理」「非効率」ととられかねない挑戦的な試みを，UCI Lab. はなぜ実践できているのか，また，どのように続けてきたのか。第3部では，この疑問を，私がこれまで学んできた「制度経済学」の観点から考えていきたい[5]。

■ 制度経済学の視点

　ここで，著者の観点を明確にするために，制度経済学について，第3部に関わる範囲で簡単に説明しておきたい。私（北川）の専門分野である「制度経済学」は，近代以降の経済システムである資本主義を，一般によく知られているミクロ・マクロ経済学のようにもっぱら市場の法則とみなすのではなく，諸制度の組み合わせとしてかたちづくられる資本再生産のシステムとみなす。加えて，制度経済学は，資本主義を，やはりミクロ・マクロ経済学の導入的な説明にあるような，自動的に均衡に向かう安定的なメカニズムとはみなさず（岡本・小池 2019），本質的には不安定かつ不確実なものであるものの，人びとの集団的な行動によってつくられる諸制度のおかげで安定しうるシステムとみなす。制度経済学の目的は，グローバル経済，一国経済，産業，企業といったさまざまなレベルでの調査・分析[6]を通じて資本主義の変化とその現在の特徴について見取り図をつくること，現在の資本主義にみられる進歩的な制度や実践を見出すこと，ひいては，そうした進歩的な仕組みを参考にして経済を再調整する方法を構想することである。

　制度経済学の鍵概念である「制度」をさしあたりゆるやかに定義しておくと[7]，それは，ある集団に共有されている，言語化された／されていない仕組みである。

5）制度経済学と先にふれたイノベーション・マネジメント研究は，別個の学問分野ではなく，相互に影響を及ぼし合う隣接分野である（レスター & ピオーリ 2006: 243）。

6）よく知られている経済学がモデルや定量分析を重視するのとは異なり，制度経済学では多様な分析手法が認められている。たとえば，制度の要素を加味したモデルを構築してその影響を検証する研究者もいれば，私のように「認知資本主義」といった「理念型」に基づいて現場を観察し（山本 2016; コモンズ 2019），出来事を意味づけし，ときには翻って出来事から理念型を問い直すといった，理論検討と現地調査を同時におこなう研究者もいる。

7）第3部では，分析の焦点にあわせて制度の定義を変化させることがあるため，すべての分析を終えた後，「補論6：本書における「制度」を特徴づける」において第3部全体からみえてくる制度の多面的な特徴（諸定義）を整理したい。

ここまでに出てきたもので例を挙げると，対話的ロジックとやりとりロジックといった「コミュニケーション・ロジック」，効率性の重視や協働の重視といった「規範」，広告代理店モデルや UCI Lab. のイノベーション・コンサルティングといった「ビジネス・モデル」[8] がある。制度はさまざまな個人や集団の対立，交渉，妥協の産物であるが，それがどのように生成・変化するかは，合理性や効率性といった経済学的な基準（規範）だけで説明しきることはできないため，事例に対して開かれた問いであるといえる。

　とはいえ，制度経済学は，テキスト分析から先進資本主義諸国にある程度共通する諸規範の動態を描き出し，それをマクロな制度変化の「趨勢」として提示している（ボルタンスキー＆シャペロ 2013）。それは，資本主義システムをかたちづくっている諸規範のうち支配的なものが，ここ数十年で「産業的効率性」の追求という規範から「ネットワーク／プロジェクト」の規範および「インスピレーション」の規範へと移行しつつあるという趨勢である。産業的効率性の規範とは，組織内で固定的かつ階層的な部門ないし事業部をつくることによって組織運営の効率性を追求しようとする規範である。先に取り上げた社内起業論，イノベーション・マネジメント論でいう「効率性」や「合理性」もこの規範に含まれるであろう（レスター＆ピオーリ 2006: 218）。対照的に，ネットワーク／プロジェクトの規範とは，組織の垣根を越えて「ネットワーク」を構築し，そのなかで一時的なチームを組んで「プロジェクト」を遂行できる能力を高く評価する規範であり，「インスピレーション」の規範とは，アイデアが「降りてくる」個人や集団を高く評価し，かつ，そのような意図せざる状態に意図的・集団的に達するために，異質な参加者が対話的に協働することを重視する規範である。先に取り上げたイノベーション・マネジメント論における対話的ロジックはこれらの規範に含まれるであろう。

　これらの新たな規範が旧来の規範（産業的効率性）との「摩擦（conflict）」を引き起こしつつ勢力を強めていくという仮説的な前提をとってミクロな事例を検討するとき，制度経済学は，以下のようなことに注目する。まず，ある仕組みのもとでは，対立するはずの旧来の規範が妥協・併存できていることである（立見 2019: 199）。次に，場合によっては，新旧の規範の「不協和」がイノベーションの源泉になるこ

8）ここでは，調査対象の人びとの言葉遣いにならって，「ビジネス・モデル」を，すでに広く普及している業界のビジネス構造，あるいは，それと対比されるかたちで新たに模範となりうる持続可能なビジネスの仕組を意味する言葉として用いる。

とである（スターク 2011; 森崎 2018）。

　こうした制度経済学の趨勢的な見方からすると，UCI Lab. は，マクロ経済におい
て勢力を強めている現代的な規範と整合するミクロな事例として，すなわち，「ネッ
トワーク／プロジェクト」と「インスピレーション」の規範をもつ組織の典型例と
して解釈できるかもしれない。加えて，制度経済学の事例研究において新旧の規範
の摩擦がたびたび観察されていることから，UCI Lab. と会社とのあいだにもそのよ
うな摩擦が生じている（あるいは生じていた）可能性があると推察できる。ただし，
重ねていうと，対立するはずの諸規範がどのように妥協し，併存するかは，制度経
済学では個別にみていくしかない開かれた論点として残されている。UCI Lab. と会
社の関係性を事例にこの論点を検討していくと，対話的な新事業をいかに存続させ
るかという難しい問いについても，やはり「対話」という関わり方が鍵になること
が浮き彫りになるであろう。

　第 3 部は以下のように進めていく。第 10 章「制度としてのラボ」では，私が職
場を観察しながら，UCI Lab. を制度的観点で捉えていく。なお，本章から，制度的
次元での UCI Lab.，すなわち，あるコミュニケーション・ロジック，規範，ビジネ
ス・モデルを共有する集団としての UCI Lab. を，制度としての「ラボ」と呼ぶこと
にする。本章では，ラボの特徴を，別の制度としての他部署と対比させながら描き
出す。二つの異なる制度がオフィスに併存しているという見方をすることによって，
制度間の摩擦が浮き彫りになる。さらに，それでもなお UCI Lab. が挑戦的な試みを
続けてこられた理由は（同義語反復的ではあるが）かれらが「自律性」（あるいは「裁
量権」）をもっているからであることがみえてくる。

　裁量権は制度間の関係性のなかで規定されるため，会社（別の制度）との関係性が
変化すれば，裁量権の範囲も変化する。第 11 章「制度としてのラボの形成」では，
ラボが，会社と呼応しながら「制度間の」関係性を発展させることによって主体的
に自律性を確保してきた様子を描き出す。

　第 12 章「対話の制度化」では，ラボ内の，つまり「制度内の」関係性の変化を
みていく。具体的には，ラボのメンバー同士の関係性が，外部の専門家によるコー
チングをきっかけに問い直され，あらためて制度化されていく（再構築されていく）
様子を描き出したい。この変化を追いかけていくと，ラボの集団としての能力が，
メンバー同士の関係性の発展のみならず，メンバーたちと協力者やクライアント企
業との相互的な変化のなかで構築されてきたことがみえてくるであろう。

　ところで，制度経済学者である私にとって，はたしてラボは，単に制度経済学が

提示したマクロな趨勢に当てはまるミクロな事例として回収されてしまうだけの存在なのだろうか。それとも，ラボは，制度経済学を補強してくれる素材以上の意味をもっているのだろうか。「第3部：おわりに――制度経済学からみた地道な取り組み」では，第3部での分析を踏まえて，「プラグマティズム」という制度経済学の根底にある「哲学」からラボの意義を再検討したい。

【謝　　辞】

第3部を執筆するための調査・研究に協力してくださった以下の方々に厚く御礼申し上げます。深井賢一氏（株式会社YRK and 取締役 TOKYO 代表），大石瑶子氏，田中陽子氏（UCI Lab.），黒木潤子氏（株式会社インター・ビュー代表取締役／エグゼクティブコーチ），橋本良子氏（事業構想大学院大学教授），山内裕氏（京都大学経営管理大学院准教授），山本泰三氏（大阪産業大学教授），立見淳哉氏（大阪市立大学准教授），井澤龍氏（滋賀大学准教授），近藤淳氏（アジアプランニング株式会社代表取締役，博士（経済学）），金信行氏（東京大学大学院学際情報学府博士課程），黒澤悠氏（コンサルティング会社勤務）。なお，第3部での見解はすべて著者個人の見解であり，かれらの見解とは一切関係ありません。

【参考文献】

ウォルコット, R. C., & レピッツ, M. J.／鳥山正博［監訳］／西宮久雄［訳］（2010）.『社内起業成長戦略――連続的イノベーションで強い企業を目指せ』日本経済新聞出版

エイマール-デュヴルネ, F.／海老塚明・片岡浩二・須田文明・立見淳哉・横田宏樹［訳］（2006）.『企業の政治経済学――コンヴァンシオン理論からの展望』ナカニシヤ出版

岡本哲史・小池洋一［編］（2019）.『経済学のパラレルワールド――入門・異端派総合アプローチ』新評論

コモンズ, J. R.／宇仁宏幸・北川亘太［訳］（2019）.『制度経済学――政治経済学におけるその位置　下』ナカニシヤ出版

スターク, D.／中野　勉・中野真澄［訳］（2011）.『多様性とイノベーション――価値体系のマネジメントと組織のネットワーク・ダイナミズム』日本経済新聞出版

セイックラ, J., & アーンキル, T. E.／高木俊介・岡田　愛［訳］（2016）.『オープンダイアローグ』日本評論社

セイックラ, J., & アーンキル, T.／斎藤　環［監訳］（2019）.『開かれた対話と未来――今この瞬間に他者を思いやる』医学書院

立見淳哉（2019）.『産業集積と制度の地理学――経済調整と価値づけの装置を考える』ナカニシヤ出版

ボルタンスキー, L., & シャペロ, E.／三浦直希・海老塚明・川野英二・白鳥義彦・須田文明・立見淳哉［訳］（2013）.『資本主義の新たな精神　上・下』ナカニシヤ出版

森崎美穂子（2018）.『和菓子　伝統と創造――何に価値の真正性を見出すのか』水曜社

山本泰三［編］(2016).『認知資本主義——21世紀のポリティカル・エコノミー』ナカニ
　　シヤ出版

レスター, R. K., & ピオーリ, M. J.／依田直也［訳］(2006).『イノベーション——「曖昧さ」
　　との対話による企業革新』生産性出版

Ballantyne, D., & Varey, R. J. (2006). Introducing a dialogical orientation to the service-dominant
　　logic of marketing. in R. F. Lusch, & S. L. Vargo (eds.) *The service-dominant logic of*
　　marketing: Dialog, debate, and directions. Armonk, NY: M. E. Sharpe, pp.224–235.

補論 1：制度経済学からみた経済の変化と現在の特徴

　第 3 部の本文は，第 1 部・第 2 部で論じられた特徴ある実践を続けることができた（あるいは，それができるようになった）背景を，「集団に共有された仕組み」と大まかに定義された「制度」の観点から俯瞰的に描き出すことを目的としている。第 3 部ではさらに，「補論」という別枠を設けて，本文で扱う制度的な事象を，諸個人の特徴ある実践と関連づけたり，社会経済システムの歴史的変化についての制度経済学の知見から解釈し直してみたい。

制度経済学
　私が第 3 部で主に用いる制度経済学は，ヨーロッパの制度経済学者たちが発展させたバージョンのものである（シャバンス 2007）。それは，アメリカ経済の仕組みを分析することから出発し，そのうえで，先進資本主義諸国に共通した特徴と変化を見出そうとするものであった。かれらは，現代における資本主義の仕組みを「認知資本主義（cognitive capitalism）」と名づけた（Moulier-Boutang 2011）。それは，「産業資本主義」から変化した体制であり，それと対比することで理解できる。とくに 20 世紀後半の産業資本主義は，長期の成長を実現していた。これが「フォーディズム」である[1]。以下では，まずフォーディズムを概観し，その危機，そして，認知資本主義の形成をみていきたい。

フォーディズム
　フォーディズムは，第二次世界大戦後の米・仏・独・日の「黄金時代」に成立していた経済システムである。その特徴は，生産の近代化と規模の経済による生産性上昇が賃金上昇，消費・投資の増加，そしてさらなる生産性上昇をもたらすという回路が成立していることである。生産の近代化として，「テイラー主義」として知られる作業の細分化（単純化）・標準化，生産における構想と実行の分離，工作機械やベルトコンベアの導入が挙げられる。生産の近代化によって（たとえば単純化された作業などで）労働者の苦痛が大きくなるので，使用者側は，それによって達成される生産性上昇を賃上げと結びつけるという労働協約を労働組合と結んだ。このように両者が妥協することによって生産性上昇と賃上げの連関が制度化され，図 1 に示されるような好循環が生じた。
　この時期に普及していた規範は，組織的に分業化・階層化・巨大化を希求する

1）フォーディズムの特徴およびその危機の分析について詳しくは山田（1993），ボワイエ（2019）を参照されたい。

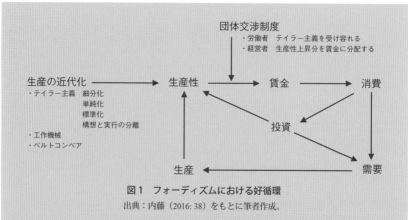

図1　フォーディズムにおける好循環
出典：内藤（2016: 38）をもとに筆者作成。

という意味での「産業的効率性」の規範，および，労働組合を通じた産業民主主義
に象徴される「団結」の規範であった（ボルタンスキー＆シャペロ 2013）。

フォーディズムの危機

　制度経済学では，フォーディズムという制度化された回路の危機を，オイル
ショックに代表されるシステムの外からのショックによってもたらされたものと
いうよりも，むしろ，このシステムの発展ゆえにシステム内で生じたものとみる。
その危機は，生産性上昇率の低下と需要の伸びの鈍化からなる。

　生産面では，生産の近代化と規模の経済が限界に突き当たった一方で，労働者が
非人間的な労働を容認しなくなっていき，ストライキやサボタージュが増加した
ため，労働日の損失と労働管理コストが増加した。これらが合わさって，生産性上
昇を抑制した。需要面では，耐久消費財が普及したことで大衆的な必要が満たさ
れていき，消費者は「ほんもの」[2] や「特異性」を求め始めた。

　需要量の伸びが十分ではないにもかかわらず，激しい労働闘争による労働コス
トの増加などによってインフレが亢進した。行き詰まりをみせた経済システムに
1960 年代後半から「批判」が高まっていった。労働の過度な単純化によって労働
者が現場で創意工夫する余地を奪われたことから労働の人間性・自律性の回復を
求めた労働運動，ベトナム反戦運動・公民権運動・第二波フェミニズムといった
社会運動，ヒッピー・ムーブメントやロックといったカウンター・カルチャーの

---

2) ここではギルモアとパイン（2009）の訳にならって *authenticity*（*authenticité*）
　に「ほんもの」という平易な日本語をあてたが，ボルタンスキーとシャペロ
　（2013）では「真正性」と訳されている。

高揚がその例である。

　これらは，分配の見直しを求める動き（ボルタンスキーとシャペロ（2013）のいう「社会的批判」）としてだけでなく，当時の「アメリカ式」政治・軍事・経済システムからの解放，自律性と創意工夫の回復，あたかも芸術家のように解放とほんものを求める動き（「芸術家的批判」）としても，共鳴・連動していた。こうした批判の高まりは，経済システムに強い摩擦をもたらした。

　資本主義はシステムとして危機に対応する。制度経済学は，そのパターンとして以下の二つを想定する（黒澤 2014）。まず，ミクロな水準において，個々の企業家が，普及している規範（ここでは効率性と団結）の縛りから抜け出ることのできる方法を模索するというパターンである。たとえば，スティーブ・ジョブズに象徴される，カウンター・カルチャーに影響を受けたシリコンバレーの企業家は，産業的効率性の規範から逸脱し，水平的ネットワークのなかで自律性・主体性とインスピレーションを存分に発揮して頭角を現していった。

　次に，マクロな水準において，資本主義が批判を取り込みながら（回収しながら）自らを変容させるというパターンである。進取の気性に富んだ経営者は，次第に問題の本質がフォーディズムの規範への「批判」にあることを理解し，批判的な労働者／消費者／市民との摩擦を強めるのではなく，かれらの懐柔に転じた。生産・労働の柔軟化，マーケティングにおける「製品中心」（マーケティング 1.0）から「消費者志向」（2.0）への変化（コトラーほか 2010）は，その表れとして解釈できる。

　従来の規範からの「逸脱」と批判の「回収」を通じて別の規範が普及していった。それは，「ネットワーク」のなかで一時的に結成される「プロジェクト」において異質なメンバーと協働し，そこで「インスピレーション」を発揮するという個人的・組織的な能力を高く評価する規範であった（ボルタンスキー＆シャペロ 2013）。

　加えて，経済システムを機能させるうえで重要な地位を占める制度が，生産性上昇と賃上げの連関を制度化していた団体交渉から，株主からのさらなる金融収益の要求を優先するという企業統治の仕組みへと移っていった[3]。その背景には，生産活動のグローバル化が進展したことやアメリカにおける高収益の源泉が製造業から金融業へと移ったことがある。

　以上の変化を通じて認知資本主義という新しい経済システムが少しずつ輪郭をみせてきたのである[4]。

3）金融化の歴史的経緯については，山田（2011）を参照されたい。認知資本主義において金融化が労働者に及ぼす影響については内藤（2016）を参照されたい。

4）日本の経済システムの特徴，試行錯誤，機能不全については，宇仁ほか（2011），ルシュヴァリエ（2015），ピオリ＆セーブル（2016）を参照されたい。

認知資本主義

　制度経済学では，1990 年代以降に確認される，新たな知識，感情，意味，ネットワーク，文化といった「無形資産（intangible asset）」の蓄積が重視されるようになった経済システム（ハスケル＆ウェストレイク 2020; 諸富 2016, 2020）を認知資本主義と呼んでいる（山本 2016）。無形資産は，物理的・自明に存在するのではなく，人びとの「認知（cognition）」能力のおかげで意味や価値を与えられている「非物質的なもの」である。

　典型的な労働は，産業資本主義において典型的であった工場の中で物をつくる労働（「工場労働」）から「認知的労働」へと変わり，労働によって生み出される価値は，物そのもの（あるいはそれをつくるための労働時間）よりも，むしろ，財・サービスと結びついた知識・感情・意味・経験といった非物質的なものへと変わった。

　非物質的なものをつくり，伝えるためには，コミュニケーションが不可欠である。すでにお互いに共有されている非物質的なものは，人と人の紐帯になっており，コミュニケーションは，それを再活性化すると同時に，かれらの結びつきに新たな知識・感情・意味・経験を呼び込むことによって，非物質的なものを発展させる[5]。

　コミュニケーションと協働を活発にし，そこからインスピレーションを引き出すために，労働の細分化・従属性よりも自律性・主体性・柔軟性が重視される。認知資本主義とは，こうした新しい規範のもとでの「知識による知識の生産」によって，非物質的なもの，つまり無形資産を蓄積することが重視されるようになった経済システムである[6]。

　フォーディズムでは生産の近代化と規模の経済が生産性上昇の源になっていた

5）企業が非物質的なものを発展させ，そこから価値を生み出し，利益を捕獲し始める（あるいは，そうすべき）段階が，コトラーほか（2010）のいう価値主導の（人間中心の）マーケティング 3.0 であり，デジタル・ネットワークのさらなる進展に伴ってそれを深化・拡大し始める（あるいは，そうすべき）段階が，コトラーほか（2017: 76）のいう「企業と顧客のオンライン交流とオフライン交流を一体化させる」マーケティング 4.0 である。

6）認知資本主義の担い手は営利企業だけではない。「社会的起業」や「連帯経済」といった言葉で括られる，諸個人がゆるやかに連帯しながら社会的目標を追求する活動もまた認知資本主義的な動きとして解釈されうる（立見 2018）。今後日本では，もしかすると，原風景，文化財，地域の営みなどの「共通善・共通財（common good）」を発展的に継承しようとする試み（たとえば「田園回帰」や「古民家再生」）が，認知資本主義的な動きの一つとして少しずつ存在感を高めていくかもしれない（立見・筒井 2018）。なお，そういった活動をポスト資本主義への動きの一つとして位置づける研究もある（ラヴィル 2012）。

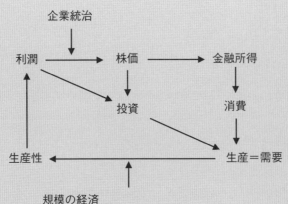

図2　認知資本主義における回路
出典：内藤（2016: 39）をもとに筆者作成。

　一方で，認知資本主義では知識生産がその源になっている。具体的には以下の三つが生産性上昇をもたらす。第一に，さらなる経験（生産）がさらなる学習をもたらすという学習効果（学習の規模の経済）である。第二に，情報通信ネットワークの発達からもたらされるネットワークの規模の経済である。これら二つは教育訓練とネットワークへの投資に影響されている。第三に，知識が累積することによる収穫逓増である。

　こうした認知的労働と情報通信技術に基づく規模の経済によって認知資本主義でも好循環が生じうる。しかし，安定した好循環をみせたフォーディズムと異なり，それは不安定である。その理由として，労働の変容に伴う不安定な雇用や非正規労働者の増大，それによる消費の不安定さと消費水準の低迷，金融の不安定性が挙げられる（内藤 2016）。

　以上のように，制度経済学では，資本主義における摩擦と批判の発生，従来の規範からの逸脱，そして，システムが自らを再編しながら批判を回収するという動きに焦点を当てながら，フォーディズムから認知資本主義への経済システムの変容が描かれてきた。

制度経済学で捉えるデザイン思考の形成史

　ところで，序章でみたデザイン思考の形成史も，経済システムの変容についての制度経済学の見方に当てはめることができる。以下では，デザイン思考の形成史を，

新しい規範が発生し，経済システムが自らを変容させながらそれを回収するという規範的なダイナミズムの事例として解釈し，そのうえで，第3部でUCI Lab.を観察するときに筆者が念頭においている，新旧の規範の齟齬という制度経済学の関心を提示しておきたい。

のちにデザイン思考として括られることになる動き（以下では単純化して「デザイン思考」の動きという）は，1960年代末から1970年代にかけて同時多発的に生じた芸術家的批判（芸術家のように解放とほんものを求める動き）にかなう新たな思想・実践として現れた。デザイン思考の動きの主な発生地であったシリコンバレーは，のちに認知資本主義において広く力をもつ規範（ネットワーク／プロジェクトの規範とインスピレーションの規範）の発生地の一つでもあった。序章でみたように，これらの規範は，IDEOの集団的な思考・実践を育む土壌になっていた。アメリカ西海岸の地域的な規範が集団の思考・実践の形成に強く影響を及ぼした一方で，IDEOやfrogなどのデザイン・ファーム，そしてかれらがつくった新たな機会を捉えようとする新規参入者たちは，旧来の規範に則っていた諸企業に，コンサルティング，セミナー，研修，書籍を通じて，デザイン思考と深く結びついているその地域的な規範を全国的に普及させる役割を担った。かれらの追い風になっていたのは，効率性・団結といった旧来の規範に対する批判の高まり，および，その批判に対処する必要性の高まりという時代の流れであった。IBMやGEなどの大企業は，本来自分たちが埋め込まれている既存のシステムから逸脱する動きとして発生したはずのデザイン思考とこれらの規範を積極的に回収しながら組織を改革しようとしている（佐宗 2019a; 2019b）。

ただし，もちろん，ネットワーク／プロジェクトの規範とインスピレーションの規範が旧来の経済システムを全面的に侵食し，再編したとはいえない。序章では各企業がデザイン思考をどのように用いたかには立ち入らなかったが，制度経済学においてよく指摘されるように組織にひとたび定着した規範が強靭であることを考慮すると（Bush 1987），デザイン思考を導入した企業では，デザイン思考と強く結びついているこれらの規範と旧来の規範との制度的な摩擦が生じている可能性が高い。デザイン思考を導入した日本企業でも同じことがいえる。

UCI Lab.は，120年以上の伝統をもつオーナー企業であるという点では伝統的な日本企業であるYRK&の社内起業であり，大きくみればデザイン思考に括られるような考え方・方法を批判的に検討しつつ，その根源的なところを取り入れようとしてきたという経緯があるため，この論点を深めるための素材になりそうである。会社の伝統的な規範とラボの新たな規範とのあいだに制度的な摩擦はあったのか。それがうまく抑制できているのであれば，どのようにしてそうなったのか。第3部ではこれらの点にも関心を向けたい。

【参考文献】

宇仁宏幸・山田鋭夫・磯谷明徳・植村博恭（2011）．『金融危機のレギュラシオン理論――日本経済の課題』昭和堂

ギルモア, J. H., & パインII, B. J.／林　正［訳］（2009）．『ほんもの――何が企業の「一流」と「二流」を決定的に分けるのか？』東洋経済新報社

黒澤　悠（2014）．「コンヴァンシオン理論の誕生」進化経済学会「制度と統治」部会報告，旭川大学，8月30日

コトラー, P., カルタジャヤ, H., & セティアワン, I.／恩藏直人［監訳］（2010）．『コトラーのマーケティング3.0――ソーシャル・メディア時代の新法則』朝日新聞出版

コトラー, P., カルタジャヤ, H., & セティアワン, I.／恩藏直人［監訳］（2017）．『コトラーのマーケティング4.0――スマートフォン時代の究極法則』朝日新聞出版

佐宗邦威（2019a）．「経営者のためのデザイン思考　第23回　総括編2――経営にデザインを活用して21世紀型企業へ進化する」『日経デザイン』2019年5月号，80–83.

佐宗邦威（2019b）．「経営者のためのデザイン思考　最終回　総括編3――デザイン思考から始まる21世紀型企業への進化」『日経デザイン』2019年6月号，64–67.

シャバンス, B.／宇仁宏幸・中原隆幸・斉藤日出治［訳］（2007）．『入門制度経済学』ナカニシヤ出版

立見淳哉（2018）．「フランスにおける社会連帯経済の展開――「もう一つの経済」に向けた試み」『経営研究』69(2), 19–39.

立見淳哉・筒井一伸（2018）．「田園回帰と連帯経済の接点をさぐる」『地理』63(6), 55–61.

内藤敦之（2016）．「認知資本主義――マクロレジームとしての特徴と不安定性」山本泰三［編］『認知資本主義――21世紀のポリティカル・エコノミー』ナカニシヤ出版，pp.29–55.

ハスケル, J., & ウェストレイク, S.／山形浩生［訳］（2020）．『無形資産が経済を支配する――資本のない資本主義の正体』東洋経済新報社

ピオリ, M. J., & セーブル, C. F.／山之内靖・永易浩一・菅山あつみ［訳］（2016）．『第二の産業分水嶺』筑摩書房

ボルタンスキー, L., & シャペロ, E.／三浦直希・海老塚明・川野英二・白鳥義彦・須田文明・立見淳哉［訳］（2013）．『資本主義の新たな精神　上・下』ナカニシヤ出版

ボワイエ, R.／山田鋭夫［監修］／原田裕治［訳］（2019）．『資本主義の政治経済学――調整と危機の理論』藤原書店

諸富　徹（2016）．「資本主義経済の非物質主義的転回」諸富　徹［編］『資本主義経済システムの展望』岩波書店，pp.285–311.

諸富　徹（2020）．『資本主義の新しい形』岩波書店

山田鋭夫（1993）．『レギュラシオン理論――経済学の再生』講談社

山田鋭夫（2011）．「世界金融危機の構図と歴史的位相」宇仁宏幸・山田鋭夫・磯谷明徳・植村博恭『金融危機のレギュラシオン理論――日本経済の課題』昭和堂，pp.1–57.

山本泰三（2016）．「序論」山本泰三［編］『認知資本主義――21 世紀のポリティカル・エコノミー』ナカニシヤ出版，pp.1–26.

ラヴィル, J.-L.［編］／北島健一・鈴木　岳・中野佳裕［訳］（2012）．『連帯経済――その国際的射程』生活書院

ルシュヴァリエ, S.／新川敏光［監訳］（2015）．『日本資本主義の大転換』岩波書店

Bush, P. D.（1987）．The theory of institutional change. *Journal of Economic Issues*, *21*(3), 1075–1116.

Moulier-Boutang, Y.／E. Emery（Trans.）（2011）．*Cognitive capitalism*. Cambridge: Polity.

10
制度としてのラボ

　本章では，私が2016年9月にYRK&[1]東京支社に5日間滞在し，職場を観察して得られた情報をもとに，「制度」の観点から，あるコミュニケーション・ロジック，規範，慣行を共有している集団としてラボを捉えてみたい。そうすると，まず，会社，ラボ，協力者，クライアント企業の位置づけが整理でき，ひいては，ラボの集団的な能力を構成している要素がみえてくる。さらに，ラボが「挑戦的な試み」を続けられている理由の一つが，会社との（制度間の）関係性のなかで裁量権を確保していることであることがみえてくる。

1　制度経済学者がラボに関心をもったきっかけ

　私がラボに関心をもつに至った経緯を説明するには，ラボを知る前に関わった出版プロジェクトから話を始めなければならない。2013年，私は，制度経済学の先駆者から，「『認知資本主義』という本を企画しているので1章分を執筆してほしい」と依頼された。私はそのとき認知資本主義という言葉を初めて耳にした。

　認知資本主義とは，90年代以降に確認される，新たな知識，感情，意味，ネットワーク，文化といった「無形資産」の蓄積が重視されるようになった経済システムである[2]。無形資産は，物理的・自明に存在するのではなく，人びとの「認知」能力のおかげで意味や価値を与えられている「非物質的なもの」である。制度経済学が，無形資産が主役になっているこのシステムを「認知」資本主義と呼ぶのはそれが理由である。

　たしかに，認知資本主義という仮説的な概念は現代の経済システムをうまく特徴

---

1)「株式会社YRK and」（以下YRK&と表記）は2018年9月からの新社名であり，旧社名は「株式会社ヤラカス舘」であった。第3部では，読みやすさを考慮して，時期にかかわらず新社名で統一する。
2) 認知資本主義について，詳しくは前述の補論1を参照していただきたい。

づけているようにも思えたが，私は，認知資本主義についてのヨーロッパの文献に登場する「知識による知識の生産」といった抽象的で独特な表現を十分に理解することができなかった。とはいえ，依頼は完遂しなければならないので，さしあたり私は，当時自分の研究対象であったドイツの労働組合が，工場労働から認知的労働へと典型的労働が移ったことに対処するために戦術を転換させたという事例を紹介した（北川・植村 2016）。全世界的にみても巨大かつ強力なドイツの労働組合が重要視しているくらいだから，認知的労働は研究に値するテーマのようだ——私はそう感じるようになったものの，当時は，それがどのような質感をもつものなのかを理解するまでには至らなかった。認知的労働はどのようなプロセスで進み，どのようなコミュニケーションがとられ，また，そうした「無形の」営みはどのような制度に支えられているのか。

　こうした論点を具体的に掘り下げていくための調査対象に心当たりがなかったため，私は博士課程在学時のゼミの先輩に相談した。彼は商社を経営し，かつて立命館大学経営大学院で MBA を取得していたため，ぴったりな調査対象を知っているのではないかと考えたためである。「そういうテーマなら，立命館 MBA で同期やった渡辺くんやな」。彼から渡辺へのはたらきかけによって，私はラボを調査できることになった。

2　調査の概要

　私は，2016 年 9 月 26 日から 30 日にかけて，YRK& 東京支社に滞在した。YRK& には約 150 人が勤務する本社（大阪）と約 50 人が勤務する東京支社がある。2016 年 9 月時点，東京支社のオフィスの片隅に，わずか 4 人しかいない小さなラボが配置されていた（図 10-1）。

　私は，5 日間，基本的には，ラボの机の一つに腰かけてオフィスでラボの仕事を観察したり（図 10-2），メンバーにインタビューしたりしていたが，並行して以下のこともおこなった。第一に，一部のメンバーたちがオフィスの隣の小さな部屋に移動して打ち合わせするときに同行し，観察した。第二に，オフィスに配置されている他の諸部門も観察し，その社員数名にインタビューした。第三に，ラボと外部の協力者との打ち合わせに同席し，観察した（1 件）。ラボのメンバーがクライアント企業に出向くときには同行し，打ち合わせを観察した（3 件）。

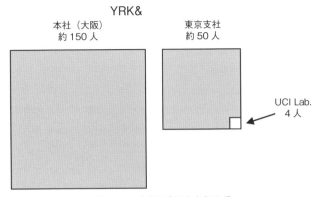

図 10 - 1　会社の中の小さなラボ

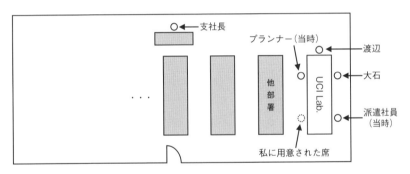

図 10 - 2　東京支社のオフィスにおけるラボの位置（2016 年 9 月時点）

3　着眼点の転換

　調査期間の前半，私は，ラボがアイデアを生み出すときのラボ独自の秘訣を見つけようとしていた [3]。しかし，ラボが採用していたプロセスと手法は，デザイン思考，UX，ワークショップについての書籍に載っているものばかりであるようにみえた。認知的労働のプロセスや手法が特徴的であることを描き出そうとしていた私にとって，かれらは「地味な」チームにみえた。このままでは研究上の成果につながるものを発見できそうにないので調査の着眼点を変える必要があると感じてはいたものの，別の着眼点がみえてこず，私は少々焦っていた。

　ある日，私は，以下に取り上げる出来事から，一つのオフィスのなかに，異なる

規範をもつ二つの集団が併存していること，これら二つの「制度」は単に平和のうちに併存しているわけではなさそうだということ，そして，制度間の水面下での「摩擦」こそ，制度経済学者として掘り下げていくべき点であることに気づいた。

　その日，私は，8時半に「出社」し，オフィスの朝の状況を観察していた。オフィスにあるさまざまな部署では，9時すぎにはすでに多くの社員が活発に働いていた。その一方で，ラボのメンバーは，10時前にやってきて，ゆったりと仕事にとりかかった。やがて，メンバーの一人が，イヤホンで音楽を聞きながら，まとまった時間，自分の仕事に没頭していた。イヤホンの装着が許されていることから推測すると，おそらくラボには，周囲から自分を切り離して集中することを黙認する，あるいは，むしろそうしてでも積極的に集中すべきであるという規範が備わっているのであろう。

　再び他部署に目を向けると，社員たちは，指示，報告，相談といったコミュニケーションを緊密にとり，それと並行して，社外から頻繁にかかってくる電話にもてきぱきと対応していた。このように会話が頻発する状況では，そもそもイヤホンで耳をふさごうとする者はいなさそうである。

　私は，オフィスという一つの空間のなかに，異なる二つの慣行があることを見出した。ここから，私は，同じ一つの空間の中に異なる二つの「制度」が併存しているのではないかと着想した。私は，この着想を裏付け，二つの制度の違いを明らかにするという新たな目的をもって，ラボのメンバーと他部署（特に支配的な部署である営業部門[4]）の社員たちにインタビューした。すると，いくつかの規範に違いがあることがみえてきた。たとえば，営業部門には，「営業」が，案件のリーダーとして「プランナー」や「クリエイティブ」といったプロジェクト・メンバーを使いこなす

---

3) 制度経済学は，個別の出来事における特異性を大切に扱いつつも，社会的にみてある程度普遍性や意義のある制度に関心をはらう学問であり，私はそれを5年以上学んできたはずであった。しかし，実際には，制度経済学を「あたまで」わかっているのと，それが調査者の視点として深く内面化されていることとのあいだには大きな隔たりがあった。私は，無意識のうちに，企業の外に持ち出されない手法などの「秘密」や個々人に特有な思考法などの「個人」に属する要素に注目していたのかもしれない。振り返ってみると，たしかにアイデアを出す秘訣はあったのだが，それは個人の次元の要素ではなく，対話的・模索的・全面的な関わり方といった関係的・制度的次元の要素であった。今から思えば，この秘訣は，関係性やコミュニケーションそのものから価値が生み出されるという認知資本主義の見方とも一致している。この一致点について，詳しくは補論3・4を参照していただきたい。

4) YRK&における営業部門は「事業部」と呼ばれている。

べきであるという規範がある一方で，ラボには，「ユーザー中心のアイデアをつくる
ためにメンバー相互で水平的な協働をめざすべきである」という規範がある。

　他にもラボと会社とで対立するような異なる規範がいくつかみえてきたところで，
私は，それらの規範的相違の根底には「やりとり」ロジックと「対話的」ロジック
という二つの「コミュニケーション・ロジック」（Ballantyne & Varey 2006）の違い
があるのではないかと直観した[5]。

　「やりとり」とは，クライアントや他の参加者「との（with）」コミュニケーショ
ンであり，そのロジックは「伝えることと聞くこと」を効率的に（的確かつ迅速に）
おこなうことをよしとするものである（Ballantyne & Varey 2006: 226, 229）。

　その一方で，「対話」とは，以下の三つの要素をもつコミュニケーションである。
第一に，それぞれの参加者がもつ観点についての理解をお互いが深めることである。
第二に，当然かつ暗黙の前提を破壊することである。第三に，新しい合意をつくる
ことである。「対話的」ロジックとは，関係者の「あいだで（between）」集合的な学
習と変容が生じることを良しとするロジックである（Ballantyne & Varey 2006: 226–
227, 230）。なお，本書の第1部・第2部では「対話」が鍵概念の一つになっている
が，私が調査していた2016年9月当時，ラボのメンバーは，まだこの言葉をチー
ム全体の強みをあらわすものとして意識的に用いてはいなかった。

　YRK& における支配的な部署は「やりとり」ロジックに，ラボは「対話的」ロジッ
クにより強く則り，そのことが，両者の諸規範の違いとなって顕在化しているので
はないか。この仮説的な見方に基づいて，私は，ラボのメンバーと他部署の社員へ
のインタビューによって得られた情報から表10-1（次ページ）を作成した。

　同時に，そのときのインタビューにおける社員の印象的な発言から，二つの制度
のあいだに「摩擦」があることもみえてきた。私が他部署の一人にラボをどのよう
にみているのかを尋ねたところ，その社員は，「何をやっているのかわからないので
不気味」と答えた。もちろん，ラボの業務は，本書の第1部・第2部からわかるよ
うに簡潔には説明しがたいものであるため，「何をやっているのかわからない」とい
う発言自体は驚くにあたらない。しかし，「不気味」という否定的な言葉は，その社
員の思考・実践の仕組み（他部署の制度）に基づくとラボの実践を肯定的に評価する

5）コミュニケーション・ロジックの類型は，マーケティング研究における，制度経済学と
　隣接する「ものの見方（perspective）」である「サービス・ドミナント・ロジック」（ラッ
　シュ & バーゴ 2016）の関連論文 Ballantyne & Varey（2006）によって提示された。

表 10 - 1　会社の支配的な部署とラボの制度的な違い

		支配的な部署（営業部門）	ラ　ボ
制度	根底にあるコミュニケーション・ロジック	やりとりロジック （少なくとも対話を意図的に追求していないということ）	対話的ロジック
	職場で顕在化している規範	・クライアント企業の要望に迅速に対応すべき	・事前に深度ある学習・調査・検討をすべき ・そのために進捗を能動的に管理すべき ・アイデアはチームとクライアント企業のあいだから生まれる
		・和気あいあいとした士気の高い職場が良い	・十分に思索するために静寂な環境を整えるべき
		・案件のリーダーである「営業」が人を使いこなすべき	・ユーザー中心のアイデアをつくるためにメンバー相互で水平的な協働をめざすべき

のは難しいことを示唆している。この発言を耳にしたとき，私は，対立するはずの諸規範の併存に注意を向ける制度経済学を学んできた者として，こうした制度間の摩擦こそ調査すべき点であると感じた。それ以降，他の社員にインタビューするときにも，それを見逃すまいと集中するようになった。すると，制度間の摩擦は，ある一つの実践に対する評価の違いといった解釈の「齟齬」に起因していることがみえてきた。以下では，インタビューから得られた二つの例をもとに，両者の解釈の齟齬を浮き彫りにしたい。

　一つめの例は，ラボのメンバー個々人での思索をどう捉えるかについてのラボと支配的部署の齟齬である。

　まず，ラボの側に立ってみる。ラボのメンバーたちは，当たり前すぎて気づかない前提をクライアント企業と共に省察することに力を入れている。その前提に気づくためには各自が打ち合わせ前に情報を十分に掘り下げておく必要がある。というのも，見直されるべき前提は，往々にして，各自のもつ十分に練られた見解の違いを糸口にして発見される（意識化される）からである。したがって，メンバーのあいだであっても，クライアント企業とのあいだであっても，打ち合わせまでに余裕をもって十分に準備するために，打ち合わせの日時を前もって設定する。したがって，ラボでは，打ち合わせの時間になるまで各人の思索が妨げられることはない。打ち合わせは，静かな環境で集中しておこなうために，デスクから移動して，事前に予

約しておいた打ち合わせ用の個室を使う。

　次に，支配的部署の側に立ってみる。この部署の社員たちはお互いのデスクに座ったまま頻繁に声を掛け合って，その場で指示や報告をしたり，その流れで自然発生的に打ち合わせを始めたりしている。やりとりロジックに則るかれらの「クライアント企業の要望に迅速に対応すべき」「和気あいあいとした士気の高い職場が良い」という規範からラボの孤独で静かな思索をみると，「シグナルに敏感に反応できていない」，比喩的かつ実際的な意味で「耳をふさいでいる」，コミュニケーション不全のチームではないか，といった評価になりうる。

　二つめの例は，ラボのメンバー同士の関わり方をどう捉えるかについてのラボと支配的部署の齟齬である。

　まず，ラボの側に立ってみる。ラボは，異なる見解がすり合わされるなかで新しい発想が生まれるという対話的ロジックに則っているため，今までにない着想の源泉は，メンバー同士の協働であり，さらにはクライアント企業や協力者との協働であるとみなされている。それゆえ，多くのプロジェクトでは，複数のメンバーがチームになって協働する。

　次に，支配的部署の側に立ってみる。効率的なコミュニケーションを目指している支配的部署は，営業は「プロデューサー」として一人で他の社内メンバーを統率できてこそ一人前であるという規範をもっている。それゆえ，この立場からラボの実践をみると，渡辺から部下がいつまでも自立できていないようにみえる。

4　ラボの自律性

　このように，二つの異なる制度が，ラボの実践に二つの異なる意味づけをもたらしている。このことは，ラボの特徴ある試み，すなわち第3部で関心を向けている実践にも当てはまる。

　ラボの実践は，かれら自身の立場から肯定的に評価すれば，従来の広告業界の制度のもとで見逃されてきた機会を掘り起こそうとする「挑戦的な試み」とみなされるが，反対に，他部署の立場から否定的に評価すれば，利益との関連性が明白でない取り組みに会社の予算と人員を費やすという意味で「浪費」とみなされうる。挑戦的な試みとも浪費とも解釈されうる実践として，たとえば，平田オリザ氏の演劇ワークショップの受講，クライアント企業とのワークショップの実施，私のこうした調査のために時間を割くことなどが挙げられる。

「第3部：はじめに」で紹介した社内起業やイノベーション・マネジメントの研究では，こうした齟齬があるがゆえに，会社幹部や既存部署から少数派の新規事業に対して，やりとりロジック（とくに「効率性」の基準）に則った判断と実践をするよう求める圧力がかかり，少数派の対話的ロジックが損なわれたり，少数派の事業そのものが変質・消滅してしまう場合が頻繁にみられたという。少数派の新規事業にとってこのような「最悪の」状況に至らずとも，他の先行研究によれば，解釈の齟齬があるとき，少数派は，予算の使途，時間を費やすことのできるタスクの種類，研修の内容を，多数派から制限されることが多いという（Fligstein 1990）。

こうした先行研究の指摘を踏まえると，ラボの挑戦的な試みは，イノベーションのための「資源動員」を難しくしたり（武石ほか 2012），ラボの安定的な存続を揺るがすという危険を伴う実践であるといえそうである。にもかかわらず，実際には，ラボは営業部門からは評価されない挑戦的な試みをたびたび実施し，そのために必要となる資源を会社から引き出しているようにみえる。なぜそうできるのかをラボのメンバーに尋ねたところ，「実行と学習のフリーハンドのために，クライアント企業，協力者，他部署，社内幹部との関係性を主体的にコントロールしようとしている」という答えが返ってきた。どうやらラボは「自律性」（あるいは「裁量権」）を確保するために会社のなかで思慮深く立ち回ってきたようである[6]。

ラボのメンバーのいう「自律性」とは，ラボの側からすれば，会社から介入される度合いが小さいことであり，会社の側からすれば，会社とラボのコミュニケーションにおいて会社がラボの判断を尊重するということである。

ラボのメンバーによれば，そうなっている（そうできている）理由として以下の二つがあるという。まず，ラボは，営業から納品までの全工程を自分たちだけで完結させているからである。そのため，会社が本業（広告販促業）をさらに発展・効率化するという目的でラボを再編する可能性は低いという。次に，ラボの事業規模が小さいからである。ラボが数値目標を達成しているかぎり，会社には，本業から切り離されており，しかも事業規模の小さいラボにあえて介入する必要がないという。

ラボが自律性ないし裁量権をもっていることを示している例として，以下の二つが挙げられる。まず，ラボからの／ラボへの異動を規制できていることである。所長の渡辺は，調査のための高度に専門的な技能（たとえばエスノグラフィやデプス・

6）メルホルツ＆スキナー（2017: 55–57）もまた，「デザイン組織」にとって，社内とコミュニケーションをとりつつ自律性を確保することが重要であると述べている。

インタビューの技能）をもったメンバーの代わりになる他部署の社員はいないといったメンバーの代替不可能性を理由に，メンバーが異動の意志を示さないかぎりはかれらをラボに留めている。会社は，ラボの考えに理解を示している[7]。ただし，実際には，ラボに社員を異動させたいという相談が人事部から持ちかけられたことが何度かあったという。しかし，ラボは，その話をすべて断ってきた。というのも，メンバーになることを自発的に希望したのではない社員がラボに入ってくると，ラボの価値観（本書第 1 部 p.85 の図 5-2「システムコーチングを通じて生み出された価値観「大切にしたいこと」」を参照）に心から共鳴できる者がチームを構成しているという集団的なアイデンティティが崩れ，既存メンバーのパフォーマンスに悪影響を及ぼしかねないからである[8]。それを理解して，会社は，強制的に他部署からラボに社員を異動させようとしなかった。このように，ラボからの／ラボへの異動の規制は，ラボの一方的な拒絶ではなく，ラボの理由づけと会社の承諾というコミュニケーションを通じた規制になっている。

　二つめの具体例は，挑戦的な試みを実施するために予算をあてることができていること，つまり，実践における自由度の高さとそれを支える予算使途の自由度の高さを備えていることである。ラボは，プロジェクトの進め方，協力者との協働の仕方，将来的に必要になるであろう専門技能を身につけるための教育投資の方法・金額を，なぜそうするのかといった理由とともに幹部に説明し，（ラボが説明しきれない点／幹部が理解しきれない点も残されているはずだが）幹部から承諾を得ている。ラボは，幹部に説明はしているものの，判断を仰いだり許可を求めてはいないようである。

---

7) 会社の側としても，メンバーを他部署へと移動させるメリットは少ない。なぜなら，ラボと他部署ではビジネス・モデルと規範が大きく異なるため，ラボのメンバーを他部署に異動させたとしても，うまく適応できない可能性が大きいからである。

8) ラボが不用意に社員を受け入れない理由は他にも存在する。それは，会社の介入の強度を高めないためである。メンバーが増えればその分だけ目標売上高などの数値目標が上がる。訓練されていないメンバーを抱えれば，その上昇した数値目標を達成するためにチーム全体に負荷がかかり，また，会社の数値目標に占めるチームの割合が大きくなる。そうすると，チームのやり方に会社が介入する強度が高まる恐れがある。そのため，ラボは，自主的につくりあげた構想を実現するために必要な役割を担う人を会社の内外から引き込むことはあっても（第 12 章を参照），会社の意向に沿って規模を拡大することは避けている。

5 協力者とクライアント企業の制度的な位置づけ

　ところで，先の「調査概要」で述べたように，私は，ラボに滞在した 5 日間のうちに，ラボと協力者（協力会社）との打ち合わせに 1 回，ラボとクライアント企業との打ち合わせに 3 回（それぞれ異なるプロジェクトにおける異なる企業），同席した。こうした外部の協力者やクライアントを，制度経済学の観点から位置づけてみたい。通常，こうした協力者やクライアント企業は，「組織」の境界という観点からみると「外部」に位置づけられる。しかし，ラボを対話的ロジックに則った制度（以下「対話的制度」と略す）とみなすならば，協力者およびクライアント企業は，制度（ロジック）の境界の「内部」，言い換えれば，制度の「外縁」に位置づけられる。というのも，ラボのメンバーとかれらとの協働では，対話が実現していたからである（北川2018）。加えて，協力者およびクライアント企業の多くは，コミュニケーションを通じて初期仮説を崩すことが，商品企画をより成功させるために必要であり，それを主導してもらうことがラボと協働する意義であると（明確に，あるいは，おぼろげながらに）理解していたからである。

　先に述べたように，ラボは，社員数でみると，YRK& 全体の約 200 人，東京支社

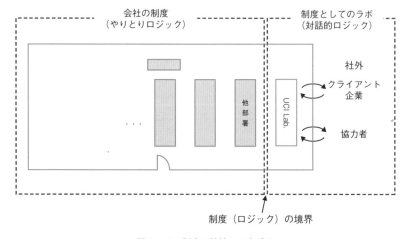

図 10 - 3　制度の社外への広がり

---

9) なお，私がラボに滞在していた 2016 年 9 月時点ではラボと比嘉は出会っていなかった。両者が面識を得たのは 2017 年 11 月であった。

の約 50 人に対してわずか 4 人であり，小さな割合しか占めていない。しかし，会社の外へと視野を広げると，制度としてのラボは，広い外縁，すなわち外部ネットワークをもっていることになる。以上をふまえると，制度の観点からみたときのラボ，クライアント企業，協力者，そして，YRK& の位置づけは，図 10-3 のように整理される。

6　職場観察を経て生まれた新たな関心

　私がラボを観察した 5 日間からみえてきたことは，次の二つにまとめられる。

　第一に，制度経済学的な観点，ここでは対話的ロジックを共有しているかという基準から判断すると，会社とラボは別の制度であり，また，ラボという制度は，ラボのメンバーだけでなく，クライアント企業の担当者や協力者からも構成されている。もしかすると，この「拡大」ラボ，すなわち外部ネットワークという社外に広がる外縁をもった制度全体が，挑戦的な試みを成し遂げるための集団的な能力を構築しているのではないだろうか。

　第二に，挑戦的な試みが可能になっているのは，会社との関係においてラボが自律性（裁量権）をもっているからである。たとえば，利益との関連性が明白ではない人類学者が自主プロジェクトおよびクライアントとのプロジェクトに参画できているのは，ラボが，個々の業務の水準では，会社に丁寧な説明はするにしろ判断を仰ぐ必要はないからである[9]。

　私は，5 日間の職場観察を終えたあとも，3 か月ほど渡辺にインタビューを続けていた。すると，こうした二つの制度のあいだの関係性は，初めから存在したのではなく，ラボが立ち上げられた 2012 年から試行錯誤を経て徐々につくられたことがわかってきた。次章では，どのような経緯でラボが受動的かつ能動的に自律性を確保していったのかをみていく。

【参考文献】
北川亘太（2018）.「商品企画における対話――サービス・ドミナント・ロジックの観点から」『経済論集』67(4), 845–878.
北川亘太・植村　新（2016）.「ドイツの労働組合による組織化戦術の新展開」山本泰三［編］『認知資本主義――21 世紀のポリティカル・エコノミー』ナカニシヤ出版, pp.189–216.

武石　彰・青島矢一・軽部　大（2012）.『イノベーションの理由——資源動員の創造的正当化』有斐閣

メルホルツ, P., & スキナー, K. ／安藤貴子［訳］／長谷川敦士［監修］（2017）.『デザイン組織のつくりかた——デザイン思考を駆動させるインハウスチームの構築 & 運用ガイド』ビー・エヌ・エヌ新社

ラッシュ, R. F., & バーゴ, S. L. ／井上崇通［監訳］／庄司真人・田口尚史［訳］（2016）.『サービス・ドミナント・ロジックの発想と応用』同文舘出版

Ballantyne, D., & Varey, R. J. (2006). Introducing a dialogical orientation to the service-dominant logic of marketing. in R. F. Lusch, & S. L. Vargo (eds.) *The service-dominant logic of marketing: Dialog, debate, and directions*. Armonk, NY: M. E. Sharpe, pp.224–235.

Fligstein, N. (1990). *The transformation of corporate control*. Harvard University Press.

補論2：設立までの経緯

内発的動機・クライアント企業・業界動向の関わり合い

　渡辺の商品企画と社内起業への関心は，彼の内側から生まれたものというよりも，むしろ以下にみていくように，彼の内発的動機，自社の動き，クライアント企業の動き，広告業の既存の仕組みとの関わり合いのなかでつくられていった。

　本書の第1部をみると，デザイン思考との出会い，および，YRK&において高まっていた社内起業の機運が，彼の商品企画と社内起業への関心をつくったようにみえる。加えて，彼が広告販促の企画をしていた（「プランナー」であった）頃の資料をみると，プランナーの立場で働くなかで，彼が広告販促業のビジネス・モデルに内包されている問題を強く意識していたことがわかった。

　通常，プランナーは，広告主が「オリエンテーション」において提示した情報をもとに企画をつくる。その企画が「プレゼンテーション」において落選した場合，企画づくりにかかった費用は広告主から支払われない。反対に，その企画が採用された場合，企画づくりにかかった費用は，受注金額の総額には織り込まれているものの，明細書のなかで「企画作成費」のような独立した費目で表記されることはほとんどない。管理会計上，社内で取り決められた「みなし」の企画費がプランニング部の売上になる。

　この仕組みは四つの問題をもたらす。第一に，そのみなし価格が妥当であるか否かを判断する基準がない。第二に，プランナーは社内でたまたま決められたみなし価格に見合うだけの仕事しかしなくなるため，仕事の質を価格に合わせてコントロールする力が育たない。能力の「余白」が育っていなければ，仮にクライアント企業から高額な企画費で業務を依頼されたとしても，その企画費に見合う質の仕事を成し遂げることができない。第三に，他の広告会社との「コンペ」に勝つためにできる限りの時間を投下してしまう。どれくらい時間を投下すれば勝てるかわからないため，広告会社は，疑心暗鬼に陥りながらも，できる限り努力することになる。第四に，プランナーは，仮に社内でみなし価格の再考を迫ろうにも，広告主との直接的な交渉を通じて（「市場で」）決められた価格（企画費）という説得材料をもたないという問題である。渡辺は，これらの問題を強く意識し，この広告業の既存の仕組みから脱却して「企画」という自らのサービスを市場で売るにはどうすればよいかを考えるようになった。

ラボのビジネス・モデルの生成

　渡辺は，オリエンテーションよりも上流の工程に関与したいと考えるに至った。ただし，イノベーション・コンサルティングという「ビジネス・モデル」は，彼が

独力で「意図的に」設計したものではなかった。それは，以下で詳述するように，彼とクライアント企業の社員たちとの「関わり合い」のなかから「偶然に」生まれた。

　2009 年，当時プランニング部（広告販促の企画部）のプランナーであった渡辺は，「新商品デビュー時を想定した統合型マーケティング戦略」と題した企画書をクライアント企業の担当者に提出した。その担当者と同じ部署の同僚が，この企画書を目にとめ，企画書作成者（渡辺）の考え方と技能を商品企画に応用させられるのではないかと考え，渡辺に，次の商品の企画づくりに参画してほしいと持ちかけた。しかし，そのプロジェクトの途中でこの同僚は異動することになり，後任がプロジェクトを引き継いだ。2009 年 12 月，この後任の強いはたらきかけにより，後任と同じチームの別の同僚が，上記プロジェクトとは異なる，より長期にわたって取り組む大型プロジェクトを渡辺に依頼した。それは，自社の「新事業テーマに基づき，生活者起点でまだ世の中にない新市場の方向性を探索」してほしいという依頼であった[1]。それを引き受けた渡辺は，2011 年 2 月に新事業計画書を完成させた。

　仮に，クライアント企業の社員の誰か一人でも，渡辺の技能を自社の企画づくりに活かそうと思わなければ，商品企画のコンサルティングというそれまでの YRK& になかった仕事が渡辺に舞い込むという新しい流れは，その時点で止まっていたかもしれない。渡辺は，この「偶然」の連続のなかで発生した仕事を「意図的に」活用した。彼は，この成果を「これまでの実績」として掲げ，2012 年初め，プランニング部内に商品企画のチームをつくることを構想した。

---

1) ラボ作成の社内資料（2012 年 7 月）より。

11
制度としてのラボの形成

　前章でふれたように，ラボの裁量権は，ラボが単独で設定できる権利でもなければ，会社がラボに一方的に与える権利でもない。それは，ラボと会社の関係性のなかで構築され，行使される。それゆえ，両者の関係性が変化すれば，ラボの裁量権もまた変化する。そこで，本章では，ラボが立ち上げられた 2012 年 9 月から，ラボと会社という二つの制度の関係性が変化し，それに応じてラボの自律性（裁量権）が変化していった約 5 年間の様子を，社内資料とラボへの聞き取りに基づいて描き出したい。制度間の関係性の変化を追っていくと，ラボが，3 年目に，制度間の認識のずれから会社に裁量権を制限され，その後，その失敗から学び，会社と新しい関わり方を見出したという集合的な学習プロセスがみえてくる。

1　学習のための囲い

　2012 年 9 月，YRK& のプランニング部 [1] に所属していた渡辺ら 3 名は，プランニング部のなかに制度的な「囲い」をつくろうとした [2]。それは，学習した知識・技能をチームに蓄積するためであった。

　かれらは，クライアント企業との連鎖的なインタラクションにおいて偶然にも発生したイノベーション・コンサルティングという仕事（「補論 2：設立までの経緯」を参照）を単発の仕事で終わらせずに継続して依頼されるチームになろうとした。かれらにとって，そのためには以下の三つが必要であった。第一に，利益の一部を学習投資に回すことで専門的技能を習得したり，高度化させることである。第二に，メンバーを滞留させる（メンバーの異動を回避する）ことによって，その技能を集団として蓄積することである。第三に，どのような技能に投資すべきかを自分たちで

---

1) この部署の名称は，実際には期ごとに変わっていたものの，業務内容が大きく変わったわけではないので，本書では「プランニング部」に統一する。

問い直し，スキルセットを自発的に修正することである。かれらが想定する技能の水準はクライアント企業から仕事を依頼されたときに場当たり的に学ぶだけで習得できる水準の技能ではないため，チームは，クライアントからの依頼という明確な根拠がまだない段階から，つまり関連業界の動向を予測しながら，事前に学習と訓練を始めておく必要がある。しかし，学習投資のなかには，（たとえばユング心理学講座のように）会社のロジックからはその意義を理解しがたいものも含まれている。それゆえ，学習投資を判断できる裁量権が会社からチームに与えられている必要がある。

　渡辺がすでにイノベーション・コンサルティングの実績をつくっていたことから，会社は，プランニング部のなかに，学習の裁量権をもち，メンバーを滞留させられる囲いをつくることを了承した。この制度的な囲いは UCI Lab. と名づけられた（図11-1 を参照）[3]。なお，以下では，ラボという制度的な囲い（社内起業）との対応で，プランニング部を含む会社を「母屋」と呼ぶ。

　ラボの最初の目標は，メンバーの管理会計上の数値目標の半分を，既存の広告販

2）プランニング部（あるいは会社）は，以下のように，揺籃期を乗り切るための「資源」を提供した。第一に，従来型の仕事である。ラボのメンバーは，その部のプランナーとしてもともと抱えていた従来型の仕事をそのままこなしていた。かれらがイノベーション・コンサルティングの仕事を受注した分だけ，従来型の仕事は，その部の別のチームへと割り振られた。このような仕組みのおかげで，ラボは，業務全体に占める，営業部門を介さずに自分たちで受注するイノベーション・コンサルティングの割合が小さかったり，そのような仕事の受注量が安定しない時期を乗り切ることができた。第二に，収益圧力からの保護である。ラボが設立された当初，ラボは単独での損益計算書をもたなかった。ラボを含むプランニング部を一括りにして損益計算書が作成されていたからである。そのおかげで，ラボは短期的な売上を求める力から保護されていた。最後に，2012 年時点で創業 116 年という会社の「のれん（信用）」である。ラボのクライアントになりうる大企業は，取引に際し，相手の経営実績を厳格に審査することがある。ラボは，新たに立ち上げられたチームではあったが母屋のチームの一つであったので，たとえ大企業でも新規に契約を結ぶのが容易であった。なお，既存制度を資源として活用するという戦略が揺籃期を乗り切るために有効であることは，社内起業の研究においてよく主張されている（ウォルコット & レピッツ 2010; グリフィンほか 2014: 307）。

3）実際には，立ち上げから 1 年間，ラボの正式名称は「ヤラカス舘 Frontier Lab.」（YFL）であった。渡辺は，第 2 期に，ラボの名称を YFL から UCI Lab. へと変更した。ラボの業務に変更があったのではなく，YFL が社内では「UCI」と呼ばれていたため，単にその俗称に名称を合わせたにすぎない。本章では，読みやすさを考えて，このチームの名称を UCI Lab.（ラボ）で統一する。

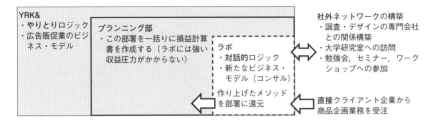

図11-1　第1期と第2期（2012年9月21日から2年間）
プランニング部のなかの囲い

促企画からの売上から，イノベーション・コンサルティングからの売上へと置き換えることであった。ラボのメンバーは，プランニング部のプランナーとして従来型業務をこなしつつ，並行して，クライアント企業にコンサルティングをもちかけ，営業部門を介さずにそれを受注していった。後者の割合は徐々に増えていき，2期目，ラボの売上の8割強を占めるに至った。第2期の期末，ラボが期首に立てた数値目標（目標売上高）の129.0%であった。

2　数字を追わない

　第3期の期首（2014年9月21日），ラボは，プランニング部から抜けて，東京支社の新規事業枠のなかの一つになった（次ページの図11-2）。この時点で，ラボは独立した損益計算書をもつ事業になった。しかし，ラボは，「数字を追いかける動きをしない」と社内で宣言した[4]。その理由は，そもそもラボが受注するのは印刷物の作成を含めた広告の受注のように他部署に広く売上・利益をもたらす仕事ではないため，利潤追求よりも上位に，コンサルティングでチームを成り立たせるという試験的なビジネス・モデルを確立させる，技能を高度化する，ラボを持続させるといった目標が置かれていたからである。

　このころから，ラボは，より射程の長いプロジェクトを受注しようとし始めた。前の期（第2期），ラボは，アイデアを「つくる」工程までのプロジェクトの受注をねらい，良好な数値実績をあげていたが，第3期，次の「届ける」工程を含んだ「一括型プロジェクト」を受注することに注力し始めた（第1部第1章第3節「「UCI

4）ラボ作成の社内資料（2014年9月）より。

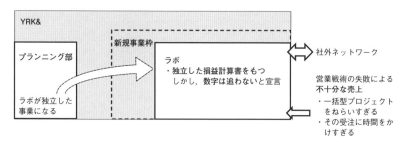

図 11 - 2　第 3 期（2014 年 9 月 21 日から 1 年間）
自律してはいるが自閉的な制度

型プロジェクト」四つのプロセスについて」を参照）。一括型プロジェクトは，ラボが商
品企画に関与する（「つくる」）だけでなく，クライアント企業が「ユーザーにとって
の価値を起点に」理想的な判断をくだせるようになるために組織文化の改革に踏み
込むことも目的としていた。ラボは，こうした射程の長いプロジェクトを受注し，
実施することを通じて集団的な技能と経験値を高めようとした。加えて，かれらは，
ユーザー中心の商品企画を成し遂げようとするためには組織文化を改革する必要が
あると強く信じていた。

　一括型プロジェクトの営業に多くの時間を費やしたものの，ラボは，期待してい
たほどの数を受注できなかった。というのも，たとえクライアント企業の担当者が
その必要性を認識していたとしても，クライアント企業全体にとってみれば，当然，
部外者による組織改革は受け入れがたいし，顕著な実績をあげたわけではないラボ
に組織改革を依頼するのは無理な話であった。

3　裁量権の制限

　このとき，ラボは，一括型よりも小さなプロジェクト（アイデアを「つくる」段階
まで）を希望する潜在的なクライアントの需要を丁寧に掬いあげることをおろそか
にした。その結果，第 3 期におけるラボの成績は，前期実績の 66.8％，期首に設定
した数値目標の 72.9％にとどまった。

　ラボが期首に「数字は追わない」と全社に対して宣言していたにもかかわらず，
数値目標を下回ったことがわかったときから，母屋の幹部や他部署からラボへの風
当たりが強くなった。もしかすると，数値目標という母屋が大切にしている基準を

ラボが下回ったという定量的な事実をきっかけに，母屋の社員がラボに感じていた「わからなさ」「不気味さ」が，ラボへの批判として顕在化したのかもしれない。

　その後，ラボの方針や計画はさまざまな干渉を受けるようになった。たとえば，経営会議のたびごとに報告書を提出して自分たちがおこなっていることの意図を逐一説明する必要が出てきたり，ラボの方針づくりや業務領域の定義づけに干渉が入るようになった。渡辺は，「第3期は数字を追わずにやりたい仕事をやろうとしていたんですけど，そうか，数値目標を下回ると〔母屋から〕こんなに言われるのか，と思った」という[5]。もともとチームは学習の裁量権をもつために囲いをつくったのであり，こうした状況に強いストレスを感じた。「僕らが正しいと思っていることでほかの人をわざわざ説得しないといけないことほどストレスフルなことはないんです。消耗するんです，説得は」[6]。

4　営業戦術の修正と成績の好転

　こうしたストレスのかかる状況から抜け出すために，ラボは，次の第4期（2015年から1年間），営業の仕方を変えた。ラボは，調査仮説の形成からアイデアの形成（「つくる」），ビジネス・モデルの構築（「届ける」）までの工程のうち，クライアント企業が望む工程までを素直に提供することにし，その一方で，営業の間口を広げ，見込みの薄い企業やプロジェクトを深追いせずに見切るという戦術に転換した（図

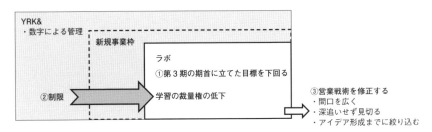

図11-3　第4期（2015年9月21日から1年間）
母屋から学習の裁量権を制限されたため，営業戦術を修正する

5）渡辺隆史へのインタビュー（2017年2月9日）。
6）渡辺隆史へのインタビュー（2017年2月9日）。

11-3 を参照）。

　ラボの「第4期計画」では，こうした営業戦術の転換が強調されている[7]。

原点回帰

UCI Lab. では「つくる」までしかやらない
・「届ける」を一旦留保
・アイデアに至るプロセスと最終のアウトプットのクオリティに全力を尽くす
・「つくる」までの案件数を増やす
・その後の領域〔「届ける」〕は深追いしない

　このように営業戦術を修正した結果，次第に，対話を許容したり，評価する企業の担当者がラボのクライアントとして残るようになった。そのようなタイプの担当者が同じく対話を志向する同僚をラボに紹介するようになった。類が友を呼ぶような流れのなかで，ラボは，挑戦的な試みを許容してくれるという点で協働しやすいクライアントを増やしていった。第4期の上期，ラボは数値目標を6％上回った。

　第4期の下期，営業戦術の修正が功を奏し，ラボの受注件数がチームが継続して請け負える仕事量を大幅に上回る状態が続いた。各案件の質を維持し，同時に，持続可能な働き方を目指すために，2016年7月から半年間，ラボは一時的に新規の受注を停止した。第4期までの対前期比と目標達成率の推移をまとめた表11-1を

表 11−1　実績の推移

	第2期	第3期	第4期
対前期比 （前期実績／今期実績）	−	66.8%	161.8%
目標達成率 （今期実績／今期目標数値）	129.0%	72.9%	112.3%

出典：社内資料に基づいて著者作成。

7）ラボ作成の社内資料（2015年10月）より。

みると，ラボは，第4期全体で良好な成績をあげたことがわかる。

5 数字の反転的活用

　チームは，目標を達成できなかった後に社内での風当たりが強くなったことを受けて，上層部や他部署が数字によってラボを観察し，評価していることを痛感した。このときチームが気づいたのは，見方を変えれば，数値目標を合理的な水準にコントロールし，かつ，案件数・案件の額・実施時期をコントロールして数値目標を達成し続けることが，この会社でラボが学習の裁量権を維持するための確実な方法になるということである。かれらは，数字が社内で支配的な力をもっていることに気づき，それを学習への干渉を防ぐ道具として反転的に利用し始めたのである。ただし，それは，今まで数字を追いかけなかったラボが対前年比や目標達成率のさらなる上昇を目指し続けるようになったという意味ではない。ラボにとって数字はあくまで母屋の関心を引くための手段であった。以下に例示するように，ラボは，それを糸口として，自分たちがこれまで試行錯誤的に構築してきたビジネス・モデルを母屋に伝えたり，知識・技能を母屋の組織開発に用いることによって母屋の発展に貢献し始めた（図11-4）[8]。

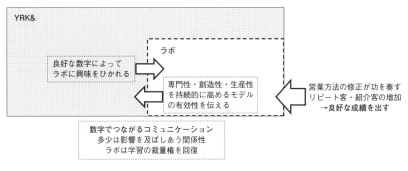

図11-4　第5期（2016年9月21日から1年間）
母屋とつながりつつ自律性を保っている制度

8）最近（2019年）では，ワークショップのファシリテーターとして母屋の人事制度改革を部分的に支援した。

　第4期の下期と第5期（2016年9月21日から1年間）[9]の上期におけるラボの好成績が，母屋の興味を引いた。具体的には，ラボに受注を一時停止しなければならないほど依頼がきている点，ほとんど残業していないにもかかわらず一人当たりの売上が大きい点，かれらの利益率は高い点である。

　社員が一堂に会する発表の場で，ラボはそのやり方を説明した。それは，以下の三つを連関させて好循環をつくりだすことであった[10]。第一に，母屋のやりとりロジックとは異なる対話的ロジックに基づいてクライアント企業と協働することである。第二に，広告販促業のビジネス・モデルでは対価が発生しないはずの，企画をつくるまでの工程そのものを売ることである。広告販促業であればプレゼンや提案のプロセスに位置づけられるような設計や企画の工程に対してすら，ラボはクライアント企業から対価を受け取っている。ただし，このビジネス・モデルを続けるためには，メンバーの創造性と高度で模倣困難な専門性が不可欠である。したがって，第三に，遅くまでやみくもに働き続けたり，とにかく努力し続けたりするのではなく，残業を極力少なくし，心身の健やかさを保ち，かつ，課業外の学習時間を確保することによって，創造性と専門性を高め続けることが挙げられた。残業を少なくできるのは，タスクの進捗をクライアント企業に振り回されることなくラボが主体的にコントロールしているからである。それができる理由は，まず，クライアント企業にとってやるべきことがみえづらく，しかも着地点を見通しにくい商品企画の工程を，ラボがクライアント企業を先導するかたちで進んでいくからである。次に，プロジェクト・チーム（メンバーとクライアント企業）の対話を通じて，成果物に求められる内容と水準の期待がチーム全体に共有されるため，ラボがクライアント企業に成果物を提出したあと，クライアント企業からその修正を要求されること（「手戻り」）が少ないからである（北川2019）。ラボは，手戻りへの対処などで広告主に振り回されがちになる広告業のモデルとは一線を画した独自のビジネス・モデルと働き方を，母屋に伝えようとした。

---

9) 第4期まで新事業枠の一つであったラボは，第5期には東京支社直轄の事業となり，第6期にはYRK&の社内カンパニーになった。
10) ラボ作成の社内資料（2016年9月および2017年1月）より。

> 数字という母屋の物差しに乗っかりながらも，僕らはラボの働き方やクライアントとの関わり方といったこちらの物差しもあえて提示をしている。それは少なからず母屋に影響を与えていて，今期〔第5期〕のウチの会社の方針は，「何でもヤラカス」，クライアント企業の要求になんでも，いつでも対応するという考え方から脱して，「戦略をもってちゃんと特化をしていこう」という話に変わっていっているんですね。社長にとっては，ラボみたいに特化するとうまくいくという実績がある。だから，社長は，「他部署もお客さんの要望になんでも応えるだけでなく，何を自分たちの強みにするのかも考えていこう」と言うに至った。そういう意味では僕らも母屋に多少影響を与えている。[11]

　実際，母屋の社長は，2016年9月からの全社方針を「特化と挑戦」とし，さらに，2017年9月からの全社方針を「特化と挑戦を経て住む世界を変える」と定めた。ラボは，「特化と挑戦」の実例として新しい働き方（時短・学習・特化・生産性向上の好循環）の実績を，そして，新たな「住む世界」の一例としてイノベーション・コンサルティングの実績を，母屋に提供している。全社方針を先取りしている制度であると社長がラボを評価するかぎり，ラボは，会社を方向づけるための実例を提供するという点で存在意義のある制度になっているといえるのではないだろうか。

　ただし，先に渡辺が「多少」影響を与えていると述べていたとおり，ラボと母屋ではコミュニケーション・ロジックが違い，しかも，ラボは母屋に比べてあまりにも小さいため，前者から後者への影響力は，必ずしも後者の規範・慣行を変えられるほど大きくはない。しかし，母屋に対する影響力の大小は，ラボにとって重要ではない。むしろ，影響を及ぼし合う回路を確保し続けること自体が，ラボが自律性を保つために重要である。

6　制度の水準での相互的リフレーミング

　本章を振り返りながら，制度的な試行錯誤のなかで，ラボは自律性を保つために，

---

11) 渡辺隆史へのインタビュー（2017年2月9日）。〔 〕内は引用者による挿入。

母屋とのどのような関わり方を見出していったのかを明らかにしたい。2012 年に
設立されたラボは，揺籃期を乗り切ってプランニング部から離れたとき，母屋との
「没交渉」の関係性を，意識的にではないにせよ選んでいた。このとき，ラボは自律
的な制度になったかのようにみえるが，実際には，母屋から裁量権を制限された出
来事からわかるように，当時のラボの自律性はきわめて脆弱であり，実際のところ
母屋に従属していた。ラボのメンバーたちは，この出来事をふまえて，ラボの活動
方針を母屋の物差しにもかなうように修正した。これは，本書第 1 部の言葉を援用
すれば，制度の水準での「リフレーミング」である。

　自分たちのリフレーミングにとどまらず，かれらは，自分たちの挑戦的な試みの
意義を，母屋（相手側）の物差しを用いながら母屋の社員に説明（プレゼンテーショ
ン）と実践（組織開発）の両方を通じて示すようになった。こうした取り組みが母屋
の従来型のビジネス・モデルと働き方を見直す一つのきっかけになっているため，
ラボは相手側の制度も多少はリフレーミングしているといえそうである。このとき，
ラボと母屋は，多少なりとも相互にリフレーミングし合う関係性にある。本書の鍵
概念の一つを用いて言い換えると，これらの制度は「対話的関係性」（それが言い過
ぎであるならば交渉的関係性）にある。ラボは，対話的に母屋とつながることによっ
て，自律性を回復した。

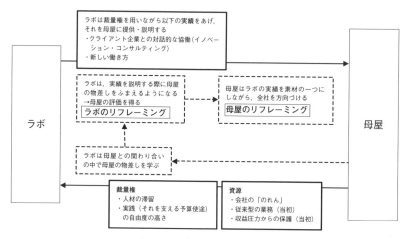

図 11－5　母屋とラボの相互依存

実線の矢印・枠線は一方から他方に提供されるもの，破線の矢印・枠線は制度のリフレーミングに関わること
を示す。

　ラボから母屋への影響は，ラボからのはたらきかけによるものだけではない。社長と母屋は，第5期以降，全社を方向づけるうえでラボの存在を利用している。このとき，ラボは，かつてのような，社長をはじめ幹部の判断によって一方的に自律性を制限されるという潜在的なリスクをかかえた不安定な制度ではなくなった。ラボは，社長・母屋と相互に依存しながら自律した制度になったのである（図11-5）。

　「第3部：はじめに」で取り上げたイノベーション・マネジメント論のレスターとピオーリ（2006）は，対話的な新事業を，収益性，効率性，競争力を高めようとする思考・実践から隔離して保護する必要があると強く主張した。これは企業幹部に対する提案としては大きな意義をもつものの（レスター&ピオーリ2006: 233），社内起業家にとってはやや不安が残る。というのも，企業幹部によって保護されるということは，裏を返せば，新事業の存続の可否が幹部の判断（と多数派の主張）に左右される点で，新事業は脆弱で従属的な立場におかれ続けることを意味するからである。その一方で，本章で扱ったラボは，母屋に一方的に依存することを避けつつ，むしろ試行錯誤を通じて多数派の思考様式（フレーム）を理解しようとし，それに響くようにはたらきかけることによって，影響を及ぼし合う関係性にもちこんでいた。

【参考文献】

ウォルコット, R. C., & レピッツ, M. J.／鳥山正博［監訳］／西宮久雄［訳］（2010）.『社内起業成長戦略——連続的イノベーションで強い企業を目指せ』日本経済新聞出版

北川亘太（2019）.「主体の変容を価値づける装置」『季刊経済研究』*39*(1・2), 33–53.

グリフィン, A., プライス, R. L., & ボジャック, B. A.／市川文子・田村　大［監訳］（2014）.『シリアル・イノベーター——「非シリコンバレー型」イノベーションの流儀』プレジデント社

レスター, R. K., & ピオーリ, M. J.／依田直也［訳］（2006）.『イノベーション——「曖昧さ」との対話による企業革新』生産性出版

12
対話の制度化

　前章では，ラボの自律性が母屋（会社）との対話的関係性によって安定的に維持されていることをみてきた。この第3部は挑戦的な試みを支える制度的な基盤に焦点を当てているが，自律的であるからといって必ずしもプロジェクトにおける協働やコミュニケーションの質が高まっていくということではない。そこで，前章では「制度間の」関わり合いを通じた変化を扱ったのに対して，本章では，協働やコミュニケーションを発展させることを目的とした「制度内の」自発的な変化をみていきたい。具体的にいうと，ラボがチーム全体としての能力を高めるために外部の専門家にコーチングを依頼したところ，メンバーのあいだで関係性をめぐる問題が表面化し，それをきっかけにラボのメンバー，協力者，クライアント企業からなる「拡大ラボ」全体のコミュニケーションが「対話」として制度化されていった2016年6月から2018年1月までの約1年半のプロセスを追いかけていく。

　ラボの内発的な変化を描き出す前に，対話が「より実現する」という本章で用いる独特な表現の意味を明確にしておきたい。対話は，常に実現するとは限らないし，実現したとしても，そのたびごとにリフレーミングの「深度」（「仮説検証」よりも「仮説創造」，さらには「問題生成」のほうが深い）およびリフレーミングの「発生源」（リフレーミングを起こすのが，特定の参加者なのか，あるいは，参加者たちのコミュニケーション・呼応・協働といったインタラクションそのものなのか）が異なっている。対話が「より実現する」とは，対話が実現する頻度が高まり，リフレーミングの深度が深まり，リフレーミングの発生源が誰か特定の個人から，参加者たちのインタラクションそのものへと移ることを意味する。

1 理想の構築

　2016年10月，チームは，渡辺と大石が平田オリザの「演劇ワークショップ」を受講したときに同じ受講生として出会った黒木潤子氏（株式会社インター・ビュー代

表取締役）にコーチングを依頼した。というのも，ラボにあふれるほど舞い込むようになってきた依頼を，より効率的に，かつ，より高い水準でこなすために，チーム全体の力を向上させる必要があったからである。

コーチの黒木が実践する「システムコーチング」は，アーノルド・ミンデルが構築した集団療法（ミンデル 2013）を実用化したものである。チームは，コーチに先導されながら，システム（ここではラボ）の「葛藤（conflict）」を理解し，その葛藤を解消する新たな共同性，つまりシステムがもつ新たな意味を立ち上げていった。ラボの関係者（ラボのメンバー，母屋の幹部，協力者，クライアント企業）の現状認識，不満，理想が，コーチによって秘匿情報として聴き取られるか，ワークショップにおいて共有された。こうした個々人の声は「システムの声」の断片として捉え直され，統合され，最終的に「システムの姿」が描き出された。このアウトプットは，ラボがどのような葛藤を抱えているのか，どのような姿を目指しているのかといった，ラボの再編に有用な「情報」を含んでいた。

コーチングを通じて明るみに出たのは，「渡辺商店」問題であった。クライアント企業とつながっているのは，メンバーの集合体としてのチームではなく，渡辺個人であった。クライアント企業の側からは，ラボは渡辺の「個人商店」のようにみえていたのである。

しかも，ラボ内の協働においてリフレーミングを引き起こしていたのも，やはり，チームというよりも，むしろ渡辺個人であった。渡辺は，大石とのコミュニケーションをきっかけにアイデアを着想し，大石がそのアイデアを受け入れると，そのアイデアはチームにおいて有効なものになっていた[1]。

大石は，のちにこのときの関係性を振り返り（2018 年 1 月），渡辺と大石との「主従関係」と表現した。対話を強みにするチームであるにもかかわらず，渡辺がラボの基幹的な仕事を一手に担っているという矛盾は，ラボ内では当たり前すぎて検討されなかったか，集団的かつ無意識に抑圧されていて誰も公には言葉にできなかったのかもしれない。

抑圧されていた問題を言語化することは，チームを再編するうえで有益である。というのも，チームが意識的に対話の発生源をメンバーの「あいだ」にずらしてい

---

1) このようなコミュニケーションも対話といえなくもないが，「健全な」コミュニケーションとはいえない。というのも，リフレーミングが渡辺個人によって起こされており，集合的なもの，すなわち，全体としての「チーム」，メンバーの「あいだ」，コミュニケーションそのものから発生するものではなかったからである。

くためには，発生源が渡辺にかたよっているという固定化された状態を言葉で自覚
し，望ましい状態とそこに移行する方策をメンバー同士で相談し，合意する必要が
あるからである。

　システムの目指す姿がはっきりと見出され，そのシステムを機能させるために必
要になるいくつかの役割が明確にされたあと，それらの役割が，チーム内の討議を
通じて各人に割り振られていった。各人は，その役割を担えるようにするための最
初の一歩を具体的に定めた。最終的に，チームの「目指す姿」（そこには，チームの
自己定義，中核的能力，理想的な人員構成の情報が含まれる）は，以下に取り上げる言
葉と構図で表現された。

　まず，チームの自己定義からみていく[2]。

私たちは…

1. **イノベーション・エージェント**
　…あなたのチーム〔クライアント企業〕にイ
　ノベーションが起きるために必要なことす
　べてを
2. **「対話―Dialogue―」のプロチーム**

　このとき初めて，社内で共有される資料のなかで，「対話」という言葉がラボの自
己定義に組み込まれた。「対話のプロチーム」として実現させるべきこととしてか
れらが示したのは，クライアント企業との対話だけでなく，三者による対話の「構
図」を整えることであった（その構図については第1部第1章第4節の説明と図1-8を
参照のこと）。

　「私たちは対話のプロチーム」であると宣言したことの当然の帰結として，各人が
対話の実現に貢献する技能を身につける必要が生じた。資料では，それを全メン
バーの基礎的な技能としつつ，メンバーは，ユーザーに「共感する」，アイデアを

---

2) ラボ作成の社内資料（2017年8月）より。

「まとめる」、あるいは、「絵で話す」のいずれかの役割を担うことが定められた（それぞれの役割の詳細については第1部第1章第1節を参照）。しかし、その時点では「絵で話す」ことのできるメンバーがいなかったため、ラボはWebサービス（ビジネスSNS Wantedly）を通じて「大切にしたいこと」（第1部第5章図5-2を参照）を掲げながら「絵で話す人」を募集し、数か月後、その専門性をもった人（田中陽子）をメンバーとして採用した。システムコーチングのワークでつくった将来像「Envision」には、将来的に「共感する人」2名（現1名）、「まとめる人」2名（現1名）、「絵で話す人」2名（0名から田中が入社して1名に）、「オペレーション」（サポートをしてくれる人）1名の計7名のチームを目指すことが書かれている。

2 理想に向けた制度再編

■ 2-1　制度の目指す姿

「私たちは対話のプロチーム」であるという理想と現実の両方を含んだ宣言は、システムコーチングという民主的なコミュニケーションによってつくられたことによって正当性をもった[3]。この正当性は、宣言に、ラボのメンバーおよび外部ネットワーク（クライアント企業と協力者）を再編していく力を与えた。以下でみていくように、この宣言は、ラボの構成要素を自らにより適したものになるように再編させることで、再編後のラボのなかで自らをより真実味あるものにした。

再編の具体的な項目は、次の社内資料に示されるとおりである[4]。

組織体質を改善するための取り組み

- 知識投資（青山学院大学ワークショップデザイナー育成プログラムの受講）
- 3階個室への移動・「オペレーション」スタッフ増員
- 「絵で話す人」の採用
- 外部連携強化
- 仕事のリリース〔ラボにとって優先順位の低い依頼を手放す〕

　以下では，これらの取り組みを「能力と空間への投資」「メンバーの変化」「ネットワークの構成要素（協力者およびクライアント企業）の変化」の三つに分けて，それぞれの経過をみていく。

■ 2-2　対話のための能力と空間への投資

　対話のための能力への投資（「知識投資」）とは，青山学院大学が社会人に提供する「ワークショップデザイナー育成プログラム」の受講である[5]。一部のメンバーは，「私たちは対話のプロチーム」であるという宣言の真実味を高めるために，「ファシリテーター」としての能力を高めようとした。ファシリテーターの役割は，ラボの業務でいうと，クライアント企業との打ち合わせとワークショップにおいて対話の実現を促すことである。ここでいうファシリテーション力とは，突発的な出来事や偶然を活かせるようにコミュニケーションを設計する能力である。何が起こるかはコントロールできないが，その何らかの偶然を起こすために，適切にコミュニケーション・プロセスを設計し，進行中のプロセスに介入することはできる。大石はラボの第5期に，渡辺は第6期に，ワークショップデザイナー育成プログラムを受講した。かれらは，3か月（全120時間）にわたって勤務後や休日にこのプログラムを受講したわけだが，それだけの時間と労力を費やした理由は，ファシリテーション力の向上がラボの宣言をより実現することにつながると考えたからである。母屋の幹部が，ラボの予算から授業料を支出することに反対しなかった理由は，一つには，学習投資する対象についてラボの裁量権を認めているからであり，もう一つには，幹部もラボの宣言を知っていたのに加え，ラボが対話のための能力開発に投資することを正当に理由づけていたからである。

　次に，対話のための空間への投資とは，オフィス（他部署との相部屋）から「個室」（ラボの部屋）にチームが移動したことである。第10章で私が滞在したあとも

3）宣言がメンバーの能力開発とキャリア（ありていにいえばチームに残れるかどうか）を左右するほどの力をもったのは，宣言をつくる手続きが民主的であったことに加えて，その手続きがコーチの支援によって進められたからである。ここではコーチ自身に実際に権威があったかどうかは問題ではなく，信頼のおける専門家が関与したという事実が宣言を権威づけた。

4）ラボ作成の社内資料（2017年8月）より。

5）こうした知識への投資は，無形資産への投資が重要になったというマクロな傾向（補論1を参照）のミクロな事例として解釈されうる。

数か月，ラボのチームは営業部門の影響力が強いオフィスの片隅に配置されていた。もちろん，母屋の支配的な部署とのあいだに空間的・物理的な隔たりがなくても，第10章でみたように，ラボは独自のロジックと規範を発展させることができていた。ラボは，にぎやかで活気のある空間の隅っこにある静かな「ところ」であった。ラボと他部署のあいだには目にみえない制度的境界はあったが，物理的な区切りはなかった。しかし，第4期の途中から個室に移動して，ラボは母屋のロジックと規範から制度的のみならず空間的にも隔てられることになった。空間的な自律性が対話を実現するための必須の条件ではないが，母屋の諸部署の活気ある声，電話の音，人の頻繁な出入りから切り離されることによって，データ解釈や報告書作成といった対話のための準備作業に集中しやすい環境が整った。加えて，メンバーの大石が以下で述べているように，部屋の移動が，メンバー同士の関係性とリフレーミングの発生源を少し変えるきっかけになった可能性もある。

> 部屋が与えられたり，そこに新しいメンバー〔「絵で話す人」の田中と「オペレーション」の松浦〕が入ってきたりと環境が変わったことで，私の意識も，前は〔渡辺に対して〕完全に主従関係というか，ボスと部下というのが，もうちょっと自分の意見を言うようになったりと，ちょっと変わったのかな。[6]

　なぜオフィスから個室への移動が空間への「投資」となるかというと，東京支社からすれば，ラボを相部屋から個室へと配置換えすることは，コスト（東京支社が入っているビルのテナント料）のより大きな部分をこのチームに割り当てることを意味するからである。幹部がそれを了承した理由の一つは，配置換えの要求を聞き入れるに値する成績をラボがあげていたからであり，もう一つは，このチームを空間的に独立させることによってチームの宣言がより実現し，それゆえ追加的な売上（投資のリターン）が生じることを幹部が見込んだためであるということが推測される。

6）大石瑶子へのインタビュー（2018年1月20日），〔　〕内は引用者による挿入。

■ 2-3 メンバーの変化

ラボの「目指す姿」と各自の役割が明確になり，メンバーの大石は，第4期から第5期にかけて，その役割に適応していった。渡辺は彼女の変化について次のように振り返った。

> システムコーチングのあと，大石の意識にかなり変容がありました。以前，大石は，ある専門性，「共感する」ことだけを深めようとしていたのですが，それまでは僕の仕事の一つだった「人のケア」を肩代わりしていくとか，積極的に僕の補佐としての役割を担おうとしている。大石がマネジメントに携わる方向に変わってきたおかげで，僕は，チームと自分の将来のヴィジョンをだいぶ描きやすくなりました。[7]

彼女も自らの変化を自覚していた。

> やっぱり渡辺さんとの仲では，渡辺さんが仕切っていて，私の役割はそれをサポートすることでしたけど，ワークショップデザイナー育成プログラムで演習をやっていると，実は「私，仕切っていくのが気持ちいい人なんだ」とわかってきたんです。「自分にはこういう側面があったのか」と，自分の役割や能力についての可能性を会社の外で，普段の仕事とは違った状況で気づけたのは大きかったです。[8]

　大石が自分の担うべき役割を意識し，それを遂行するために技能を高めていった結果，チームにおけるリフレーミングの発生源は，渡辺「個人」から，渡辺と大石の「あいだ」あるいは「チーム」へと移っていったようにみえる。
　大石のようにラボの目指す姿，とりわけ，「私たちは対話のプロチーム」であると

---

7) 渡辺隆史へのインタビュー（2017年4月21日）。
8) 渡辺隆史および大石瑶子へのインタビュー（2018年1月20日）。

いう宣言に適応できたメンバーがいた一方で，それに適応できず，自らに課された役割を担うことが難しいメンバーもいた。それは，もしかすると能力の有無の問題というよりも，むしろ，理想像に合うか合わないか，合わせられるか合わせられないか，つまり相性の問題なのかもしれない。役割を担うために努力することが得意な人もいれば，そうした適応的な努力が苦手な人もいる。メンバーの正当な手続きを経て描かれた制度の目指す姿は，正当かつ明瞭であったがゆえに，あるメンバーを変化させた一方で，その集団的な理想像に適応できなかったメンバーの離脱という帰結をもたらした。実際，ラボが母屋の幹部に向けて作成した報告書でも，こうした制度再編の二つの側面が，目指す姿を「明確にしたメリットとデメリット」というかたちでまとめられていた[9]。

　このように，制度の定義づけは，その定義が正当性をもったとき，メンバーの特定の能力を伸ばすという肯定的な効果のみならず，メンバーのキャリアを左右し，後戻りのできない帰結をもたらすこともある。

■ 2-4　ネットワークの構成要素の変化

　対話の実現には，ラボの外部ネットワーク（協力者およびクライアント企業）の協力が不可欠である。対話の最小単位は，チームとクライアント企業の二者，あるいは，そこに調査対象であるユーザーを加えた三者である。さらに，特定のプロジェクトでは，社外のデザイナー，動画編集者，調査会社，デザイン学の研究者，人類学者（比嘉）といった協力者が，対話の実現に貢献することがある。

　ラボが「対話のプロチーム」であるという宣言を体現しようとするならば，問いや仮説が見当たらないといった思考の足場がない状態に耐えられる強さをもち，問い直すことにおもしろみを感じ，リフレーミングができたことに喜びを感じる人たちが，外部ネットワークの構成要素のなかで比重を占める必要がある。宣言をつくったことで，ラボは優先的に関わるべきクライアント企業とそうでない企業を明確に区別できるようになった。そのときの基準は，対話を高く評価するか否か，および，対話の心構えをもっているか（あるいは対話の心構えが育つ気配があるか）否かである。対話の心構えをもたないクライアント企業（の担当者たち）の典型例は，すでに思い描いている仮説を補強するデータしか探さないような人たちである。ラボのメンバーは，そのように「自分が見たいようにしか見ない」担当者と共にプロ

9）ラボ作成の社内資料（2017 年 8 月）より。

ジェクトを進めることに強いストレスを感じていた[10]。しかし，目指す姿がはっきりすると，ラボは，その姿に整合的ではない企業の案件を無理に請け負わなくなった。というのも，第11章で述べたように，ラボはその当時（第5期），チームの許容量を超えた仕事を抱えていたため，仕事を選ぶ余裕があったからである。

　クライアント企業の側も，ラボに求めるものが変化していった。たとえば，ラボに対して調査と解釈を定期的に依頼していたある企業は，その定期的な案件を，リフレーミングに関わる工程だけに限定して依頼するようになった。というのも，ラボとその企業が協働して調査を繰り返すなかで，そのやり方がある程度確立し，その企業単独でできるようになったからである。他方で，その企業は，この案件とは別に，自社の長期的な展望に関わる案件をラボに依頼した。このように，クライアント企業もまた，協働を通じてラボの強みを把握し，その強みを活かせる案件をラボに依頼するようになり，反対に，調査会社に代替できるような種類の案件をラボに頼まなくなっていった。

　このように，案件（プロジェクト）で関わり合うなかで関係性が強化されたり，特殊化したり，反対に疎遠になるなかで，つまりラボとクライアント企業の相互的な選別を通じて，対話の実現に貢献する組織能力をもつクライアント企業がラボのネットワークの構成要素に占める割合が高まっていった。それは，積極的にリフレーミングしようとする構えをもった担当者と協働する機会が増えることを意味する。すると，もちろん，対話が実現し，対話のなかで有用なアイデアが創造される可能性が高まる。対話の実現は，クライアント企業の担当者に当初の期待を超える価値（商品企画への納得感・満足感，その商品が市場に投入されたときの売上）をもたらしうる。そうした優れた成果が出た場合，その人は，自分がつながっている別の私的なネットワークでラボについて口コミをおこなう[11]。この口コミが，対話的な商品企画プロジェクトを求める将来の顧客とラボがつながるための効果的な「営業」の役割を果たしている。クライアント企業を「手放す」こと，および，リフレーミングを積極的に求める顧客とより強く結びつくことのような，宣言に基づく「選別」が，プロジェクトにおいて優れた成果が生まれる可能性を高め，口コミを増やし，そしてラボのあり方（宣言）に見合う顧客がコンタクトをとってくるという好

10）渡辺隆史へのインタビュー（2017年4月21日）。

11）大企業内や企業間で横断的に商品企画の担当者たちがつながっている私的なネットワークがあるらしい。

表 12 - 1　プロジェクトの大型化

	第 4 期	第 5 期	第 6 期
プロジェクト数	50	34	29
売上高	x	1.01x	1.18x
プロジェクトあたりの平均売上	y	1.48y	2.03y
一定金額以下かつ単発・単工程の プロジェクト	30	13	5

出典：社内資料に基づいて著者作成。

循環をもたらしている。

　あくまで好循環の傍証にすぎないが，第 4 期と第 5 期のラボの業績を比較すると，プロジェクトあたりの平均売上が増加したことがわかる（表 12-1）。加えて，一定金額以下かつ単発・単工程のプロジェクトが 30 件から 13 件へと減少した。大型のプロジェクトが増え，かつ，全体のプロジェクト数が減少したのは，ラボが対話的チームに見合わないと判断した仕事を手放した（無理に受注しにかからなかった）こと，および，クライアント企業が，対話によって高水準の成果を生み出すというチームの能力を高く評価し，以前よりも大型の案件を発注したことを意味する。

3　制度の行為主体性

　第 4 期までは，事実上，渡辺がチームとネットワークの編成を仕切ってきた。それが，チームが「渡辺商店」と呼ばれていたゆえんであった。しかし，チームと黒木コーチによって「あるべき組織のカタチ」[12]，すなわち，あるべき個々人の姿ではなくあるべき制度の姿が言語化されたことによって，制度自体が渡辺から自立し始めた。

　再編前，渡辺は，それぞれのメンバーの能力をふまえてとるべき仕事の種類と量を判断していたが，制度の姿が明確になってからは，メンバーそれぞれがラボのあるべき姿を念頭におきながら思考・実践し始めた。このとき，ラボの再編の「行為主体性（agency）」は，特定の個人にあるというよりも，制度（チームとネットワーク）そのものにあるといえるかもしれない。というのも，前節の制度再編では，制度が自らのあるべき姿を見すえながら「主体的に」自らの構成要素を選別しているようにもみえるからである。あるいは，制度再編は，構成要素のいくつかの関係性

12）ラボ作成の社内資料（2017 年 8 月）より。

の変化（渡辺と大石の関係性の変化やラボと諸企業・協力者との関係性の発展）の「合成」として捉えられるかもしれない。

　リフレーミングの発生源の変化についても同様のことがいえる。再編前，リフレーミングの発生源は渡辺にあった。しかし，再編後，対話の担い手が，渡辺個人から，制度という集合的なものへと変化しつつあるようにみえる[13]。このとき，この「対話する制度」の構成要素（ラボのメンバー，協力者，クライアント企業の担当者）それぞれは，制度に埋没してしまったのではなく，対話のなかで自らの存在意義を見出している。というのも，かれらは（とりわけラボの大石は）以前に増して，自分の（あるいは自分たちの）考えたことが対話の産物に含まれていると実感できているからである[14]。

4　考　察

■ 4-1　挑戦的な試みへの理解

　以上のようなラボの内発的な制度変化から，第3部の冒頭で挙げた，なぜクライアント企業が必要に応じてプロジェクトの工程・仮説の変更を認めるのか，という疑問の答えがみえてくる。それは，ラボが内発的に変化していっただけでなく，クライアント企業もまた，ラボとの（ときにはリピート依頼での）協働を通じてラボの強みを徐々に理解していったからである。ラボに依頼される諸案件の変化（本章2-4を参照）から推察できるのは，次のようなクライアント企業の比重が高まっていることである。それは，ラボの強みが協働を対話的に進める力やプロジェクトの設計と実施の両方でリフレーミングをする力にあることを（意識的にせよ無意識的にせよ）理解しているクライアント企業である。クライアント企業の理解が進み，ラボへの要求が特殊化していくのに応じて，ラボは少しずつ，より挑戦的なプロジェクトをクライアント企業に提案するようになった。第2部で紹介された「衛生意識に関する調査」「特定空間における行動に関する調査」「未来のコミュニティに関する調査」はその例である。このように，挑戦的な試みは，ラボとクライアント企業の双方が変化する（呼応する）ことによって徐々に可能になっていった。

13）個人から集合的なものへの移行については終章でさらに考察を進める。

14）UCI Lab.（2018），大石瑶子へのインタビュー（2018年1月20日），田中陽子へのインタビュー（2018年8月20日）。

■ 4-2　自律性の維持への寄与

　ここまで本章では内発的な制度変化を通じた対話の制度化を描いてきたが，この論点を，いかに自律性を保つかという第 11 章での関心と結びつけたい。対話的関係性が制度化され，対話が「より実現する」ようになると，ラボが協働を通じてリフレーミングを成し遂げる力を高く評価するクライアント企業が増え，さらに，そのような企業の商品企画者たちが口コミをするようになった。このような流れからラボは三つの恩恵を受けた。第一に，表 12-1 で示したように，売上高およびプロジェクト当たりの平均売上が上昇した。第二に，リピート依頼と口コミのおかげで，ラボのメンバーはプロジェクトを受注するための営業活動に時間を割く必要がなくなった。その結果，残業が減り，さらに，ラボは第 2 部で取り上げた「ジャカルタ自主調査」など即座に利益に結びつくわけではない「研究開発」に時間を割くことができるようになった。

　以上のように，対話的関係性が制度化された結果，一方で，短期的には数字に結びつかない挑戦的な試みに時間を割く余裕が生まれ，他方で，母屋が注目する数字（売上高の上昇や残業時間の少なさ）もまた改善ないし維持された。とりわけ後者のおかげで，ラボは自らの試みの意義を母屋に以前よりも説得的に示せるようになった。対話的関係性の制度化によってもたらされた良好な成績が，ラボの自律性を保つための道具として用いられているのである。

■ 4-3　対話の影

　ここまで，対話の制度化を，営利と存続の観点から肯定的に評価してきた。営利企業における対話を扱った研究もやはり，対話の肯定的な面，すなわち，対話の優れた効能にスポットを当てる傾向にある。第 10 章で取り上げたマーケティング分野の論文（Ballantyne & Varey 2006）は，当たり前すぎて意識されていなかった前提が対話によって問い直され，今までにないサービス価値が共創されること，つまり対話によって「競争優位」が実現し，維持されることを主張した。組織開発の分野ではブッシュとマーシャク（2018）が，対話によって組織（制度）についての新しい意味が生成されること，つまり対話を通じて組織が開発されることを力説した。さらに，中原と長岡（2009: 9-10）は，対話が組織開発だけでなく，社会人の継続的な学びにつながることを主張した。「「対話」（ダイアローグ）というコミュニケーションのスタイルがビジネスの文脈にも広がることによって，職場は新しい知識や技能を生み出す創造的な場となる可能性があります。そして，その場は，まさに

「大人の学びや成長の場」そのものにもなりうるのではないかと思います」。

　本書を，かれらの主張を裏づける具体例として読むことはできる。対話が「競争優位」の源泉であることは本書の第1部で合意されており，また，対話が組織開発につながることは本章で示されている。しかし，本章の事例に基づくと，対話を安易に称賛することははばかられる。というのも，本章の事例には，ビジネスにおける対話について，先行研究が力説した「光」の部分だけでなく，「影」の部分もみられるからである。それは，対話的関係性の制度化が，メンバーのやむをえない「退出」を伴う場合があるということである。

　本章の事例において，対話が「より実現する」ようになった理由の一つに，制度の再編があった。再編とは，人・能力・規範・空間といった制度の構成要素が修正・発展させられたり，退出させられること，ならびに，新たな構成要素が包摂されることである。本章の事例では，退出を防ぐための集団的な努力は重ねられたものの，最終的にメンバーがこの制度から退出せざるをえなかった。なぜなら，ビジネスでは，教育活動とは異なり，能力開発に時間を割き続けるには限度があり，しかも実際に能力が向上するまで忍耐強く待ち続けることはきわめて難しいからである。ビジネスにおける対話の実現は，もしかすると制度再編におけるさまざまな構成要素の退出という負の出来事を経たあとの成果であるかもしれない。対話がもたらす「合意」「和解」「新結合」の輝きは，そこに至るまでの「暗部」をみえなくしてしまうのかもしれない。

■ 4-4　地道な集団的訓練

　一般に流通している対話についての書籍では，対話を実現させるために「マインドセット（考え方）」を転換させることの重要性を強調する傾向をもつ（ミンデル2001; 中原・中村2018; ブッシュ＆マーシャク2018）。たしかに，中原と長岡（2009: 66）が述べるように，対話を実現するには，コミュニケーション観を，情報という「水」を高いところにいる上司から低いところにいる部下へと流し込むという「導管モデル」から「コミュニケーションを通じて参加者自身が変化していくプロセスを

---

15) ただし，第1部・第2部は，マインドセットと同時に，手を動かすことといった身体性が重要であることを強調する。

16) 言い換えれば，対話を実践の次元で制度に定着させるためには，いくらかの「投資」，すなわち，人間関係資本を構築するための資金・体力・気力・時間の投下が必要である。

とらえようとする視点」へ転換することが必要である。本書の第1部・第2部もまた、「総合的」「柔軟さ」「マニュアル化されえない実践」といった言葉を入り口にして対話のマインドセットを説明しようと試みてきた[15]。しかし、それらは対話を実現させるための前提の一部であってすべてではない。本章の事例は、さらに踏み込んで、次のことを示唆する。すなわち、対話のマインドセットを「制度化」するには、そのようなマインドセットを実践に落とし込む「訓練」を地道に続け、「共有された経験」を蓄積していくことが必要である[16]。訓練の継続として、たとえば、渡辺と大石が受講した青山学院大学ワークショップデザイナー育成プログラムで実施されたように、ワークショップの演習と振り返りワークを繰り返すことが挙げられる。共有された経験の蓄積として、たとえば、渡辺が仕切って大石がサポートに徹するという「主従関係」を両者が意識的に修正し、大石が自らの意見を積極的に提示することによってプロジェクトの調査・分析・解釈の厚み・深みを増すことに貢献できたという実績・実感を積み重ねることが挙げられる。第2部で述べられた「ジャカルタ自主調査」もまた、対話的関係性の制度化に寄与する、チームに「共有された経験」の一つであった。集団的な訓練の継続と経験の蓄積が必要であるため、対話の制度化には、ある程度の時間がかかる。本事例では、対話的関係性が明示的な「理想」として掲げられてからそれが制度化されるまでに、すなわち、メンバーの実際の関係性が主従関係から対話的関係性へと徐々に変化し、後者で安定するまでに、約1年が費やされた。ラボが立ち上げられた2012年からみると、「対話する制度」が実現するまでに約5年が費やされたことになる。

【参考文献】

中原　淳・長岡　健（2009）.『ダイアローグ──対話する組織』ダイヤモンド社

中原　淳・中村和彦（2018）.『組織開発の探究──理論に学び、実践に活かす』ダイヤモンド社

ブッシュ, G. R., & マーシャク, R. J.［編］／中村和彦［訳］（2018）.『対話型組織開発──その理論的系譜と実践』英治出版

ミンデル, A.／諸富祥彦［監訳］（2001）.『メタスキル──心理療法の鍵を握るセラピストの姿勢』コスモス・ライブラリー

ミンデル, A.／富士見ユキオ［監訳］／青木　聡［訳］（2013）.『ワールドワーク──プロセス指向の葛藤解決、チーム・組織・コミュニティ療法』誠信書房

UCI Lab.（2018）.「ジャカルタDiary──UCI Lab. 大石瑤子のフィールドノート」（2018年5月公開）〈https://www.ucilab.net/jakarta-dairy（2020年3月3日確認）〉

Ballantyne, D., & Varey, R. J.（2006）. Introducing a dialogical orientation to the service-dominant logic of marketing. in R. F. Lusch, & S. L. Vargo（eds.）*The service-dominant logic of marketing: Dialog, debate, and directions*. Armonk, NY: M. E. Sharpe, pp.224–235.

補論 3 ：認知資本主義的な規範の形成と維持

　本書の「序章」では，私が，世の中の趨勢を大づかみにするような制度経済学の見方の具体的な事例を探しており，ラボがそうした今日的な趨勢をよく表しているかもしれないと期待して渡辺にラボの調査を申し込んだことを述べた。ここでいう今日的な趨勢とは，「第 3 部：はじめに」および「補論 1 ：制度経済学からみた経済の変化と現在の特徴」で述べたように，「ネットワーク／プロジェクト」の規範および「インスピレーション」の規範の広がりのことである[1]。この補論 3 では，まず，第 3 部をふまえて，ラボをこうしたマクロな規範の動態に当てはまるミクロな事例として位置づけることができそうかを検討したい。もしそう位置づけられるならば，次に，制度経済学の関心事である，これら新たな規範と「産業的効率性」という旧来の規範との対立（摩擦）が，ラボという事例においてどのように抑えられているのかを検討したい。

　ラボがネットワーク／プロジェクトの規範を備えており，それが具体化されていることは，ラボのビジネスが，対話的ロジックを共有する協力者やクライアント企業からなる社外ネットワークのなかで成り立っていることからわかる。

　ラボがインスピレーションの規範を備えていることは，対話によるリフレーミングが本書全体で主題的に扱われていることからわかる。しかも，第 2 部で述べられたように，人類学者の比嘉が，調査者や助言者のかたちで特定の工程に限って関わるのではなくプロジェクト全体に関わっていることからも，その規範が具体的な実践に落とし込まれていることがわかる。ただし，第 1 部の記述を追ってい

1）「第 3 部：はじめに」で述べたように，「ネットワーク／プロジェクト」の規範とは，組織の垣根を越えて「ネットワーク」を構築し，そのなかで一時的なチームを組んで「プロジェクト」を遂行できる能力を高く評価する規範であり，「インスピレーション」の規範とは，アイデアが「降りてくる」個人や集団を高く評価し，かつ，そのような意図せざる状態に意図的・集団的に達するために，異質な参加者が対話的に協働することを重視する規範である。

くと，対話的な協働がインスピレーションの唯一の源泉ではなく，むしろ，この集団的な調査・分析をできる限り進めたあとの「個人の内省」がインスピレーションの「核心」であるようにもみえる。ラボでは，各人が内省しやすい状況を整えるために，打ち合わせの日時を前もって設定したり，打ち合わせをするメンバーたちはそのための部屋に移るといったルールを設けている。

　このように，少なくとも現時点でのラボは，大局的にみるならば，制度経済学におけるマクロな規範の動態のミクロな典型例として位置づけられる。

　ところで，これらの規範は，当初，渡辺のおかれた状況の産物であったかもしれない。先の「補論2：設立までの経緯」でみたように，彼は，広告販促業のビジネス・モデルがはらんでいる問題を強く意識し，そのモデルに基づいたクライアント企業との（第3部の用語でいえば）「やりとり」の関係性から自らを切り離し，（現時点での本書の用語でいえば）「対話的関係性」を一からつくりあげるためにプランニング部の内側にラボをつくった。この制度的な囲いを設けたのは，「イノベーション・コンサルティング」というビジネス・モデルを実行するためでもあり，同時に，そうするのに必要な（あるいは寄与する）諸規範を一から形成するためでもあった。これらの規範は，渡辺と彼をとりまく状況とのインタラクションにおいて発生したかもしれないが，第12章でみたように，約4年後，ラボ内のコミュニケーション上の問題をきっかけに，チームの集団的な省察を通じて言語化され，民主的なコミュニケーションを通じて改善・合意される対象になった。

　第10章・第11章で扱ったように，YRK&では制度間で新旧の規範の摩擦がみられた。制度経済学の観点からすると，この摩擦は，「産業的効率性」[2]に依拠する制度（母屋）の内側に新たな諸規範に依拠する制度的囲い（ラボ）が立ち上げられたことによって生じたと解釈できる。水面下での摩擦は，ラボが数値目標を達成できなかったときに表面化し，ラボの自律性ないし自由度は低下した。その後，ラボは，母屋と対話的な関係性をむすぶことによって自律性を回復させ，今日的な（認知資本主義で力をもっている）規範を維持している（第11章）。第3部の本文では立ち入ることができなかったが，渡辺がコラムで後述するように，ラボと母屋の制度間の対話の効果もあり，2016年9月から2019年にかけて，母屋の規範が少しずつラボの規範のほうに寄ってきたように感じられる。

---

2)「第3部：はじめに」で述べたように，産業的効率性の規範とは，組織内で固定的かつ階層的な部門ないし事業部をつくることによって組織運営の効率性を追求しようとする規範である。

渡辺からのコメント
⑦その後の YRK&

　北川が UCI Lab.（と YRK&）でフィールドワークをおこなってから 3 年以上がたち，YRK& にも大きな変化があった。ここでは渡辺から「2020 年の YRK&」について補足説明しておく。

　東京支社では UCI Lab. とほぼ同時期にもう一つの新規事業が立ち上げられていて，広告販促の事業領域のなかで新しい営業スタイルやビジネスモデルに取り組んでいた。この部署も，2016 年当時は数字の実績が思わしくなく「支配的な部署」からの圧力を受けていた。しかしさまざまな新しい取り組みの経験学習が徐々に蓄積して事業が軌道に乗ると，2018 年には東京支社の約 3 分の 1 の人員を抱える主要部門の一つになった。同じタイミングで会社全体もまた，より高い付加価値を目指して専門能力を強化する方向に舵を切り，現在はリブランディングなどのコンサルティング事業に取り組んでいる。こうした状況から，北川が指摘した「クライアント企業の要望に迅速に対応すべき」という元々の価値観は，自分たちの価値を自ら発信することで世の中に必要とされる会社になろうという方向に変化しつつある。組織構造は，営業部門やプランニング部門といった職能別の組織ではなくなり，事業軸で束ねられた各チームが，多職種のメンバーが協働しながら，それぞれの強みを尖らせていくことを目指している。ちなみに，このようないくつかの新しい事業が，いわゆる社内コンテストのようなイントラプレナー制度から生まれたものではなく，有志によって自然に生成していったことはとても興味深い現象だと思う。

　そのような事業方針の変化にも呼応してオフィスの様子も随分と変化した。北川がフィールドワークしたときには大きな衝撃を受けたという，UCI Lab. の「イヤホンをしながらの仕事」という行為は，他のチームも含めた日常の習慣になった。そして，各チームの取り組みで働き方の価値観と習慣が変わり，遅くまで残業する人はほぼいなくなった。支配的な部署においても，いつでも打ち合わせが始まるような「和気あいあいとした士気の高い」雰囲気が良いという規範は少し薄まったようだ。このように YRK&，特に東京支社における会社の「制度」がなめらかに，しかし振り返ってみると大きく変わった 3 年間だった。

　実際には，会社全体が目指す「コンサルティング事業」のあり方と UCI Lab. の目指すそれは少し異なるし，UCI Lab. が他の部署に大きな影響を与えるとか，具体的な支援をしているわけではない。上記の変化は，社長の経営方針や個々の事業構想など，複数の要因の積み重ねで起きたもので，UCI Lab. もその一部に貢献していて，また恩恵も受けている。その結果，現在の YRK& は UCI Lab. にとってとても対話しやすい環境になっている。そして，会社全体が尖っていくなかで，さらに「挑戦的な試み」を求められてもいる。

補論 4：認知資本主義における UCI Lab.

　本書の多面的な分析をふまえると，ラボの実践と制度的な試みは，「認知資本主義」において諸組織が価値をつくる方法，すなわち，すでに保有している知識・ネットワーク・組織能力などの無形資産を活用して新たな無形資産を生み出すという今日的な資本蓄積の方法の典型例であるといえそうである。なぜなら，これまでみてきたように，「対話的関係性」という特殊な関係性から，あるいは，「対話」という特殊なコミュニケーションそのものから，新たな価値が生み出されているからである。このチーム自体が価値の源泉の一つは関係性とコミュニケーションであるとみなしていることは，第 1 部での記述によく表れている。「UCI Lab. の価値は，私たちがクライアントより中国市場を知っているというような情報の非対称性から生まれるのではなく，一緒にわかっていくというプロセスに宿る。それを通じてクライアントも私たちも自分たちの気づかない当たり前をリフレーミング」することによって価値が生み出されるのである（本書第 1 部 p.58，強調は引用者）。

　ラボでは，対話を促進する仕組みが意図的につくられてきた。第 12 章では，ラボが望ましい関係性を定義し，それを実現させていく様子をみた。加えて，第 2 部では，比嘉という異質な存在がプロジェクトに組み込まれ，しかも，メンバーも彼女も，お互いに自己を揺るがされずに済むような距離感で関わるのではなく，相互変容をいとわずにプロセス全体で全人格的に関わり合っている様子をみた。

　こうした対話的関係性の背後には，第 3 部でみたように数年かけて形づくられてきた，メンバー・協力者・クライアント企業からなる，対話的ロジックを共有するネットワークがある。このネットワークが，新たな価値をつくるための無形資産になっている。

　認知資本主義の代表的な論者の一人は，「脳の協働」，すなわち「デジタル・ネットワークを通じ協働する諸脳のコミュニケーション」を強調するが（Moulier-Boutang 2011: 71），須田（2016）が知識生産には物質的要素が関与すると指摘したとおり，本書でも「身体性」を知識生産から切り離すことはできない。たとえば次のような例が挙げられる。アイデアの精度を上げていくという行為は「脳内でユーザーを駒のように動かしてもできることではない。その空間で身体を動かして複数のメンバーと対話していくことで，新しいアイデアが付け加わったり思わぬところから突破口」が見つかることがある（本書第 1 部 p.77）。「同じ対象やテーマに取り組み，共に手を動かしていくなかで必然的に現れてくる行為の差異を言語化し，その新鮮さ〔互いにとって新鮮に感じられる，個々の経験や身体知なども

含んだ差異〕を面白が」る（本書第 2 部 p.113）。

　ところで，認知資本主義論は，知識社会を称賛するのではなく，認知的労働のもつ両義性に注目する。「労働の自律・自由の拡大と，その苛酷さ・搾取の強化という両面が同時に嵩じているという点を見逃すことはできない」（山本 2016: 6）。実際，第 3 部ではビジネスにおける対話の暗部がみえてきた。集団から与えられた役割に自主的に適応できない者が退出を迫られた。労働の自律性の高まりを今日の経済的な趨勢の光の部分であるとするならば，自主的に問題解決できるようにならねばならないという主体化の強迫（村越・山本 2016），そして，それが達成できないときにはネットワークから切り離されるという危険は，認知資本主義における光の部分と対になっている影の部分である。

【参考文献】

須田文明（2016）．「コモンにおける真正性の試験と評価──テロワール・ワインと有機農産物を事例に」山本泰三［編］『認知資本主義──21 世紀のポリティカル・エコノミー』ナカニシヤ出版，pp.103–120.

村越一夫・山本泰三（2016）．「コーチングという装置──認知資本主義における労務管理？」山本泰三［編］『認知資本主義──21 世紀のポリティカル・エコノミー』ナカニシヤ出版，pp.143–163.

山本泰三（2016）．「序論」山本泰三［編］『認知資本主義──21 世紀のポリティカル・エコノミー』ナカニシヤ出版，pp.1–26.

Moulier-Boutang, Y. ／ E. Emery（Trans.）（2011）．*Cognitive capitalism*. Cambridge: Polity.

おわりに——制度経済学からみた地道な取り組み

　第3部では，第1部と第2部で描かれた挑戦的な試みが制度的に可能になっていく経緯をみてきた。本書では，実践の水準での特徴ある試みも，制度の水準での試行錯誤も，価値ある取り組みであるとみなしてきたが，結局のところ，そのどちらも「非効率な」取り組みの積み重ねのように感じられるかもしれない。少人数のチームで対話的な協働の質を高めていくことよりも，これまでのプロジェクトを通じて確立させた手法をサービス・パッケージとして商品化したり，複数のチームを編成して中核メンバーがそれらの統括，監修，研修といった役割を担ったほうが効率的かもしれない。第2部で取り上げたように，当初の目的を達成したにもかかわらずその時点で感じ始めた可能性を大切にしてクライアント企業に工程を追加できるかを相談するよりも，その時点で成果物を納品したほうが無難かもしれない。

　制度経済学の観点からみると，ある考え方や実践が効率的（有効）であるか否かを測る絶対的な尺度はなく，現場で実践する者（たとえば，渡辺，比嘉，クライアント企業の担当者）やその実践を評価する者（たとえば，著者，読者，母屋の社長・社員，内省的に振り返るかれら自身）が所属するそれぞれの共同体がもっている「目標」と手続き上の「理念」がその尺度になる。実践者や評価者が所属する共同体の明示的ないし暗示的な目標が，回り道を極力せずに売上・利益をあげること，それらを高めていくこと，組織を拡大させることであったり[1]，組織としての「ゲームのルール」が実際のところ社内外の諸関係において地位，発言力，影響力を高めることであるならば，その目標との対応においてラボの取り組みは非効率である。

　その一方で，ラボの目標は，生活という具体的な状況に埋め込まれているユーザーに価値を提供することである。習熟しつつあるやり方をいったん（一部）手放し，ユーザーとその状況により接近できるやり方を模索すること（第2部），特定のやり方を定型化・共有してより多くの仕事を抱えようとするよりも，チームをゆっくりと再編しながら「ほどく」から「届ける」までの一貫したプロセスに熟達していくこと（第3部）は，こうした目標との対応において有効である。

　加えて，ラボは，プロジェクトをビジネスとして成り立たせるという大前提のも

---

1) メルホルツ＆スキナー（2017: 120–127）でも，デザイン集団の段階的な拡大が当然のように語られている。

とで「研究者のように」目標に接近することを手続き上の理念としている。なお，ここでの理念とは，実践の伴わない「お題目」のような理念ではなく，実践者・評価者が所属する共同体において日々の集団的な実践（インタラクション）に表れている理念のことである。本書全体を振り返ると，ラボでは以下の四つが重視されているようにみえる[2]。

　第一に，ラボの目標，あるいは，個々のプロジェクトにおける目標と工程を決めるときに，地位の力に極力頼らず，民主的な合意形成を重視している点である。第二に，準備・調査・分析の手間を惜しまないことである。第三に，ラボのメンバー，クライアント企業の担当者，協力者といった異なる立場・観点からの意見を丁寧に掬い上げることである。第四に，集団的な調査・分析によって発見された「観念」（フレームワーク，コンセプト，仮説，やり方）の有効性を判断するときに，検証（テスト）の結果に誠実に応じることである。たとえば，コンセプト・シートやプロトタイプといった具体化された観念を媒介にユーザーと対話したとき，プロジェクト・チームがその観念は検証に耐えられなかった（目標に対して十分に有効ではなかった）と感じたならば，無理にそれを成果物として押し通すことなく，分析やプロトタイピングといった前工程に立ち戻る。

　ただし，第2部で比嘉が強調しているように，こうした手続き上の理念を実践するのは容易ではない。

　　デザイン思考を用いたリサーチ等でもそうであるように，こうした対応はモデルとして，あるいは理念としては提示されているものの，「実際の現場の状況や都合など諸事情を鑑みると難しい」という判断のほうへと流れるケースは実に多いのではないだろうか。私たちは調査に対してどこまで誠実に，データ分析に対してどこまで素直になれるのだろうか。（本書第2部 p.128，強調は引用者）

2）ラボで共有されている「研究者のように」あるいは「学術的に」という言葉の意味づけを，本書をふまえてこのように言語化してみたが，実際のところ，その意味づけは，メンバーと関係者との多様なインタラクション，つまり拡大ラボでの「意味の交渉」を通じてゆっくりと変化し続けている。私からみると，意味づけの変化に特に関係しているのは，まず，ラボと比嘉との関わり合いであり，次に，産学共同プロジェクトにおけるラボと櫛勝彦（京都工繊大学教授）との関わり合いである（「補論5：制度と実践の連動した変化」における表1の「協力者」の列を参照）。

　第2部では，それでもラボが（もちろん葛藤を抱えながらも）こうした手続き上の理念を実践している様子が記されている。

> 「これとは別の分析の可能性が存在する」ことが自覚されてしまった以上，そのまま終えてしまうわけにはいかなかった。渡辺は私たちのこの経緯と判断をクライアントに説明し，結果を共有するタイミングを延長した。……そこに予定外の工数の追加と納期の延長という事態を発生させてしまった……。（本書第2部 p.128）

　この「研究者のように」対象に近づくという理念／実践は，制度経済学の根底にある「プラグマティズム」という哲学と重なるところがある。プラグマティズムは，探究を，一般に哲学という言葉でイメージするように経験から切り離された真理・本質を捉えるための思索とはみなさない。プラグマティズムにおける哲学的・社会的「探究」とは，現実のさまざまなインタラクションに組み込まれている生身の人たちが障害にぶつかったり対立したことをきっかけに自分たちの慣習化した観念（前提／コンセプト／仮説／やり方など）および自分たちが埋め込まれている制度を問い直し，再編することによって問題を乗り越えていくという思索と実践の両方からなる営みであると捉えられる。再編された新しい観念・制度の有効性は，現実のインタラクションとは関わりのない，あるいは，現実には達成不可能な理想との対応で判断されるのでも，ある個人の目標にとって都合がよいかどうかで個人的に判断されるのでもない。それは，共同体の目標，すなわちお互いに依存しあい，協働する人びとの合意に基づく「達成可能な最良のもの」に近づくための道具として機能しているかという点で判断される（コモンズ 2019: 229）。プラグマティズムは，実用主義といった訳語が災いしてか，「「機能するものは何でも」真実であり正しい」，たとえば「もし商売人が成功したならば，彼は正しい」といったことを主張する哲学であるように思われがちであるが，そうではなく，このように共同体の目標を見すえた他者による検証を重視する哲学である（コモンズ 2015: 240）。この目標もまた，経験から切り離された達成不可能な目標ではなく，対話に応じて変化する目標である。共同体での探究が進むにつれて，あるいは，共同体をとりまく環境が変化すると，再び対話の必要性が生じることがある。再交渉と再合意に応じて共同体の目標を表す言葉自体が変わったり，たとえ同じ言葉のままであってもその意味づけが変わっていく。このように課題や対立の発生をきっかけに観念・制度を再編しな

がら対話を通じて変化しうる「「私たちが考える」こうあるべきもの」に，近づいていくという集団的な営みが，プラグマティズムにおける探究である（コモンズ 2019: 229）。

　制度経済学の創始者の一人ジョン・R・コモンズは，プラグマティズムを「人間科学」の一つである制度経済学における「探求の方法」とし，かつ，当時のアメリカ・ウィスコンシン州でこのような方法を実践していた政労使の交渉システムを評価した（コモンズ 2019: 99, 192-193, 370-417）。コモンズは，創成期のプラグマティストのなかでも特にジョン・デューイの哲学に共鳴した。デューイは，哲学的・社会的探究は「実験的」であるべきだと主張し，その意味を次のように説明した。

　　思考と信念は絶対的なものではなく実験的であるべきだとわれわれがいうとき，念頭に置いているのは，まずもって，実験室にみられるような実験をそのまま実行するということではなく，ある種の方法論のことである。そのような論理には，以下のような要素が含まれる。第一に，……〔概念，原理，理論などが〕探究のための道具として形成され，検証されなければならないということである。第二に，社会的行動のための政策と提案は，作業仮説として扱うべきであって，頑なに固守し実行すべきプログラムとして扱うべきではないということである。政策や提言が実験的なものとなるというとき，その意味するところは，それらを検討するに際しては，実際に遂行された場合に伴う諸帰結を，十分整備された状況で絶えず観察しなければならないということ，そして，観察された諸帰結に照らして，いつでも柔軟に修正しなければならないということである。（デューイ 2010: 192-193, 邦訳を一部修正のうえ使用，強調および〔〕内の挿入は引用者）

　ラボにおける観念と制度の再編，すなわち，プロジェクトごとに合意形成されるユーザーにとっての価値を実現するために他者の言語的・非言語的なシグナルに耳をかたむけ，その結果，一旦戻ったり進路を変更する必要があるとわかればその労をいとわず実行するといった実践のかたちや，そのような実践をしやすくするために母屋との関係性を対話的に再構築すること，ラボの目指すべき姿を民主的に構築し，その実現のために集団的に学習して，メンバーの関係性を対話的に再構築することは，いずれもデューイのいう「実験的」営みとみなすことができる。したがっ

て，制度経済学に基づくと，ラボの「地道な」取り組みは「プラグマティックな」営みとして評価できる。

【参考文献】

コモンズ, J. R. ／中原隆幸［訳］（2015）.『制度経済学——政治経済学におけるその位置　上』ナカニシヤ出版

コモンズ, J. R. ／宇仁宏幸・北川亘太［訳］（2019）.『制度経済学——政治経済学におけるその位置　下』ナカニシヤ出版

デューイ, J. ／植木　豊［訳］（2010）.『公衆とその諸問題』ハーベスト社

メルホルツ, P., & スキナー, K. ／安藤貴子［訳］／長谷川敦士［監修］（2017）.『デザイン組織のつくりかた——デザイン思考を駆動させるインハウスチームの構築 & 運用ガイド』ビー・エヌ・エヌ新社

補論 5：制度と実践の連動した変化

　第3部では制度としてのラボの変化に着目してきた。ここでは，それがどのように実践の変化と関連しているのかをみていく。

「つくる」の発展

　第1部で説明されたように，ラボは，クライアント企業とともに「ほどく」「共感する」「つくる」「届ける」という実践／工程を進めている。ここでは，そのなかの「つくる」という実践の変化が制度としてのラボにおける変化と連動している様子をみていく。

　ラボは，2014年にホームページを開設し，「つくる」を含めた上記四つの工程に一貫して取り組もうとしているといったラボの意図，役割，協働の進め方を明示した。こうした言語化と対外的な明示は，制度の観点からすると，ラボの存在意義や仕事の仕方の「制度化」として捉えられる。

　ただし，やろうとしている工程を対外的に示したものの，実際には，アイデアをさまざまなかたちの（たとえば GUI などの）プロトタイプに具体化するという「つくる」ための資源（技能）が不足していた。この時点では，クライアント企業から相談を持ちかけられたとき，ラボは，アイデアをどのように具現化するのかについては，アイデアがでてきてからでないとわからないという曖昧なプロジェクト（「つくる」工程の）設計しかできていなかった。

　その後，ラボに，開設したホームページをみたという元 YRK& 社員のアートディレクター（デザイナー）梅田憲一氏から，そのような新しいことをしようとしているならば一緒に仕事をしようと電話がかかってきた。ラボにとって，梅田がラボの意図を理解し，プロジェクトに臨機応変に関わってくれる点が重要であった。というのも，通常，絵（イラスト，動画，GUI プロトタイプなど）をクリエイターに外注する場合，その絵の仕様をラボで定めてから発注することになるため，同時並行の作業，すなわち考えたり話し合いながら絵にしていく（そして絵にしながら話し合う）ことができなかった。しかし，彼が協力者になったおかげで，ラボは，対話的に思考することと絵にすることを相互に促進させながら実践できるようになった。

　第12章でみたように，約2年後，ラボは，システムコーチングを受講することで内生的（内発的）に変化しようとし始めた。その一つは，「絵で話す人」の募集であった。ラボは，システムコーチングで浮き上がってきたラボの目指すべき姿をふまえて，「つくる」力をより高めるために，絵を描く人をメンバーに加えよう

とした。ラボの告知を載せた Web サービスを見て面接を受けにきた一人が，現メンバーでデザイン・プランナーの田中陽子であった。彼女が入社し，元々もっていたスキルに加えて独学やプログラミングの専門学校で GUI のプロトタイプを作成する技術などを身につけるにつれて，ラボは，クライアント企業から相談を持ちかけられたとき，最終的に何を「つくる」ことができるのか，より幅広く，より具体的に示せるようになった。また，田中がラボの仕事の仕方を理解していくにつれ，ラボでは，調査すること，話し合うこと，絵を描くことが，以前に増して同時並行的・往還的におこなわれるようになった。さらに，田中がラボ内の考え・動きと

表1　「つくる」についての制度と実践の連動

期	制度の水準での出来事	メンバー	協力者	できないこと／できること	実践されたこと
第2期まで				つくる力が不十分	クライアントとの相談でつくるもの／工程を曖昧にする
第3期（2014年9月～）	ホームページ作成「ほどく・共感する・つくる・届ける」の工程を対外的に示す		ラボの渡辺・大石ら3名が櫛勝彦氏（京都工芸繊維大学教授）によるプロトタイピングの一日実習を受講 元 YRK& 社員のアートディレクター（梅田）がホームページを見て参画	イラストや動画づくり（つくる力の向上）	クライアントとの相談においてつくるもの（たとえば GUI プロトタイプなど）を具体的に提案し，その工程を具体的に提示
第5期（2016年9月～）	システムコーチング受講 Web サービスで「絵で話す人」を募集				プロジェクトにおいて対話しながら，思索しながら，絵にする
第6期（2017年9月～）		田中が「絵で話す人」として入社			プロジェクトにおいて対話／思索／絵にすることがより同時並行的・往還的に UX ストーリーの作成
第7期（2018年9月～）		田中がプログラミングの専門学校の講座を受ける	京都工芸繊維大学の櫛勝彦研究室との共同研究「アイデア創造における精度アップのプロセスの可視化の研究」	「つくる」範囲の拡大ラボ内の田中と外部の協力者（梅田ら）が連携することで，より迅速かつ柔軟に作業できるようになった	クライアントとの相談で提案できるつくるものの範囲が広がり，工程もより明確に

外部の協力者（梅田ら）をより的確に橋渡しながらその協力者と協働することによって，ラボでは，田中と協力者のクリエイターとしての資質の違いを活かしながら，より迅速かつ柔軟に「つくる」ことができるようになった。

　なお，一つ付け加えておきたいのは，ラボは，メンバーたちが学習すべきことを，ラボの目指すべき姿だけを見すえて決めているわけではないという点である。実際のところ，ラボは，諸企業のコミュニケーションからうっすらみえてくるかれらの未だ顕在化していないニーズもふまえながら，つまり状況と関係性をふまえて省察的に学習内容を決めている。

ワークショップを運営する技術の向上

　ラボのメンバーは，書籍や市民講座からワークショップのやり方を学びつつ，2012年の立ち上げから16年4月までに80回のワークショップを実施した。2016年，かれらは平田オリザの「演劇ワークショップ」講座を受けて[1]，ワークショップには身体的な要素をより活用できることを知った。その頃，ラボに，外資系企業からワークショップだけを（プロジェクトの一工程としてではなく）運営してほしいという依頼がきた。担当者は，渡辺が出席していたマーケティング・リサーチャーの勉強会のコネクションを通じてラボを知ったという。その企業の社員約20人が参加したワークショップを運営し終えて，渡辺と大石は，ワークショップをより体系的に学習する必要性を感じた。青山学院大学がワークショップデザイナー（WSD）育成プログラムを実施していることを知り，大石は2017年4月から3か月間，渡辺は同年8月から3か月間，それを受講した。WSDの知識は，ラボが実践するワークショップにおいてコントロールと即興のバランスをとることに貢献した。加えて，WSDにおいてワークショップの設計・運営・実践の細かな点についてそうする意図を理解したことにより，ラボは，自分たちがクライアント企業とおこなう（実際の）ワークショップを終えた後，その意図に着目しながら自分たちの設計・運営を振り返り，意図通りであったかどうかを評価できるようになった。このように省察することによって，ラボのワークショップを設計・運営する力は，たとえ別の講座を受けなくとも自発的に高まっている。第1部において描かれたようなワークショップが運営できるようになった背景には，講座での訓練と省察的な実践があった。

　WSD育成プログラムは，間接的に，かれらの関係性を発展させることにも寄与した。両者が（異なる期に）同じプログラムを学んだことにより，知識・技能の共

---

1) かれらは，この演劇ワークショップにおいて，のちにシステムコーチングを受けることになる黒木に同じ受講生として出会った。黒木によるシステムコーチングで浮き上がってきたラボの「目指すべき姿」をふまえて，渡辺と大石は，より対話に熟達するためにWSDを受講した。

表2　ワークショップについての制度と実践の連動

期	制度の水準での出来事	メンバー	協力者	実践されたこと
第3期まで	市民講座等で学習			諸企業とのプロジェクトの一工程として数十回のワークショップ 渡辺がワークショップを設計
第4期 （2015年9月～）	平田オリザの「演劇ワークショップ」受講	身体的な要素をより活用できることを知った		
第5期 （2016年9月～）	システムコーチング受講			渡辺がマーケティング・リサーチャーの勉強会（JMRX）に参加
第6期 （2017年9月～）	ワークショップデザイナー育成プログラム受講			外資系企業からワークショップだけの依頼（そこで身体的な要素を活用）
第7期 （2018年9月～）		渡辺と大石が上意下達から水平的・討議的な関係性へ		大石もワークショップの設計に関与し，より積極的に運営する コントロールと即興のバランスがうまくとれるようになった 設計・運営を振り返ることで内発的に学習する 母屋からのワークショップ実施依頼を引き受ける

通基盤ができた。それまで渡辺がワークショップのプロセスを単独で設計していたが，大石もその設計に加わることができるようになった。両者が協働してワークショップを設計・運営することによって，かれらの関係性は，上意下達から水平的・討議的な関係性へと変わっていった。

　ところで，ラボのこうした実践から，母屋もまた，組織変革におけるワークショップの有効性を徐々に理解していき，2018年以降，ときおりラボにワークショップの運営を依頼している。たとえば，人事制度改革の一工程としてのワークショップやグループ会社の戦略策定ワークショップが挙げられる。ラボにとって，母屋の依頼を引き受けることは，自分たちの自律性を保つことにも寄与している。

　以上のような制度と実践の連動した変化の経緯をみると，クライアントの潜在的ないし顕在化したニーズ，技術（ソフトウェアの発展），ラボのできること，ラボとクライアントの協働における実際のアウトプットが関わり合っていることがわかる。実践は，ラボの意図と努力だけで向上させることはできない。それは，ラボの意図と上記の要素が呼応するなかで発展している。より正確にいえば，ラボは「ほどく」から「届ける」までの工程を一貫して実践し，かつ，それぞれについての集団的な力を向上させたいという目標をもっており，その目標を見据えながら，技術，クライアントとの関係性，クライアントのその時々の潜在的ないし顕在化したニーズに応じて，その都度できるところから向上させてきたことがわかる。

補論6：本書における「制度」を特徴づける

　第3部「はじめに」では「ある集団に共有された仕組み」というゆるやかな定義を示すにとどめ，また，各章では，その都度検討すべき点を的確に描き出すために必要となる制度の特徴を示してきた。ここでは，第3部でみてきたラボの構築過程の全体をふまえて，UCI Lab. という本書の事例に当てはまる「制度」を，「思考」「実践」「主体」の観点から特徴づけたい。

　まず，主体（制度のメンバー）の「思考」の観点から制度を特徴づけたい。よく知られているように，制度とは，主体の思考を制約する枠組みである（ノース 1994）。しかし，何らかのきっかけで主体がこの「縛り」を自覚し，そこから解き放たれたいともがくとき，この縛りは思考の跳躍をもたらす「踏切板」のような役割を果たす。本事例では，広告販促業のビジネス・モデルが，広告会社と広告主との関係性や社員の働き方をかなりの度合いで規定していた。渡辺は，広告販促業のビジネス・モデル，関係性，働き方を，自らの思考を跳躍させるときの「手がかり」（松嶋・高橋 2015: 21）として批判的に参照していた。

　第二に，主体の「実践」の観点から制度を特徴づける。制度は，思考のみならず実践の縛りでもある。制度は，その目標や規範（ラボの「目指す姿」や「大切にしたいこと」）に基づいて，可能な実践の範囲を制限したり，実践を方向づけたりする。第11章でみた，ラボの学習の裁量権が母屋によって制限された出来事は，この事例として位置づけられる。その一方で，制度は実践の「資源」でもある（北川 2011）。すなわち，制度は主体の実践を支援したり，可能な実践の範囲を「拡張する」（コモンズ 2015: 116）。ラボのメンバー（主体）は，少なくとも私が調査した 2016 年時点では，母屋ではなくラボに所属しているからこそ，挑戦的な試みをしやすく，また，たとえばワークショップデザイナー育成プログラムといった高度な技能を習得するための講座を会社の費用負担で受講しやすかった。

　この「縛り」と「資源」は，個々のメンバーの実践に注目したときの制度の特徴であるが，第12章に基づけば，制度そのものを「集団的な実践の単位」としてみなすこともできる。対話という特殊なコミュニケーションでは，個々の「主体（subject）」がコミュニケーションの単位であるというよりも，むしろ，メンバー，クライアント企業の担当者，ユーザー，協力者からなる「拡大ラボ」という制度そのものがコミュニケーションの単位であり，「行為主体性（agency）」をもっているようにみえた（カロン 2016; 北川 2017）。

　第三に，「主体」の観点から制度を特徴づける。制度は，一方では主体をメンバーとして囲い込み，保護する。当初，ラボは，第11章でみたように習得に時間のかかる専門的技能をもつ人材を留めておく「囲い」になっていただけでなく，母屋の規

範と働き方に適応できない社員の「避難所空間」のような性格をもっていた（レスター＆ピオーリ 2006）。他方で，制度は，第 12 章でみたように主体を「退出させる」ことがある。このように，制度は，その目標に貢献し，規範に適応しうる人を取り込み，積極的に支援するが，反対に，それらに適応できない主体に対しては，制度のもつ集団的なパワーを行使することがある。

　第 3 部をとおしてわかるように，制度は不変の仕組みではない。第 3 部における制度変化のきっかけとして，第 11 章では，母屋からの反応，メンバーのキャパシティを超えたクライアント企業からの依頼（需要），第 12 章では，コーチとのコミュニケーションを通じた宣言づくりが挙げられる。そして，補論 5 で示したように，制度の変化が実践の変化に波及していった。さらに，第 2 部に目を向け直すと，第 2 部そのものが，実践（協働）から内発的かつ継続的な制度変化がもたらされている事例として位置づけられる。というのも，ラボと比嘉との協働は，ラボの制度化された実践（たとえばプロジェクトの設計，調査，分析の仕方）を根本的に問い直すという効果をもっているからである。したがって，ラボと「トリックスター」のような比嘉が結びついたことは，ラボが内発的制度変化をうながす装置を備えたと解釈できる。

【参考文献】

カロン, M. ／北川亘太・須田文明［訳］(2016).「市場的 配 置とは何か［上］」『経済論集』*66*(2), 127–160.

北川亘太 (2011).「資本主義の多様性アプローチの制度変化論における近年の展開——制度と制度補完性理解の修正を中心に」『季刊経済理論』*48*(3), 69–74.

北川亘太 (2017).「訳者解題」(「市場的配置とは何か［付録 1］」に所収)『経済論集』*67*(2), 176–191.

コモンズ, J. R. ／中原隆幸［訳］(2015).『制度経済学——政治経済学におけるその位置　上』ナカニシヤ出版

ノース, D. C. ／竹下公視［訳］(1994).『制度・制度変化・経済成果』晃洋書房

松嶋　登・高橋勅徳 (2015).「制度的企業家のディスコース——「埋め込まれたエージェンシーのパラドクス」の超越」桑田耕太郎・松嶋　登・高橋勅徳［編］『制度的企業家』ナカニシヤ出版, pp.30–52.

レスター, R. K., & ピオーリ, M. J. ／依田直也［訳］(2006).『イノベーション——「曖昧さ」との対話による企業革新』生産性出版

終　章

比嘉夏子・北川亘太・渡辺隆史

1 イノベーションの「地」を描く

　ここまでの記述からも明らかなように，また冒頭でも述べたように，本書は「従来の多くの書籍のように新しい概念，フレームワーク，方法などを示してイノベーションを実現させる確率を高めることを自指してはいない」(本書 p.ii, 強調は引用者) という方針で編まれた。この方針そのものを奇異に感じた読者もいるかもしれない。最小のコストで最大の効果を生みだそうとする経済合理性の論理に支配される今日の私たちにとって，現場でイノベーションと向き合うある小さな組織の取り組みについての執拗なまでに細かな記述や分析は，どのような意味をもちうるのか。「明日から使えるモデル」や「秘伝のコツ」などをわかりやすく提示したわけではない本書をとおして，私たちは何を描こうとしたのか。

　イノベーションへと向かうための手順やそれに伴う条件など，普段の私たちが比較的見慣れている類の言説を，必ずしも本書で否定しているわけではない。ただしそのようなわかりやすいエッセンスの背後には，当然の事実として，日々の膨大な実践と，洗練さとはほど遠いような試行錯誤や，言語化されることさえないままに消えゆく雑多な事象などが存在している。そのような実感は，何もこの話に限らず，また私たちに限らず，ありとあらゆる「現場」に日々向きあう人びとにも共有されるはずだ。

　言い換えるならば，ここで私たちが中心的に描いてきたのは，イノベーションへと向かうための骨格的な手順や条件を「図 (figure)」として見立てたときの，いわゆる「地 (ground)」に該当する部分である。主流的な言説の目的が「図」の精度を高め，より汎用性の高いモデルを構築することにあるのだとすれば，本書はあえてその奥にひろがる広大な領野としての「地」の一部に光を当て，その実践領域の肌理を示そうと試みてきた。普段私たちが参照する「図」を存立させているのは「地」なのであって，両者は不可分かつ相補的である。そのような認識のしかたなくして

「図」のみを参照するという姿勢を取るとき，それは私たちの視野を狭量なものにしてはいないか。ひいてはその視野の狭量さが，無限の可能性としてのイノベーションなるものから私たちを遠ざけてはいないか。

　繰り返しになるが，私たちがここで示した事例や実践のありかたが必ずしも「正解」であるとか「模範的」であると主張するわけではない。先に述べたいわゆる「地」の領域には，多様な人びとによる多様な行為実践や無数の選択が存在しており，本書で取り上げたラボの例はそのごく一端にすぎない。ここで重要だと考えられるのは，私たちが「図」を眺める際にはいつも，この「地」の領野の広がりの存在をどこまで「実感を伴って」想起できるのか，という点である。

　たとえば第3章で渡辺が言及した「構造化ワーク」のプロセスの際に，その分析手続きにおいて残されたカードは「断片」的な存在ではなく，渡辺自身の脳内には，それに至る文脈や背景や人びとの発言が圧縮され紐づけられていた。これもまさに，「地」の領野にある個別具体的な事物から，それらとのある種の関係性としての「図」が立ち上げられていく瞬間であり，その逆の立ち上がり方はありえない。したがって結果として表された「図」をみる際の私たちには，プロセスを遡行するかのように，その内に実は折り込まれた「地」の存在を自らの眼前に想起するような見方が，必然的に要請されるのではないか。

2 「対話的関係性のエージェント」としての UCI Lab.

　本書で示したように，「地」の領域における UCI Lab. の諸実践のうち主要な核を構成していたのは「対話」であり，それは行為者間の変容を伴うようなコミュニケーションのありかたとして位置づけられていた。ラボにとっての「対話」の重要性について，また実際の「対話」の進められかたについては渡辺と比嘉が述べたとおりだが，第12章で北川はそれを「対話の制度化」として考察した。それらを受けて，ここでは論をもう一歩前に進めてみたい。

　ラボがその制度の内／外において，クライアントや調査対象となる生活者，チームのメンバーや外部協力者，母屋である YRK& などの多様な行為者との関わりをもち，その関わりは「対話的ロジック」に則っていた。複数の多様なメンバーからなるラボのプロジェクトにおいて，そのような対話的な協働が重要視されていたことの「合理性」についてはとくに異論はないだろう。ラボの実践をつぶさに追ったとき，そのような対話は必ずしも自然発生的に生起するのではなく，北川のいうよう

にそれが「より実現する」ための仕掛けや工夫が実を結んでいたともいえる。

　イノベーションの現場において「対話的であること」の重要性は，北川が制度的側面からも明らかに示したように，たんなる倫理観や哲学的姿勢に回収されない，実践的な問題である。特に本書の射程となる「イノベーション」の領域においては，対話とは必要不可欠な行為実践である。なぜなら技術革新という狭義の意味のイノベーションであれば，それは発明的な個人や個の組織でも実現しうるかもしれないが，それに対して本書におけるイノベーションとは冒頭でも述べたように「生活者を起点とした新しい価値の創造」を指しており，根源的に他者を内包した営みである。またクライアントと共に認識のリフレーミングをおこなっていくうえでも，そこには対話や解釈，調整といったプロセスを伴うことで，必然的に集合的な実践となっていく。

　本書の事例であるイノベーションの現場における実践が，個にはとどまらない集合的な営為であることの一つの証左は，先にも触れた渡辺の「構造化ワーク」の事例にもあらわれていた。客観的な行為としてみればそれは「一人による」作業だったが，その記述にもあるように，渡辺はそれまでに経た他者との対話を醸成するようにして手を動かし，思考を進めていた。そうした意味では，ここで渡辺の手仕事は「渡辺個人の手仕事」ではなく，あくまでも「集合的な存在としての手仕事」である。

　このような対話的プロセスとその作業手順から浮かび上がる集合性を踏まえたとき，実は UCI Lab. とは，「イノベーション・エージェント」であるよりもまず「対話的関係性のエージェント」なのではないだろうか。多様な人びとと対話的なプロセスにおいて関わりながら，一個人や一組織の個別的な文脈を，より集合的で社会的な文脈へと取り結ぶエージェントとしての仕事が，より広い視点からみたときにラボの担う仕事なのではないか。

　　対話が「より実現する」とは，対話が実現する頻度が高まり，リフレーミングの深度が深まり，リフレーミングの発生源が誰か特定の個人から，参加者たちのインタラクションそのものへと移ることを意味する。（本書第 3 部 p.194）

　こう北川が述べるように，対話が「より実現する」ことによって，それまで個の内に留まっていた認識や経験が他者へと開かれ，また互いに影響をしながら，「関係性のなかに」，北川の言葉でいえば「インタラクションそのものへと」移行する。

　すなわちイノベーションが生じる場合，新しい価値の創造が実現するときは，そこにいつもこのような「個から関係性への移行」という現象が随伴して生起しているのではないか。そしてこの「関係性への移行」とは，先に述べた「地」の領野を射程に入れた認識にも密接に関連している。「地」の領野に広がる多様な他者との具体的な実践による関わりにおいてしか，またそのような広い世界における無数の選択可能性を想定した関わりにおいてしか，「新しい価値」というものは創造されえない。こうした意味でも，イノベーションという営為は本質的に集合的であり，ラボは他者との対話的プロセスを重視する形で，この「関係性のエージェント」としての役割を担っているといえるだろう。

3 「地道」で終わりなき運動に向かって

　私たちが本書で描いてきた領域と，その実践的意味について確認したところで，最後に本書のタイトルにもある「地道」という概念について振りかえっておこう。

じみち【地道】

①普通の速度で歩むこと。馬を普通の速度で進ませること。褻道けみち。

⇔早道はやみち。

②手堅く着実な態度。まじめなこと。じみ。

（新村 出編『広辞苑』第 7 版（2018：1339））

　第 1 部の冒頭で渡辺は「ノルウェーの大工」の話を参照し，「いわゆる知識労働者というイメージからはみえづらい日々の地道さ」（本書 p.32）を描くと述べた。また第 1 部末尾ではミンツバーグのマネジメント論を引きながら，それは「「かなりの量のクラフトに，ある程度のアート，それにいくつかのサイエンスが組み合わ」（ミンツバーグ 2011: 16）さったバランス」だと述べ，それが渡辺自身にとってのイノベーションへの向き合い方に近いものだと述べていた。

　このように，イノベーションの現場に対峙する実務家である渡辺の念頭には，あくまでも地道な，手仕事的な実践のイメージがある。「大工」や「クラフト」という言葉は，イノベーションの現場とは一見するとかけ離れており，またややもすれば

それを参照することが渡辺個人の職人的な気質や個人的な技芸に光を当てているようにみえるが，決してそうではない。「地道」というのは，まさにその道程＝プロセスのことであり，進め方についての話である。この語の定義それ自体にもあるように，本書で示されてきた実践とその過程は，「普通の速度で歩む」ようなものであり，イノベーションという華やかな響きとは対照的に，実のところ「手堅く着実な」特徴が強かった。そのような歩み方や態度においては，抽象的な「シンボル」を操作する「シンボリック・アナリスト」（ライシュ 1991: 245）も，「職人＝クラフトマン」も，実は同じように仕事に取り組みうるのだ。

　　そもそも私たちは方法論を導入して最短距離で自動的に「答え」に到達するようなプロセスを目指していない。何かをわかるとかつくるということは，対話的態度や協働の面倒さをいとわない実践を通じて具体化されるものだろう。
　　（本書第 1 部 p.94）

　渡辺がこう述べるように，事例の現場では最短距離で「答え」に到達することがそもそも目指されていない。だからといって，ラボでは過剰に時間をかけて工程数を増やし遠回りをしているわけでもない。あくまでも「地道」に，すなわち「普通の速度で」歩む道程のなかでこそ，イノベーションの萌芽は現れてくる。
　しかし「普通の速度」であることには，いかなる積極的な意味があるのだろうか。それは先に述べた「広大な領野としての地」の存在を念頭におき，自らの視野を可能な限り広く保ち，その領域を彷徨うかのようなラボのあり方，つまり無数の事象のなかからその都度の判断において何かを選び取っていくような進め方＝道程との関連において，である。ラボの具体的な実践では，あるプロジェクトの設計を当初から明確に定めきってしまうのではなく，少しずつ進みながら，その度に先の選択を見定めていく。たとえばそれは比嘉との協働の事例にも示されていたように，他者からの提案や想定外の物事に出会ったときには，立ち止まることのできる（そして時には引き返すこともできる）スピード感でなければならない。
　そのようにして「地道」に進み続けるという意味でも，イノベーションは終わりなき運動であるといえる。そこにはわかりやすい正解もなければ明確な到達点もない。そこにあるのは相手との対話から都度に導かれる合意および納得解と，暫定的な区切りの連続である。そのような無限の道のりを目の前にしたとき，入り口で途方に暮れ立ち止まってしまうのか，あるいはできるだけ近道を選び手っ取り早く乗

り切ろうとするのか，茫洋とした可能性に賭けて終わりなき試行錯誤をつづけるのか，そこにはさまざまな選択がありうるだろう。「地」の領野を認識することなくわかりやすい「図」のみを参照し，それをなぞるようにしてプロジェクトを進めることは，ある文脈においては「合理的」な判断なのかもしれない。しかし少なくともそれは私たちの目指す合理性，つまりプラグマティックな営みにおいて目指されるそれではない。あくまでも普通の速度で，他者との対話を重ねて協働し，それを振り返り，仕組みをととのえ，試行錯誤の歩みを止めないこと。

　そのような終わりなき運動としてのイノベーションの現場を切り取ったものが，本書である。

【参考文献】
新村　出［編］（2018）.『広辞苑』（第7版）岩波書店
ミンツバーグ, H.／池村千秋［訳］（2006）.『MBAが会社を滅ぼす——マネジャーの正しい育て方』日経BP社
ライシュ, R. B.／中谷　巌［訳］（1991）.『ザ・ワーク・オブ・ネーションズ——21世紀資本主義のイメージ』ダイヤモンド社

あとがき

　この本の執筆がほぼ終わった頃に，ある映画を観る機会があった。それは一人の装幀家を追ったドキュメンタリーで，さまざまな原稿が表紙や帯をまとい私たちが手にとる「本」になるまでの営為を描いていた。実は，この映画ができるまでには興味深いエピソードがあったという。最初に監督が撮影を依頼したとき，その装幀家は「映像は嫌い」と断った。だが，改めて翌月に会ったときには「いいことを思いついた」と目を輝かせていたらしい。曰く，本人の頭に小型カメラを取り付けて，自分の手もとをずっと撮り続けてはどうかと。作業している間に自分の手や紙が動く様子と，さらに，ふと何かを思いついて頭を上げた瞬間のカメラの揺れと視界の変化から，観客は装幀という行為を主観的に体験できるのではないかという（広瀬2019）。結果として映画はそのようには撮影されず，監督自身による撮影と周囲へのインタビューも交えて彼の仕事を多角的に捉えようとするすばらしい作品に仕上がっていたが，被写体を依頼された人が撮り方を「逆提案」してきたというこのエピソードからは，取材される側からする側への奇妙な越境と，そもそもドキュメンタリーには撮影者の視点が存在するはずという前提に対する揺さぶりと，そして何より自分自身が何をしているのか知りたいという装幀家の純粋な好奇心が感じられる。そのような対話から始まる関係性では，撮られる側は被写体に留まりつづけることはできず，撮影する側も透明人間ではいられない。ある意味で「共犯」のような関係性を生成させるはずだ（実際に，この映画のポスターやパンフレットは出演する装幀家たちによりつくられている）。

　自分の仕事が本になるとは一体どういうことなのか。ある人に本書における私（渡辺）の位置づけや執筆中に感じていたことを問われたとき，この装幀家のエピソードが思い浮かんだ。私が所属する UCI Lab. は，本書では調査される題材であるが，同時に所長である私は書く側にも回っている。もっといえば，本書を書くプロセスにおいて，共著者間では明確な見取り図は共有されていなかったし，分業の仕方についての事前の合意もなかった。お互いが手探りの状態でそろりと書き始めつつ，途中で批評しあい内容を変化させながら，徐々に全体が生成されていくような，まさに対話的な協働のプロセスによって，この本はつくられている。題材を提供する立場と調査し考察する立場の境界線は，少なくとも私にとってはずっと曖昧なま

まだった。

　実は本書の構想は4年前に遡る。2016年の夏に北川（第3部担当）が共通の知人
を介してUCI Lab. でのフィールドワークを依頼してきた。経営学ではなく経済学
者というのが少し不思議だったけれど，そのとき私は，「自分たちの仕事も調査で成
り立っているので一度調査される側に回ってみたい」「私たちが学術的な世界に何
かしら貢献できるのであれば光栄であるし，さらに研究者によって見出される自分
たちの姿を見てみたい」という興味から，特に迷いもなく依頼を受け入れた。1週
間にわたるフィールドワークの後も，彼がワーキングペーパーをまとめる過程で追
加のインタビューを受けながら，その考察内容について積極的に議論を交わした。
しかしそのような積極的参加は，自分の主張を代弁してもらおうとか自分たちを良
く見せようという意識からではない。私が感じていたのは他者の目を通して自分た
ちを発見すること，そしてそれが文章としてかたちになっていく面白さだった。こ
のときの調査する側と調査される側が混ざり合ったような経験が本書執筆のきっか
けになり，渡辺は完成したワーキングペーパーを発展させて書籍にしてはどうかと
北川に「逆提案」をした。

　そのような経緯とはまったく別に，しばらく後に比嘉（第2部担当）との協働が始
まる。本書でもふれたように，われわれの協働は，ともにプロジェクトのテーマ・
内容に迫り，またそれと並行して，プロセスにおける相手への気づきや違和感を共
有しあい，より良い協働の仕方を探るというプロセスを最初から採用していた。

　当初は比嘉とUCI Lab. の協働は本書の企画とまったく別の動きだったが，比嘉と
北川をともに知る編集者の差配によって本書を執筆する3名が揃うことになる。
本書が完成した今，執筆に至る3者の関心の一致をもたらす特定の要素・状況が
UCI Lab. にあったのかと考えてみた。おそらく，最初から関心の一致する何かが
UCI Lab. に偏在していたのではなく，著者たちそれぞれの積極的に他者と出会おう
という動き方や，明確な目的・計画や効率性にとらわれない柔軟なあり方を通じて
徐々に生成されていき，その通過点として，3名で本書を執筆するというささやか
な偶然にたどりついたのでないか，と（これはあくまで渡辺の個人的な意見だが）振り
返って思う。

　先に対話的協働による執筆と述べたが，本書は事前に明確な主題や構造をもたな
い状態で始まり，さらに特定の主編者をもたない，いわば「相互編者」のような仕
組みによって，対話と試行錯誤を重ねながら手探りで書き進められた。このような

対話的な執筆プロセスは，私たちが予感していた以上に密度の濃い思索を可能にした一方で，それぞれに対して認識の揺らぎをもたらし，執筆するつもりだった内容の更新を迫った。私（渡辺）は，第1部で UCI Lab. のことを詳細に書くと決まったとき，自分たちのおこなっている営みを鳥の目のような高い位置から俯瞰し，客観的に抽象的に整理して書くのだと思いこんでいた。実際にはそうではなく，むしろより内面に深く潜っていき，一つひとつの実践について日常的で些細な行為や頭のなかで考えていたことなど「本人だからこそわかること」について緻密に書いていくことになった。第2部を担当した比嘉は，当初は自身と UCI Lab. の協働を描くことで「ラボについて」考察するはずが，気がつくと UCI Lab. との協働を通じて浮かび上がる「比嘉自身について」の思想や立場を省察する場になっていた。本書を執筆するきっかけになった北川も，既にワーキングペーパーという原稿があったにもかかわらず，共著者のなかでの「制度経済学者」としての立ち位置をはっきりさせる必要に迫られ，研究会のたびにそれまでの原稿を捨てて一から書き直すことを（少なく見積もって）4回繰り返した。そもそも，専門や立場の異なる3名が（分業ではなく）協働で一つの本をつくりあげるという作業は，用語の定義のすり合わせひとつとっても決して容易ではない。北川はその過程での経験を「思考のフレームがゆらゆら揺れる感覚」と表現している。そしてさらに，それぞれの本論がある程度みえてきた後，序章と終章については，もはや分担の仕方を明示できないほど思考や役割が混ざり合った共同執筆スタイルにも挑んだ。

　そのような地道なプロセスを通過したことで，ついに終章では「UCI Lab. について客観的な分析者によって（神の眼で）検証されたこと」ではなく，「（UCI Lab. を題材に）3人が手を動かすなかで得た「UCI Lab. も自分たちも含めた全体」についての考察」に到達できたのではないかと自負している。

　本書はそのような，とても非効率に思われるかもしれない過程を経て完成した。著者それぞれ本職に多忙ななかで，そして今や誰でも気軽にものを書きインターネットで発信できるようになった現在において，ここまでの手間暇をかけて紙の本をともにつくりあげる意味とは何なのだろうか。もっといえば，私のような実務家が学術書に挑んだ意味とは何なのだろうか。

　執筆が始まる前に，比嘉は私に「本のための文章」と「それ以外（の文章）」は根本的に違うと言い，前者はただの事実や情報の列挙ではなく「書き手の思考の軌跡」を記すものだと語っていた。本書執筆における協働とは，各々が当初の思いつきを

勝手に列挙するだけのような手抜きを許さない，まさに 3 名の書き手が甘えることなく思考の軌跡をともに辿っていく過程だった。安易な答えを拒み，結論がみえない不安な状態に耐え，ねばり強く思考して，誰かに向けてかたちにしていくような営為は「（わざわざ）本を書く」という機会がなければ，簡単には経験できないものだろう。

　日頃はビジネスの世界にいる私は，本来ならば言葉や概念を大切に扱うべき職業でありながらも，忙しさを言い訳に，曖昧な定義のまま用語を使ったり，厳密なロジックを検討することなく伝えたい内容をふんわりと感覚的に共有しがちだ。少なくとも，長年同じ世界にいれば，油断するといとも簡単に「手癖で」企画書や報告書を書けてしまう。いつもの考え方をしていては，いつもの結論にしかたどり着けないし，それはまったくイノベーティブな行為とは呼べないだろう。もしかすると，それは学術研究の世界でも起こりうることではないか。私個人にとっては，今回の「本を書く」プロセスを通じて，自分の行為や考えを，文脈を共有していない相手＝他者に誤解なく伝わるように考え直して記述していくことは貴重な思考の鍛錬の機会になった。きっとどこかのタイミングで，「A でも B でもない」と曖昧に濁していた自分の立ち位置や考える軸を定め，責任をもって外にひらいていく覚悟が必要だったのだろう。

　このような，各著者間での「相互編者」の仕組みに助けられながらも，それぞれの主観的な内面に深く潜り自身の哲学をまとめあげる地道な省察のプロセスと成果こそが，単なる言葉の羅列だったものが世に出るべき本へと変容することの価値だろう。そしてそこで得たものは，執筆を経た私や他の執筆者たちのこれからの現場での実践，すなわち今後の無数の判断や選択に少なからず影響を与えていくはずである。

　私たちは，イノベーションの現場における「対話的な協働」を立体的に描くために，共著（協著）の過程自体を対話の回路を探り方法を模索しながら取り組んできた。それはまさに，新しい価値の創造がプロセスに宿ることの証左であり，「言うは易し，行うは難し」という経験だった。対話的協働の成立要件とは，おそらく「ビジョン」などの共通目的の明確さや共有ではない。かといって，柔軟さや率直さだけでも不十分だ。自分も相手も納得できる合意に至るまで妥協せずあきらめないねばり強さ，そして自分の担当領域について誰も気づかないところまでこだわるという知的誠実さこそが，協働によって得られる成果の質，全体性から細部までが相互に影響しあうようなつくり込まれた質につながっているのではないか。結局のところ，協働して何かを生み出すという行為には，一人ひとりの固有性や属人性にしか

還元できない部分がどうしても残ってしまうわけで，それを他ならぬこの3名で経験できたことは私にとっては何にも代え難い大切な経験だった。

　さて，イノベーションとは新たに生み出された商品／サービスがユーザーによって生活に取り入れられて初めて完成するのと同じように，本書も読者によって能動的に読まれるという体験をとおして初めて完成するはずだ。UCI Lab. の実践が考察に値する題材だったのかは私には未だにわからない。それでも，読者の皆さんがどのように読んだのか，批判的な読み方も含めて応答していただくことで，ここからまた新たな「対話」の回路がひらかれることを願っている。

　最後に本書の構想段階から，どうにか完成にまでこぎつけることができたのは，ひとえにナカニシヤ出版の米谷龍幸氏による支援のおかげである。米谷氏にはご多忙ななかですべての研究会に参加していただいた。本書がまだよちよち歩きの頃に米谷氏が「これは面白いですね！」と楽しそうに励ましてくれることがなければ，また，その後執筆が進み本書が自ら歩み始めた頃からの，それぞれの著者への厳しく的確でかつ前向きなフィードバックがなければ，本書の手探りの試行錯誤は前に進むことはなく，私たち著者3名だけでは何年経っても到底書き上げることはできなかっただろう。

　また，この本で取り上げたいくつもの実践は，クライアントやYRK& の皆さん，外部パートナーなど多くの方々の協力によって成立している。この場で一人ひとりを挙げることは紙幅の都合上叶わないが，心からお礼を申し上げたい。また，執筆中の相談や原稿の確認を快く引き受けていただいた皆さんにも感謝したい。かれらの声なしには，この本はユーザー起点（読者のための本）を実践できなかった。そして最後に，日頃から著者たちを導いてくださり，公私共に支えてくれているすべての方々にも，著者を代表してここで改めて感謝したい。

2020年5月
渡辺隆史

【参考文献】

広瀬奈々子（2019）.「『つつんで，ひらいて』の菊地信義像とその裏側」『ユリイカ2019年12月臨時増刊号　総特集＊装幀者・菊地信義』122–130.

事項索引

人名索引

著者紹介（50 音順）

北川亘太（きたがわ こうた）
1986 年生まれ。関西大学経済学部准教授，博士（経済学）。国家公務員として二年間働いた後，京都大学大学院経済学研究科博士課程に入学し，制度経済学の理論や調査方法を研究する。それと並行して，学んだ調査方法を自分なりに応用しながらドイツ労働組合やコンサルティング・チーム（UCI Lab.）の現地調査を実施し，現場での出来事を，制度経済学が提示するマクロ経済の趨勢と関連づけて解釈する研究を続けてきた。

比嘉夏子（ひが なつこ）
1979 年生まれ。合同会社メッシュワーク共同創業者，岡山大学文明動態学研究所客員研究員，博士（人間・環境学）。ポリネシア島嶼社会の経済実践や日常的相互行為についての継続的なフィールドワークを行うほか，企業等の各種プロジェクトを数多く実施。人類学的な実践・研究・教育を通して，人々の認識をアップデートし，きめ細やかな他者理解に基づく社会の実現を目指す。

渡辺隆史（わたなべ たかし）
1977 年生まれ。UCI Lab. 合同会社代表・所長，経営修士（専門職）。学部で国際関係学を専攻し学際的なものの見方を学ぶ。株式会社ヤラカス舘（現 株式会社 YRK and）へ入社し，消費財のプロモーション企画や調査を手掛ける。また社会人学生として立命館大学大学院経営管理研究科経営管理専攻（専門職大学院）で得た研究的な思考態度は現在にも大きな影響を与えている。UCI Lab. 設立後は，ユーザーの生活と企業の技術，ビジネスと学術的知見といった相反しがちな事柄を対話的に統合していくような実践を追求している。

UCI Lab.（ゆーしーあい らぼ）とは

「イノベーション・エージェント」として，クライアントであるメーカー等事業会社の新商品／サービス開発の支援を行う専門組織。案件ごとに個別設計されるプロジェクトを通じて，調査からコンセプト創造や市場戦略構築までを一貫して担う。クライアントは化粧品から素材メーカーまで幅広く，研究開発や新事業開発部門が多い。主に質的調査や UX（ユーザー体験）デザインを強みとし，多様な学術研究者や専門家との協働にも取り組んでいる。現在，ラボの構成員は 4 名。株式会社 YRK and（当時社名は株式会社ヤラカス舘）の社内起業として 2012 年に立ち上げられ，2021 年 9 月に UCI Lab. 合同会社として独立分社化した。

地道に取り組むイノベーション

人類学者と制度経済学者がみた現場

2020 年 10 月 20 日	初版第 1 刷発行
2022 年 6 月 20 日	初版第 2 刷発行

著　者　北川亘太
　　　　比嘉夏子
　　　　渡辺隆史
発行者　中西　良
発行所　株式会社ナカニシヤ出版
　　　　☎606-8161　京都市左京区一乗寺木ノ本町 15 番地
　　　　　　　　　　　Telephone　　075-723-0111
　　　　　　　　　　　Facsimile　　075-723-0095
　　　　　　　Website　http://www.nakanishiya.co.jp/
　　　　　　　Email　　iihon-ippai@nakanishiya.co.jp
　　　　　　　　　　　郵便振替　01030-0-13128

印刷・製本＝ファインワークス／装幀＝豊丸利恵・田中陽子（UCI Lab.）
Copyright © 2020 by K. Kitagawa, N. Higa, & T. Watanabe
Printed in Japan.
ISBN978-4-7795-1501-9

アクターネットワーク理論入門　「モノ」であふれる世界の記述法

栗原亘［編著］／伊藤嘉高・森下翔・金信行・小川湧司［著］　アクターネットワーク理論（ANT）とは何か。広範な分野で参照されているその活動を基礎的な事項を踏まえコンパクトに解説。成果と展開をテーマごとに紹介し全体像の描写を試みた画期的入門書。　2600 円＋税

関係からはじまる　社会構成主義がひらく人間観

K. J. ガーゲン［著］／鮫島輝美・東村知子［訳］　社会構成主義の第一人者ガーゲンが，独自の関係論から世界を徹底的に記述しなおし，新たな知の地平を切り開く。存在を隔てる壁を無効にし，対立を乗り越える未来への招待状。PROSE Awards（心理学部門，2009 年度）受賞作。　5000 円＋税

制度経済学　上・中・下

J. R. コモンズ［著］／上・中原隆幸［訳］中・宇仁宏幸・坂口明義・高橋真悟・北川亘太［訳］下・宇仁宏幸・北川亘太［訳］　人々の利害が対立する社会において，秩序はいかにしてもたらされるのか。制度学派の創始者，コモンズの主著，待望の完訳（全 3 冊）。　上：4500 円＋税／中・下各：6500 円＋税

産業集積と制度の地理学　経済調整と価値づけの装置を考える

立見淳哉［著］　創造された知識はどのようにイノベーションへと至り価値を生み出すのか。慣行（コンヴァンシオン）という概念を手がかりに，産業が集積する制度的な基盤を捉え直し，それが経済活動に対してもつ意味を，理論と経験的な研究から明らかにする。　3200 円＋税

世界の手触り　フィールド哲学入門

佐藤知久・比嘉夏子・梶丸岳［編］佐藤文哉・田中雅一・大村敬一・風戸真理・松嶋健・春日匠・森下翔・大澤真幸他執筆　多様なフィールドで，「他者」とともに考える，フィールド哲学への誘い。菅原和孝と池澤夏樹，鷲田清一との熱気溢れる対談も収録。　2600 円＋税

基礎から分かる会話コミュニケーションの分析法

高梨克也［著］　さまざまな会話コミュニケーションを明示的な方法論で観察し，理論的かつ体系的に説明しようとする人のための入門書。会話データの分析を始めようとしている言語学や心理学，社会学などの分野の初学者必携の一冊。　2400 円＋税

技術と文化のメディア論　［シリーズ］メディアの未来⑭

梅田拓也・近藤和都・新倉貴仁［編著］　技術に注目することで意識していなかった文化の前提や原因を発見するために。身近な日常文化を，技術の「マテリアル」「インターフェース」「インフラストラクチャー」「システム」の四つの分析水準から考え，読み解く最新テキスト。　2400 円＋税

モノとメディアの人類学　［シリーズ］メディアの未来⑫

藤野陽平・奈良雅史・近藤祉秋［編］　メディアを考える際にモノを考えなければならないのはなぜか。ヒトとモノとのかかわりを通じてメディアと社会の関係を文化人類学的に考える。各章末にディスカッション用の問題を付す。　2600 円＋税

認知資本主義　21 世紀のポリティカル・エコノミー

山本泰三［編］　内藤敦之・立見淳哉・須田文明・横田宏樹・北川亘太・植村新・春日匠・中山智香子他執筆　1960-70 年代以降の激動がもたらしたポスト・フォーディズムは，非物質的なものをめぐって旋回する――現代のグローバルな趨勢を，政治経済学的な視角から分析。　2600 円＋税

ファシリテーションとは何か　コミュニケーション幻想を超えて

井上義和・牧野智和［編著］　中野民夫・中原淳・中村和彦・田村哲樹・小針誠・元濱奈穂子［著］ファシリテーションが要請される時代を私たちはどう読み解けばよいのか。貴重なインタビューと解説，討論から，ファシリテーションがさまざまな現場で求められる社会に迫る。　2400 円＋税

21 世紀の産業・労働社会学　「働く人間」へのアプローチ

松永伸太朗・園田薫・中川宗人［編著］　現代の労働の多面性を分析するために対象・方法論・アプローチが多様化した労働をめぐる昨今の社会学的研究を，「働く人間」に焦点をあてる人間溯及的視点という基礎概念から整理し，産業・労働社会学の独自性を再構築する最新テキスト。　2800 円＋税